橋本喜一

荷為替信用状・
スタンドバイ信用状各論

「国際競争力のある判決」を求めて

Dokumenten-Akkreditiv
Bankgarantie
Documentary Letter of Credit
Stand-by Credit

Kiichi Hashimoto

九州大学出版会

目　次

初出一覧 …………………………………………………………… xi
凡　例 ……………………………………………………………… xiii
序　章 ……………………………………………………………… 1
　第一節　荷為替信用状の現在地 ………………………………… 1
　第二節　銀行保証状とスタンドバイ信用状の位置関係 ……… 3
　　1　銀行保証状の現在地
　　2　スタンドバイ信用状の現在地
　第三節　「荷為替信用状からスタンドバイ信用状へ」 ………… 6

第一部　荷為替信用状における法的諸問題

第一章　信用状における第二銀行の法律関係 ………………… 11
　　　　　――指定銀行と非指定銀行をめぐる諸問題――

　第一節　指定銀行（第二銀行）の法的状況 …………………… 11
　　第一款　指定銀行（第二銀行）
　　第二款　通知銀行をめぐるベーゼらの論争と指定銀行
　　第三款　発行銀行と第二銀行との関係（委任の連鎖）
　　第四款　発行依頼人と第二銀行との関係（履行補助者か復受任者か）
　　第五款　受益者と第二銀行との関係（履行場所）
　　第六款　第二銀行の「支払義務」の根拠と性質
　　　　　　（ベーゼらの論争の明らかにしたもの）
　第二節　非指定銀行の法的状況 ………………………………… 17
　　第一款　非指定銀行と信用状
　　第二款　非指定銀行による買取とわが裁判所（最高裁判決を含む誤解例）
　第三節　結びに代えて（通知銀行における保護義務の問題） … 25

第二章 信用状通知銀行と信用状発行（変更）通知の遅延の
　　　　責任……………………………………………………………………29
　第一節　事実関係の要約………………………………………………………29
　第二節　評　　釈………………………………………………………………31
　　第一款　判示理由と結論ともに反対
　　第二款　通知銀行及びその余の第二銀行と受益者との関係
　　第三款　発行依頼人の責任とする通説
　　第四款　通知銀行の責任を認める見解とその当否
　　第五款　おわりに（通知銀行はアメンドの通知を遅延していないこと）

第三章 荷為替信用状における偽造の抗弁……………………………39
　第一節　問題の所在——偽造の迷路から出口へ——…………………………39
　第二節　事例の設定——買取信用状であること——…………………………40
　第三節　なぜ「明白な偽造」の場合に支払拒絶権と支払拒絶義務を
　　　　生じるのか……………………………………………………………40
　第四節　危険な主張……………………………………………………………42
　第五節　「偽りの代理関係」の分析……………………………………………44
　　第一款　買取銀行Ｄの代理権の客観的限界
　　第二款　買取銀行Ｄの代理権の主観的限界
　第六節　偽りの「善意の所持人」の分析……………………………………49
　第七節　関係銀行の正当な選択………………………………………………50
　第八節　む す び………………………………………………………………52

第四章 同一の船荷証券がレッド・クローズ信用状の償還と
　　　　外国向け取立（Inkasso, Collection）に用いられた
　　　　場合の正当な所持人の確定条件………………………………………55
　　　　　——併せていわゆる保証渡しをめぐる法律関係について——
　第一節　本章の目的……………………………………………………………55
　第二節　判決が認定した事実関係の整理……………………………………56
　第三節　本件船荷証券所持の正当性…………………………………………59
　　第一款　レッド・クローズ信用状と訴外人の存在
　　第二款　トラスト・レシートによるＸの本件船荷証券所持の意味

第四節　保証渡しの法律関係……………………………………… 64
　　　　第一款　保証渡しの慣行
　　　　第二款　船荷証券保証状の有効性
　　　　第三款　緊急措置的保証渡し（保証渡しの限界）
　　第五節　本件判決がＸの所持の正当性を認めた根拠…………… 66
　　第六節　おわりに…………………………………………………… 68

第五章　売買契約と一致しない信用状と売買契約の関係………… 71
　　　　──海上売買における「保証書」と銀行保証状
　　　　　（Letter of Guarantee）──

　　第一節　事　　実…………………………………………………… 71
　　第二節　判　　旨…………………………………………………… 72
　　第三節　評　　釈…………………………………………………… 73
　　　　第一款　判旨一の結論をめぐって
　　　　第二款　判旨二の結論と理由はそのいずれにも反対
　　　　第三款　判旨三の結論に賛成，理由に反対
　　　　　　　──銀行保証状の準拠法について──

第六章　「信用状付き荷為替手形」の信用状統一規則に
　　　　依らない買取………………………………………………… 85
　　　　──併せて「外国向為替手形取引約定書」の問題点など──

　　第一節　買取と"negotiation"のギャップがもたらしたもの…… 85
　　第二節　わが国裁判所の特異な解釈……………………………… 86
　　第三節　買取に伴う信用状の法的課題…………………………… 87
　　　　第一款　買取資格の問題
　　　　第二款　「買取銀行」の権利保護義務
　　　　第三款　非 UCP 型買取と売買説（担保的譲渡説）の不条理
　　　　第四款　質権としての与信担保
　　　　第五款　「買取銀行」のドキュメント検査義務
　　第四節　「外国向為替手形取引約定書」による買戻特約………… 91
　　　　第一款　はじめに
　　　　第二款　UCP 型買取の場合
　　　　第三款　非 UCP 型買取の場合（ドキュメントの返還との同時履行の

　　　　　　　　抗弁権など）
　　第五節　ま と め……………………………………………………… 94
　　第六節　お わ り に……………………………………………………… 95

第七章　偽造証券と知りつつ支払った信用状発行銀行が
　　　　その負担を顧客に付け回すことの法理……………………… 97
　　　　　――故伊沢孝平博士のマイナス遺産との闘い――
　　第一節　問題の所在……………………………………………………… 97
　　第二節　信用状における買取と銀行免責の構造……………………… 98
　　　　第一款　第一型の買取信用状と第二型の買取信用状の区別
　　　　第二款　買取は買取指定銀行でなされるべきこと
　　　　第三款　検査銀行の代理権の限界としての偽造の抗弁（第一型の場合）
　　　　第四款　銀行によるドキュメントの検査の免責事由と偽造の抗弁
　　　　　　　　（「明白な偽造」）（第一型と第二型）
　　　　　　第一目　外見上の検査と偽造の銀行免責基準
　　　　　　第二目　偽造の抗弁の制限要件としての「明白性」と証拠制限
　　　　　　第三目　小　　括
　　第三節　お わ り に…………………………………………………… 103

第八章　買取信用状とドキュメントの買取（negotiation）の法律… 105
　　第一節　はじめに――問題の現状――………………………………… 105
　　第二節　"negotiation credit"の二つの型…………………………… 106
　　　　　　――第一型の買取信用状と第二型の買取信用状――
　　第三節　発行銀行と確認銀行の義務の相違…………………………… 114
　　　　　　――支払義務と買取義務の帰属主体の相違――
　　第四節　買取（negotiation）とはなにか……………………………… 116
　　　　第一款　問題の所在
　　　　第二款　買取の態様
　　　　第三款　買取の成立要件
　　　　第四款　支払無担保文言と手形振出人の責任
　　第五節　買取と取立（collection）との区別………………………… 132
　　第六節　むすびに代えて（実務的に）………………………………… 136

第九章　欧米なみの信用状判決への内憂と外患 …………………… 139

第一節　はじめに ………………………………………………………… 139
第一款　国際的な統一性から遺脱した信用状判決
第二款　裁判所の誤解
第三款　本章の目的
第四款　本章の方法論

第二節　本　　論 ………………………………………………………… 141
第一款　事　実　関　係
第二款　原告Xの請求の趣旨と請求原因事実
第三款　被告Y銀行の主張
第四款　Y銀行の主張の法的検討
第五款　裁判所の判断
第六款　Y銀行の法廷戦術と審理上の裁判所の問題点

第三節　裁判所のその余の誤りについて ……………………………… 148

第二部　銀行保証状とスタンドバイ信用状における法的諸問題

第一章　銀行保証状とスタンドバイ信用状（スタンドバイ・クレジット）の現代的課題 ……………………………………… 153

第一節　はじめに ………………………………………………………… 153
――第四世代に移行した銀行保証状と現在における問題状況――
第一款　銀行保証状というタイトル
第二款　概　念　内　容
第三款　多段階銀行保証状――直接保証状，間接保証状と反対保証状――
第四款　本章の課題

第二節　基礎的法理の概要 …………………………………………… 158
第一款　銀行保証状の独立抽象性
第二款　主張責任の転換の問題
――いわゆる「即時払い保証」との関連において――
第三款　抽象性の限界としての権利濫用的請求

第三節　権利濫用についての銀行保証状の解釈とスタンドバイ・クレジットの解釈 ……………………………………………… 163

　　　　第一款　総　説
　　　　第二款　銀行保証状と権利濫用
　　　　第三款　スタンドバイ・クレジットと権利濫用
　　第四節　権利濫用的請求における（支払前の）関係当事者間の
　　　　　　法律関係………………………………………………………… 173
　　　　第一款　総　説
　　　　第二款　発行依頼人と発行銀行との法律関係
　　　　第三款　発行依頼人と受益者との法律関係
　　第五節　発行依頼人の仮の権利保護……………………………………… 178
　　　　第一款　総　説
　　　　第二款　直接保証状と保全処分
　　　　　　第一目　発行銀行を相手方とする仮処分
　　　　　　　　Ⅰ　支払禁止の仮処分
　　　　　　　　Ⅱ　償還禁止の仮処分
　　　　　　第二目　発行銀行を相手方とする仮差押
　　　　　　第三目　受益者を相手方とする仮処分
　　　　　　　　Ⅰ　根拠
　　　　　　　　Ⅱ　国際裁判管轄
　　　　第三款　多段階保証状と保全処分
　　　　　　第一目　多段階保証状の法律関係
　　　　　　第二目　第一銀行を相手方とする仮処分
　　　　　　第三目　第一銀行を相手方とする仮差押
　　　　　　第四目　第二銀行を相手方とする支払禁止仮処分
　　第六節　むすび……………………………………………………………… 193
第二章　銀行保証状（バンク・ギャランティ）の識別基準……… 195
　　　　──ある高裁判決への否定的評論──
　　第一節　銀行保証状に該当するか否かで争われた事例………………… 195
　　第二節　銀行保証状の基本的性質………………………………………… 196
　　第三節　銀行保証状と保証契約の識別…………………………………… 197
　　第四節　高裁判決の論理とその検討……………………………………… 201

第三章　外国向けドキュメンタリー取立における支払請求権の
　　　　法的保障………………………………………………………… 203
　第一節　はじめに ……………………………………………………… 203
　　第一款　対象の特定
　　第二款　問題点の指摘
　第二節　ドキュメンタリー取立の合意 ……………………………… 208
　第三節　支払人の抗弁権の放棄 ……………………………………… 210
　　第一款　買主の目的物検査権の放棄
　　第二款　その他一切の抗弁権の放棄
　第四節　売主の取立権の限界としての権利濫用 …………………… 216
　　第一款　客観的要件（重大な事由）
　　第二款　主観的要件（故意による良俗違反）
　第五節　おわりに ……………………………………………………… 221

第四章　スタンドバイ信用状とディマンド・ギャランティ及び
　　　　荷為替信用状における仮処分と仮差押 ………………… 223
　　　　　──いわゆるノー・インジャンクション・ルールの構造──
　第一節　保全命令の禁止原則 ………………………………………… 223
　第二節　信用状の保全命令の構成 …………………………………… 226
　　第一款　被保全権利
　　第二款　保全命令の主文
　　第三款　申　立　人
　第三節　保　全　原　因 ……………………………………………… 228
　　第一款　権利濫用の「重大性」「明白性」及び「即時性証拠の存在」
　　第二款　「重大性」「明白性」「即時性証拠」の一義性
　　第三款　信用状における仮処分命令と疎明
　　第四款　疎明原則の下での証明の必要性
　第四節　各種の保全命令とその要件 ………………………………… 237
　　第一款　受益者を相手方とする支払請求禁止仮処分
　　　第一目　可否と条件
　　　第二目　小　　括
　　第二款　信用状発行銀行を相手方とする支払禁止仮処分

　　　　　第一目　可否と条件
　　　　　第二目　小　　括
　　　　第三款　支払銀行（第二銀行）を相手方とする仮処分
　　　　第四款　確認銀行を相手方とする仮処分
　　　　　第一目　仮処分請求の可否
　　　　　第二目　準　拠　法
　　　　第五款　仮　差　押
　　第五節　ま　と　め …………………………………………………… 258

第五章　スタンドバイ信用状とディマンド・ギャランティ及び
　　　　荷為替信用状における発行銀行の支払拒絶の抗弁に
　　　　ついて ……………………………………………………………… 261

　　第一節　抗弁論総論──原則と例外── ……………………………… 261
　　　　第一款　はじめに：構造上の問題
　　　　第二款　許される抗弁と許されない抗弁とを分かつ根拠
　　　　第三款　補償関係と対価関係上の抗弁が許される限界
　　第二節　抗弁論各論 ………………………………………………… 263
　　　　第一款　内的抗弁（発行銀行の「給付約束自体で生じる抗弁」）
　　　　第二款　補償関係に基づく抗弁
　　　　第三款　対価関係に基づく抗弁
　　　　第四款　間接的抗弁（発行銀行と受益者との特別な法的関係に基づく抗弁）
　　　　第五款　権利濫用の抗弁
　　第三節　お わ り に ………………………………………………… 272

第六章　銀行保証状と荷為替信用状の発行依頼人の指定銀行に
　　　　対する訴訟当事者適格 ………………………………………… 273
　　　　──発行依頼人から指定銀行へと通じる道──

　　第一節　現在の問題状況 …………………………………………… 273
　　　　第一款　はじめに
　　　　第二款　多数説の構成
　　　　第三款　提起される問題
　　第二節　発行依頼人と指定銀行間の契約関係を認める見解 ……… 279
　　　　第一款　保護義務説について

第二款　執行委任説について
　第三節　おわりに………………………………………………………285

むすびに代えて……………………………………………………………287

　参照文献…………………………………………………………………291
　索　　引…………………………………………………………………299

初 出 一 覧

　　序　章　書きおろし　　　　　　　　　　　　　　　　2015 年 4 月 15 日

第一部
　　第一章　判例時報　1368 号　　　　　　　　　　　　　1991 年 2 月 11 日
　　第二章　判例評論　511 号（判例時報 1752 号）　　　　2001 年 9 月 1 日
　　第三章　判例時報　1835 号　　　　　　　　　　　　　2003 年 12 月 11 日
　　第四章　判例評論　448 号（判例時報 1561 号）　　　　1996 年 6 月 1 日
　　第五章　判例評論　194 号（判例時報 768 号）　　　　 1975 年 4 月 1 日
　　第六章　国際商事法務　37 巻 7 号　　　　　　　　　　2009 年 7 月 15 日
　　第七章　国際商事法務　34 巻 6 号　　　　　　　　　　2006 年 6 月 15 日
　　第八章　判例時報　1884 号　　　　　　　　　　　　　2005 年 4 月 21 日
　　第九章　追手門経営論集　19 巻 2 号　　　　　　　　　2013 年 12 月 25 日

第二部
　　第一章
　　　　第一節，第二節　　　判例時報　1396 号　　　　　1991 年 11 月 21 日
　　　　第三節　　　　　　　判例時報　1398 号　　　　　1991 年 12 月 11 日
　　　　第四節，第五節，第六節　判例時報　1399 号　　　1991 年 12 月 21 日
　　第二章　国際商事法務　29 巻 9 号　　　　　　　　　　2001 年 9 月 15 日
　　第三章　追手門経営論集　5 巻 2 号　　　　　　　　　 1999 年 12 月 25 日
　　第四章　追手門経営論集　12 巻 2 号　　　　　　　　　2006 年 12 月 25 日
　　第五章　追手門経営論集　12 巻 2 号　　　　　　　　　2006 年 12 月 25 日
　　第六章　追手門経営論集　17 巻 1 号　　　　　　　　　2011 年 7 月 15 日

　　むすびに代えて　書きおろし　　　　　　　　　　　　2015 年 4 月 15 日

凡　例

1　銀行保証状，スタンドバイ信用状，スタンドバイ・クレジットの用語の用い方について

　これらは出自と講学的な法的性質を同じくしないものの，強い Mirror Image を呈してきたものである。本書では各論文の執筆時期が分散していることや，考察の重点の相違などのため，異なる用例が分散している。比較的にみて上記の順はほぼ法的視点での概念上の厳格さの順である。

2　略語

AcP	Archive für civilistische Praxis
AGB	Allgemeine Geschäftsbedingungen
A.S.L.C.L.P.	Annual Survey of Letter of Credit Law & Practice アメリカ "The Institute of International Banking Law & Practice, Inc." 編集の annual report
BGB	Bürgerliches Gesetzbuch（ドイツ民法）
BGE	Entscheidungen des schweizerischen Bundesgerichts, amtliche Sammlung（スイス連邦裁判所公式判例集）
BGH	Bundesgerichtshof（ドイツ連邦通常裁判所）
BGHZ	Entscheidungen des Bundesgerichtshofes in Zivilsachen, amtliche Sammlung（ドイツ連邦通常裁判所民事判例集）
DB	Der Betrieb
Diss.	Dissertation（学位請求論文）
F.	Federal Reporter（アメリカ合衆国控訴審裁判所判例集）
FS	Festschrift（記念論文集）
GB	Handelsgesetzbuch（ドイツ商法）
Harvard L. R.	Harvard Law Review
IBL	International Business Lawer
ICC	International Chamber of Commerce (Internationale Handelskammer)（国際商業会議所）
ISP98	International Standby Practices ISP98（The Institute of International Bamking Law & Practice, Inc. 作成のスタンドバイ信用状の約款）
JBL	The Journal of Business Law

JIBFL	Journal of International Banking and Financial Law
K.B.	Law Reports, King's Bench
Lloyd's Rep.	Lloyd's Law Reports
NJW	Neue juristische Wochenschrift
OLG	Oberlandesgericht（ドイツ連邦上級地方裁判所）
OLGZ	ドイツ連邦上級地方裁判所判例集
OR	スイス債務法
Q.B.	Queen's Bench Division（英国女王座部裁判所）
Q.B.	Law Reports, Queen's Bench
Rev. Banque	Revue de la Banque (Banken Financiewezen)
RGZ	ライヒ最高裁判所民事判例集（RG とも）
RIW	Recht der internationalen Wirtschaft
RIW/AWD	Recht der internationalen Wirtschaft/Aussenwirtschaftsdienst des Betriesberaters（Recht der Internationalen Wirtschaft/Betriebs-Berater International とも）
UCC	Uniform Commercial Code（アメリカ統一州法委員会全国会議のアメリカ統一商事法典）
UCCLJ	Uniform Commercial Code Law Journal
UCP	Uniform Customs and Practice for Documentary Credits（ICC 作成の荷為替信用状統一規則）
UCP600	2007 年改訂版
UCP500	1993 年改訂版
UCP400	1983 年改訂版
UNCITRAL	United Nations Commission on International Trade Law（国際連合商取引法委員会）
URCG	Uniform Rules for Contract Guarantees（ICC 作成の契約保証状統一規則；ICC Publication no. 325）
URDG	Uniform Rules for Demand Guarantees（ICC 作成のディマンド・ギャランティ統一規則；ICC Publication no. 458）
WM	Wertpapiermitteilungen, Zeitschrift für Wirtschaft und Bankrecht
ZIP	Zeitschrift für Wirtschaft und Insolvenzpraxis
ZKW	Zeitschrift für das gesamte Rechtswissenschaft

序　　章

第一節　荷為替信用状の現在地

　荷為替信用状の変遷過程について信頼できる報告が得られるのは 19 世紀前半からという見解が有力である。独仏はじめ，欧米の各種銀行約款等の統一運動を契機として 1933 年に ICC（パリの国際商業会議所）が作成した UCP（荷為替信用状統一規則）は，当初ヨーロッパ大陸のルールに偏るとの批判を受けた（現在でも英米法系の Letter of Credit とヨーロッパ大陸，殊に独法系の Dokumenten-Akkreditiv, Rembours が全く同じ法的対象を頭に描いていると解すべきではない。かつて独法系で指図とも解された三角取引たる構造上の三当事者のうち，前者が発行銀行と受益者の関係に比重を置くのに対し，後者は絶えず発行依頼人を視界に留めてきた）。しかし国際決済に占めるロンドンの地位が英国判例の重要性を決定づける間に，荷為替信用状は主に英国判例と UCP を介して二つの大きな変容の契機をくぐり抜けるに至る。その第一は，主として第二次世界大戦後の国際取引の拡大と複雑化に対応して受益者が提出すべきドキュメントの種類や取扱を大きく修正してきた点にある。しかしこれは多くが貿易実務サイドの問題にとどまるからここでは詳述しない。重要なのは荷為替信用状の法的構造にかかわる第二の変容であって，発行銀行の支払義務の相手方（信用状給付請求権者，受益者）の特定にかかわるものである。この変容の過程は実に前々世紀たる 19 世紀中葉から英米判例の変遷のなかに見られるが，21 世紀の現在においてなお一部に未消化な各種の余韻を残している。それは譲渡可能信用状（transferable credit）の成立という第 1 点と，ICC による旧式の信用状の UCP からの除外という第 2 点が相互補完的に作用して成就した。まず第 1 点の譲渡可能信用状の成立過程はかなり複雑であるが，かねて英米法において 19 世紀中葉から general credit, special credit と negotiation clause の関係が問われていたところ，general credit（世間一般に

宛てた信用状)の概念が当初以来,英米判例上で約5段階にわたる変遷を遂げたことと,1952年のUCC(アメリカ統一商事法典)第5節第116条第2項ならびにUCPの1951年の第一次改訂規則第49条及び1962年の第二次改訂規則第46条等の実施を経る間に,ようやく受益者の地位の譲渡(移転)が信用状取得金(受益者が所定の条件を履行して取得する金員,proceeds)の譲渡と区別されるべきことが確定した事実によって基礎づけられた。すなわちこの両者はとかく混同され勝ちであったが,前者たる信用状取得金の譲渡は単純な債権譲渡として受益者の意思に委ねられるので,ときとしてドキュメントの善意取得の事情など追跡に伴う判断を必要とするものの,譲渡の有効性の判断について発行者の同意の有無を詮索することは不要なのに,後者たる受益者の地位の譲渡(信用状給付請求権者の地位の移転)は,発行段階で譲渡可能と明記されている信用状について,譲渡の段階でさらに発行者の同意を要するとされたので,信用状給付請求権者が誰なのかの判断は信用状書面だけで明白となった(以上の諸経過につき拙著『荷為替信用状の二次的利用に関する研究』法曹会,1969年)。次に第2点にいう旧式の荷為替信用状とは,ドキュメントの善意取得者を受益者と同列の信用状給付請求権者に含めるものであったため,割引取得者もまた善意であれば受益者と同列で信用状の当事者となり得ると解され,受益者概念が拡散して不安定であった。しかしUCPは1974年の第三次改訂規則によって信用状給付請求権者を受益者に限定したため,この旧式の荷為替信用状はUCPから除外された。そのため特にUCPに従わない旨を断っていない限り,荷為替信用状の権利者は受益者のみであり,受益者作成手形の割引人やドキュメントの善意取得者などは信用状の当事者(信用状給付請求権者)であり得ないことが確定し,ひいてはそれらの者(多くの場合中間介入銀行)の法的地位が発行者の履行補助者なのか,受益者の履行補助者なのかの判断を明確にさせた。かくして善意取得者の保護に関する,例えばbona fide条項が記載されているものはUCPの適用外の信用状である。このような(例外的で少数の)ものを除いてUCPの適用を受ける信用状であるかぎり,受益者以外の者が信用状給付請求権を取得する余地はないにもかかわらず,わが国ではそれに無頓着なまま,ドキュメントの善意取得者が第二受益者になるとの見解が一部の記述と裁判例に残存している。

 なお荷為替信用状の法的構造にかかわる重要な変化として近時における買取信用状(negotiation credit)の発達を付言すべきであろう。これは発行銀行が受

益者に対する支払いの手段としてドキュメントの negotiation（通常，発行銀行のためのドキュメントの審査と発行銀行への適時な送達ならびに手形金額の立替払いからなる事務処理）を代理銀行に委ね，後にこれに発行銀行が補償するという複雑な決済方式が用いられる比較的新型の信用状である。しかしわが国では negotiation が買取と訳されたためもあって，本来中間介入銀行には negotiation の事務処理（作業）の手数料収入をもたらすべき取引が，割引による貸付の手段として誤用されがちになっている。

第二節　銀行保証状とスタンドバイ信用状の位置関係

1　銀行保証状の現在地

まずヨーロッパ大陸では，ドイツ語圏で Anweisung（指図）との距離を論じつつ，それと別ったところで Garantie の前実定法的成熟が確認された 19 世紀中葉には，既に Bankgarantie（独），gârantie bancaire（仏），garanzia bancaria（伊）のように，いずれも「銀行保証状」と称する支払約束が存在していた。これらは当初，他の一定の債務関係とのつながりがなく，それゆえ一般に債務の付従性の問題を伴わないものの，他者に対して契約促進的な動機付けを与えることを目的とするなど，Garantie と Bürgschaft の境界域の存在とされていた（Animiergarantie）。これを第一世代とすることができる。それはドイツで Rudolf Stammler の Garantie 契約論といわれ，第一次世界大戦後には正当性につきイタリアでも強い支持者を見出していたが，やがて第二次世界大戦後の経済興隆と関連して担保契約の経済的重要性が増大するにつれ，他者の債務の履行を債権者に保障すべき担保約束とともに，かかる目的とは最小限度の接点も有しない場合にも利用されるべき片務的な支払約束を主目的とする第二世代に入った。フランス法廷は学説の傾向に遅れながらもそれに追随するように，フランス民法典第 1134 条から契約自由の原則をひいて（第 1132 条ではなく），付従性のない独立の債務負担行為の有効性を承認し，イタリア法廷は種々の法的構成を変遷した結果さらに遅れたが，1987 年の破棄院判決がイタリア民法典第 1322 条の契約自由の原則を根拠として結果的にこれに従った。かかる第二世代の銀行保証状はさらに附従性を強く否定し，アメリカ起源のスタンドバイ信用状との強い mirror image を呈しつつ，積極的，消極的な法律上，事実上の行為による欲せざる結果，あるいはある行為による期待された効

果の不成就について特定の結果を受益者に担保することを主目的として，瑕疵担保保証状，入札保証状，前払金返還保証状，関税保証状その他，多様な需要への対応を意識した第三世代に至る。第三世代の銀行保証状はさらに直接保証状，間接保証状および反対保証状の複合的構成をもつ多段階保証状（mehrstufige Garantie）としての用途を拡張して現在に至ったが，これを前世代に比した構成上の格段の複雑さの故に，第四世代と評することができる。多段階保証状は特定の事業上の法的必要性と絡み合って，段階的かつ必然的にもたらされる複数の保証状の需要機会に主として予防的に対応しようとするものである（拙著『銀行保証状論』丸ノ内出版，2000 年に詳述した）。

その間，特にドイツ語圏には「保証類似の Garantie」と「付従的な保証（Bürgschaft）」の識別をめぐる膨大な文献が蓄積され，約束者の片務的な債務の独立性・抽象性を承認しつつ，独立性と付従性の根拠・程度などを巡る議論や，受益者の権利濫用とその証明手段，発行依頼人の訴訟上の権利保全手段，受益者に対する発行者の償還請求ないし condictio indebiti の可否その他の議論が深められている（前掲『銀行保証状論』p. 96 以下，p. 265 以下）。このような Garantie は，語感こそアングロサクソンの guaranty に類似するが，実体は逆に独立的で抽象的な債務約束とされ，特に付従的な Bürgshaft との区別は徹底され，あいまいさが嫌悪されてきた。

なお銀行保証状の発行者の抗弁権不存在（債務の抽象性）の根拠と程度について，卑見はおおむねヨーロッパの主流に従い，その三角取引性と（基本取引の当事者間を除いた）抗弁権の放棄を前提として，銀行保証状債務の内的抽象性と外的抽象性の両サイドからの具体的な検証を要すると主張してきた（前掲『銀行保証状論』p. 98 以下）。内的抽象性とはなにが銀行保証状契約の構成要素となるかというテーマに関して，発行者の支払債務が，例えば銀行保証状の発行が求められている取引目的から独立し，それに対して非不従的である事実（その存在を合意形成の要素としていない）を指し，外的抽象性とは発行者の債務が発行依頼や発行依頼人とその取引相手方との取引関係から独立し，それに非不従的であることを指す（仔細は前掲『銀行保証状論』p. 99-105）。

2 スタンドバイ信用状の現在地

銀行保証状と異なり「スタンドバイ信用状（スタンドバイ・クレジット）」は第二次世界大戦後に用いられ始めた新参にしてアメリカローカルの independent guaranty に由来する銀行の片務的で独立した支払約束である。こ

のスタンドバイ信用状の呼称はアメリカの経済力を背景として次第に増殖し，現在では independent guaranty の語感から逸脱したところでも見出される状態である。そもそもコモン・ウエルスの領域で suretyship が付従的で，indemnity が独立的な，各々の伝統的概念の枠での使用におおむねとどまったのに対し，guaranty はこれに限定されることなく独立性を有する債務についても拡張されたが，やがて両義的に混用され，その状況がヨーロッパ大陸にも持ち込まれるに及んでさらに混乱が拡大し（イタリアで garanzia は独立的な支払約束のみでなく，付従性のある私法行為やさらに公法上の類似行為も含む上位概念と解されたという），performance bond などとともに，独立性のある債務と付従性のある債務についてハイブリッドに用いられる傾向があり，この傾向はアメリカにおいても見受けられる。そうすると independent と形容されてはいても，独立性と付従性に関しては Bankgarantie（銀行保証状）と対比して，より慎重な検討を要するものである。逆にスタンドバイ信用状が各場合の取引約款に対応して demand guaranty，即時払い保証状，請求払い保証状などと呼称されることがあり，あるいはスタンドバイ信用状のほかに bond, contract of suretyship などと称される類似の契約類型が随時存在してきたのが現実である。オランダの為替実務家 Robert J. van Galsen はこれら terminology の混乱に注意を促しつつ，スタンドバイ信用状を「多芸にして移り気（versatility）」な存在だと警鐘をならしているが，それには十分な理由があろう。

　このようなスタンドバイ信用状は現在ではアメリカ法域を超えて広く用いられ，特に銀行保証状の第二世代以降の利用形態を通じ，それらとの強い mirror image において用いられてきたことは前述のとおりである。「独立ギャランティ及びスタンドバイ信用状に関する国連条約」（1995年）や1983年の第四次改訂規則にその旨を明記した UCP が，銀行保証状とスタンドバイ信用状を対象に含むのは当然である。ほぼ英法上の performance guarantee と同義のギャランティを対象とする ICC の「ディマンド・ギャランティに関する統一規則（URDG）」（1992）も，限定付きながらスタンドバイ信用状に（銀行保証状にも）適用される。アメリカ「国際銀行法律および実務協会」作成の International Standby Practices, ISP98（1998）もスタンドバイ信用状の名を刻んでいるが，銀行保証状も対象に含まれる。いずれによるにしても，特に人的担保契約の文言の法的解釈について，発行者の法域に留意すべきなのは当然である。

第三節 「荷為替信用状からスタンドバイ信用状へ」

1 概況と原因

　近時のわが国では荷為替信用状の利用に陰が差し，一部では「荷為替信用状からスタンドバイ信用状（銀行保証状）へ」などとも評されてきた。

　荷為替信用状についてはかねて支払条件とされるドキュメントの複雑多様化に伴って審査上の課題などが指摘され，これをコンピュータ化しようとするボレロ（Bolero）などの試みも実際に満足すべき結果を得られないため，実務は既にドキュメントの簡素化，船荷証券の元地回収や国際海陸空複合一貫輸送その他の対応を拡大させて，ドキュメントの提供と決済の同時履行に伴う負担の軽減を図ってきた。また中間介入銀行の存在が輸出入企業の利益の減少につながることも嫌気されて，オープン勘定やネッチングなど各種の銀行抜き決済が加速されたことも，スタンドバイ信用状（銀行保証状）の利用の拡大の反面で，荷為替信用状取引の減少をきたしているとも言われている。

2 相互関係

　顧みるに荷為替信用状とスタンドバイ信用状（銀行保証状）は共に主として海上取引でギャランティの役割を演じてきた点において共通性を有するものである。それでも典型的な構造として両者は異なるものである。荷為替信用状は国際取引上の債務者の支払を第三者たる発行銀行の支払約束によって代置することを主目的とするのに対し（正の方向），スタンドバイ信用状・銀行保証状は取引が正常に展開しない場合や，予想された特定の危険が現実化した場合の保障手段等として（負の方向），発行銀行が危険の負担者の請求あり次第抗弁権を放棄して直ちに支払うとの約束である。それ故荷為替信用状と異なって，スタンドバイ信用状，銀行保証状では受益者が権利行使のために提出すべき書類が金融取引上の担保価値のないものであったり，書類の審査においても各書類相互の一致性の審査の要否が信用状ごとに異なり得るのは自然なこととなる（例えばISP98 Rule 4.03）。これはスタンドバイ信用状・銀行保証状を荷為替信用状に比して多面的な利用を可能とする一方で，格段に高いリスクを前提にしたものとならざるを得ない。さらにスタンドバイ信用状・銀行保証状は単なる荷落ち信用状のことではない。例えば多数当事者間のオープン勘定で用いられる invoice-standby は，オープン勘定の信用力を向上させて有利な条件での

決済を可能にすることを意図していて，それ自体は荷付き取引に限定されたものではない。このように現状において，ドキュメントの提出を求める特定のギャランティが荷為替信用状なのかスタンドバイ信用状（銀行保証状）なのかと分別するためには，発行銀行の支払原因（具体的な支払条件）の多面的な分析が不可欠となっている。

3 融合への展望と限界

これら三者は発行者の抗弁権が制限ないし否定されるという最も基礎的な点で共通性をもつが，各々が発達してきた法域や援用約款の相違が単純な比較を困難にしている。具体的に言えば，抽象的性質の根拠の理解[1]，前述の権利濫用や権利の保全手段，発行依頼人の権利回復手段等の法的構造の理解においてこれら三者を単純に同列扱いすることは危険であり，厳密に言えば不可能な場合もある。さらに荷為替信用状は多段階保証状として用いるにはあまりにも硬直にすぎるため，その点では今後いっそうスタンドバイ信用状・銀行保証状に適応領域を譲らざるを得ないであろう。

このように荷為替信用状とスタンドバイ信用状・銀行保証状には重要な法的共通性と相違点が存するが，少なくとも現時点で荷為替信用状からの避難場所としてスタンドバイ信用状・銀行保証状を指名するには，避難の原因を特定したうえで避難先が確実に指定されていなくてはならず，荷為替信用状が不自由だからといってそれではスタンドバイ信用状だということにはならないと思われる。スタンドバイ信用状や銀行保証状は今後，荷為替信用状には認められない固有の領域を一段と拡張することが予想される。

---

1) ヨーロッパでは荷為替信用状について独，仏，伊のいずれも，小差はあるが，広義の指図との理解から発して，無因的第三者のためにする契約や抽象的債務約束などと分析をすすめつつ，片や銀行保証状のそれを究極的には抗弁権の任意放棄に求めるのに対し，アングロサクソンでは，荷為替信用状について guarantee theory で説明困難な箇所を発行者のエストッペルで補強しつつ，片やスタンドバイ信用状についてはとかく荷為替信用状との類似性を指摘するにとどめる傾向が強い。それは特にアメリカにおいて発行銀行の保証債務負担が ultra vires と解されるのを回避すべく，スタンドバイ信用状の有効性の根拠を信用状の発行の許容との類似性に求めたことと関連する。

第一部

荷為替信用状における法的諸問題

第一章

信用状における第二銀行の法律関係
——指定銀行と非指定銀行をめぐる諸問題——

第一節　指定銀行（第二銀行）の法的状況

第一款　指定銀行（第二銀行）

　信用状（以下本章においては，すべて取消不能信用状）は，その給付の態様として，受益者（売り主）の提供証券の，すべての銀行における買取を許容されたもの（自由買取可能信用状 Freinegoziieerbares Akkreditiv）でないかぎり，1983年改訂信用状統一規則11条に則り，各信用状に予定された給付の態様に応じて，発行銀行により受益者振出手形の支払を委任された支払銀行，ないし，その買取あるいは引受を委任された買取銀行ないし引受銀行において利用可能である。そのような委任がなされていない信用状はただ発行銀行においてのみ利用可能であって，この点では異論がないところである[1]。この外，発行銀行より受益者に対する信用状の発行通知あるいは確認を依頼された通知銀行あるいは確認銀行など，発行銀行以外に発行銀行の委任によって信用状関係に挿入された銀行を，指定銀行（第二銀行）と総称している。そしてそのようなものとしての第二銀行の実体が統一規則の規定の如何にかかわらず実在してきたことは言うまでもない。

第二款　通知銀行をめぐるベーゼらの論争と指定銀行

　指定銀行の概念は，1983年の改訂に至るまでの統一規則においては，規定上必ずしも明確なものではなかった。そのためか，通知銀行が自己を支払，買取銀行などと指定した信用状の通知をしたのち，受益者から支払ないし買取な

---

[1] Nielsen, Grundlagen, 1989, S. 65.

どを求められるのは，通知銀行であるためなのか，そうではなくて，例えば支払銀行であるためなのかが，明確に分別されてこなかったうらみがあり，これが1970年代の後半におけるベルギーのベーゼ[2]を当事者の一人とし，フランスのエプシュテとボンツ[3]を他方の論客とする論争において，双方の主張を微妙な混乱へと導いたのである。この著名な論争は，直接には通知銀行の法的地位をめぐるものであったが，当然，第二銀行（la deuxième banque）の法的地位についての認識を深化させるものでもあった。しかし，このような（右の改訂規則で明確化された）指定銀行の概念も，決してそれ以前におけるこの論争の意義を現在において失効せしめたものではなく，後に触れるように，むしろ論点をより明確に浮かび上がらせるものとなった。

第三款　発行銀行と第二銀行との関係（委任の連鎖）

　発行銀行と第二銀行（指定銀行）との法的関係は民法643条の委任契約関係であって，これは第二銀行が通知，支払，買取その他どのような機能を演じるかにかかわりなく妥当するところである[4]。この点にはまったく異論を見ない。

　それ故，第二銀行の指定について，発行銀行は発行依頼人（買い主）の代理人としてではなく，自己の名において行為する。このことは指定された第二銀行が，自己の側でさらにその他の銀行を，例えば確認銀行がその信用状をその他の第三銀行で利用可能とするために挿入させるときに，その第二銀行についても妥当する。このように，一連の独立した委任契約関係が成立するのは，あたかも銀行間の送金依頼関係に類似するが，ニールセンはこれを，委任の連鎖（Auftragskette）と称している[5]。その結果，どの依頼人も，どれかの受任者によって挿入された第三者との直接の法的関係に立つものではない[6]。

---

2) Baise, Le rôle de la banque notificatrice dans les opérations de crédit documentaire irrévocable, Revue de la Banque, 1977-1. p. 35 et s.
3) Epschtein et Bontoux, D'un poit controversé en matiére de crédit documentaire (rôle de la banque notificatrice), Revue de la Banque, 1977-7. p. 505 et s.
4) フランス法においても同じ（例えばStoufflet, no 219 se）。ドイツ法においては§675 BGBに則った事務処理を目的とする請負契約と解されていて，細部を除き，異論がない。
5) Nielsen, Grundlagen, 1989, S. 71.
6) Nielsen, a. a. O., Eisemann/Schütze, S. 136f. その他異論を見ない。

第四款　発行依頼人と第二銀行との関係（履行補助者か復受任者か）

　発行依頼人と第二銀行との間には契約関係は存在しない。提供証券の審査，受取り，支払などは，発行依頼人に対する発行銀行の義務であって，第二銀行の義務ではない。

　なお発行依頼人から見て，第二銀行が発行銀行の履行補助者であるのか，ある程度独立的な存在としての復受任者であるのかについては，争いが存する。通説は第二銀行を発行銀行の履行補助者（§278BGB）と解する[7]。これに対し，ニールセン，フォン・ヴェストハーレンなどはこれを§664BGBの意味の復受任者と解しているが，その理由とするところは，要するに，例えば発行銀行が，信用状書面を通知銀行に発送して，発行銀行にはもはや最小限度の展開可能性もないときでも，通知銀行には通知事務に関して適時，適正な事後的コントロールをなす可能性が与えられており，また支払銀行は，彼らによると信用状の技術的な展開の外，提供証券を自己の名で独立して審査することを義務付けられていて，発行銀行の名で行為するのではないと解するが，このように，第二銀行に課せられた義務が，単に技術上の執行者としての限定的な委託領域にとどまるものではなくて，発行銀行の課題の一部が完全に第二銀行に移転 übertragen していることを承認すべきだ，という点にある[8]。

　しかし，この点については通説を支持すべきであろう。アイゼマン／シュッツェが指摘しているように，提供証券の審査と支払は発行銀行の本質的にして必須の課題であり[9]，信用状の発行もまた同様である。このような課題の一部について，それが第二銀行に移転され，従ってその部分について最初の受任者（発行銀行）に地位の交替を生じる結果を肯定することは，困難であろう。それがニールセンの言うように，最初の受任者がその委任関係から排除されることを意味しないとしても[10]，同様である[11]。ことにニールセンが，支払銀行は発行銀行から独立して提供証券を審査するのであって，発行銀行の名で行為す

---

7) Eisemann/Schütze, S. 149, Eisemann/Eberth, S. 80, Zahn, 3 Aufl, S. 82.
8) Nielsen, Grundlagen, 1989, S. 73.
9) Eisemann/Schütze, S. 149.
10) Nielsen, Grundlagen, 1989, S. 73.
11) ニールセンの指摘する事実関係があり得ると考えたため，本書第二部第五章注22で改説した。

るのではないという点には同意することができない[12]。

第五款　受益者と第二銀行との関係（履行場所）

受益者と第二銀行との間には，信用状法律関係として，いかなる契約関係も存在するものではない。しかし，信用状における支払銀行，買取銀行，引受銀行の指定は，受益者にとって，提供証券をこれらの第二銀行において提出し，そこにおいて支払などを受けるべきことを意味する（履行場所）。受益者にとって，第二銀行の指定は，本来発行銀行において履行されるべき信用状給付債務に関する，効力条件の変更に当たるものではないが，利用条件を特定するものである[13]。そのため，受益者が提供証券を直接発行銀行に提出して支払を求めても，発行銀行はその支払を拒絶することができる[14]。ニールセンは受益者が直接発行銀行に対して提供証券を提出することができるのは，第二銀行が破産その他支払不能に陥ったときと，受益者に対する履行を拒絶した場合であると言っている[15]。第二銀行の指定は，受益者の信用状給付請求上の便宜を慮ってなされるのが通常であるが，受益者の実際上の利益，不利益にかかわらず，その変更は信用状の変更に当たるので，常に受益者の同意を得なければならない。

第六款　第二銀行の「支払義務」の根拠と性質
　　　　　（ベーゼらの論争の明らかにしたもの）

第二銀行，例えば支払銀行が，いかなる根拠に基づいて受益者に対する支払をなすべき「義務」を負い，それがどのような性質のものであるかの検討は，意外に，等閑に付せられたところであった。「義務」といっても，第二銀行自身の固有のものではない。これを「発行銀行からの指図（授権）に基づき」[16]というのは，単なる俗説に過ぎず[17]，第二銀行独自の債務を承認する結果とな

---

12) Eisemann/Schütze, S. 149 は卑見と同旨。
13) Vgl. Nielsen, Grundlagen, 1989, S. 26-27. なお履行場所の置き換えに伴う準拠法の問題については Nielsen, Grundlagen, 1989, S. 37-38 参照。
14) Eisemann/Schütze, S. 152. 支払銀行以外における支払請求，買取銀行以外における買取請求は，信用状条件違反となる。
15) Nielsen, Grundlagen, 1989, S. 81.
16) 塩田親文編『外国為替判例研究』中央経済社，1987 年〈吉川義春〉67 頁。
17) 信用状における第二銀行の指定は，手形支払授権書（Authority to Pay）の発行と

る点で，誤りと言わなければならない。
　前掲ベーゼらの論争は，主に通知銀行の役割をめぐって展開されたが，通知銀行に限らず，第二銀行は，確認を付していない限り，受益者に対する自己固有の債務を負担したものでないことは（統一規則11条），ここで異論のない前提である。通知銀行は発行銀行の信用状発行の意思表示を受益者に伝達することを固有の機能とするが，信用状の「純粋に経験的な手法」に依拠して，いくつかの点で通知銀行の機能の拡大[18]を説くベーゼも，通知銀行と受益者との間にはいかなる直接の契約関係もないところから，この拡大機能はあくまで通知と関連した付随義務的事項に限定せられ，それ以上に，通知した信用状が自行において支払われるものであろうが，自行で買い取られるものであろうが，それは発行銀行が受益者に対して約したものであって，通知銀行がその内容に拘束されるものではないとの態度をとる[19]。
　「さて，何事も変化する」（Or, la vie est faite de changements）と言って，これに対抗したのはエプシュテとボンツであった。彼らも通知銀行は，信用状を確認していない限り，受益者に対する個人的な義務を負担するものでないことは，当然，これを承認する。しかし「受益者に対し通知し，かつ自己の窓口で支払われる受益者の提供証券を―発行銀行を代理し―同行の計算で受け取ることについて同行の委任を受けた通知銀行は，……委任を受けているので，相当な理由なくしてはその役割を放棄[20]することはできず，［放棄は］委任者に対するものであろうと（発行銀行，契約上の責任），受益者に対するものであろうと（不法行為上の責任），有責の非難を免れることはできないことになる」[21]。通知銀行が個人的義務を負わない［と通知に際して特に信用状に付記する］ことは，「すなわち，我々［通知銀行］が―我々に提出するように［受益者を］誘った―適正な提供証券について，支払をしたり，あるいは我々の好むところやその気になったところに従って，その支払を拒絶したり，あるいは

　は異なる。また指図と解して発行銀行と第二銀行および受益者との間に二重授権を成立させる試みは，指定が「被指定銀行のなんらかの確約ともならない」という統一規則11条C項とも矛盾するのみでなく，確認の委任との間に区別をつけることができなくなる。
18) 本章第三節において紹介しておいた。
19) フランス民法2007条参照。
20) Baise, p. 39 ss.
21) Epschtein et Bontoux, p. 511.

知らなかった事情［が今明らかになったといって，これ］によって支払をする，ということを意味しない。受益者に対し，受任者［通知銀行］によって申し込まれた義務の不存在を援用してかかる態度をとることは，—受任者が委任者の要求を適正に拒否することができる場合を除外すれば—これについての法のルールを曲解するものであり，［信用状］統一規則の精神を破り，不正義に引きずり込んでいた法の形式的な適用をば，裁判所がその判決によって修正したものを，破壊することである」と言っている[22]。そして，ここにいう修正判決として，エプシュテとボンツは，信用状の発行通知を受益者に対し十分速やかに伝達しなかったことを理由に，受益者が通知銀行を相手に提起した損害賠償請求を認容した判決が，「銀行の相手に課せられるところの，一切の有償の受任者に課せられる単純な誠実さを免れさせ得るどのような慣例もルールも存在しない」と言っているのを引用している[23]。すなわちエプシュテとボンツが，通知銀行が拡大的機能を担うべき根拠としているのは，通知銀行は自行において支払われ，あるいは買い取られるものとしての信用状であることを認識しつつ，これを受益者に通知した以上，受益者からの支払ないし買取の請求を，積極的な理由なしに拒絶することはできない，ということである。これを拒絶することは，通知銀行に対しては債務不履行となり，受益者に対しては不法行為となるからである。エプシュテとボンツの見解に近似した考えは，すでにアイゼマンによって，部分的に主張されていた[24]。

　思うに，エプシュテとボンツの見解は若干正確を欠くものと言わなければならない。例えば，自行において支払われる信用状の発行を受益者に通知した銀行が，相当の理由がないのに支払を拒絶することができないのは，その銀行が支払を委任された支払銀行だからであって，通知銀行だからではない。通知銀行に対する発行銀行の委任の内容は，発行銀行による信用状発行の意思表示を受益者に伝達することにあって，受益者に対し支払や買取をなすことではない。そうでなければ通知銀行は支払銀行，買取銀行，引受銀行などの責任に比して，常に，これらと重畳的な責任を負担する結果とならざるを得ないが，信用状取引において，確認銀行以外に，重畳的な責任を負担するものは存在しないのである。

---

22) Epschtein et Bontoux, p. 512.
23) Cass. Com. 21-6-1960, Bull, 1960, 3, N 248 (Epschtein et Bontoux, p. 512).
24) Eisemann/Bentoux, p. 41.

このような修正を加えた上で、受益者に対する第二銀行の「義務」の根拠と性質については、通知銀行に関するものを除き、エプシュテとボンツの見解を正当とすべきである。すなわち、第二銀行は、対外的に、受益者に対しては発行銀行の名と計算で行為するものであって、これと直接の法律関係に立つものではない。しかし対内的に、発行銀行に対しては委任契約による確定的な義務を引き受けていて、相当な理由なしに委任を放棄し、あるいは委任の履行をしないことは、発行銀行に対しては債務不履行となり、受益者に対しては、通知銀行が相当な理由なしに委任を放棄し、あるいは委任の履行を拒絶することはないであろうという、通常、法的保護に価する受益者の信頼を破壊する不法行為となり得るので、これによって受益者は第二銀行に対する支払請求を保障される、と考えるのである。アイゼマンは、このような第二銀行の責任を「類似的保障の機能」(fonction de sécurité analogue) と称した。かかる類似的な保障機能をもって第二銀行の「義務」というのは表現として正確ではない。次に、第二銀行のうち通知銀行についてはベーゼの上記見解を正当と解する。ただし、通知銀行の拡大された責任の性質とその内容については、本章の末尾において、さらに検討を加えておいた。

第二節　非指定銀行の法的状況

第一款　非指定銀行と信用状

　信用状における第二銀行（指定銀行）の法的状況に関する上記指摘によって、指定銀行を除くそれ以外の者（いわゆる非指定銀行）の信用状における法的状況はすでに明らかであろう。すなわち、発行銀行に対する信用状法律関係の設定は、受益者としては勿論言うに及ばず、介入銀行としてであっても、すべて発行銀行の意思によるものでなければならない。発行銀行以外の、例えば受益者の意思によって、第三者が発行銀行との信用状法律関係に立つことはあり得ない。受益者から信用状の譲渡を受けた者は、その信用状の受益者となるが、信用状の譲渡は、発行銀行がその信用状を譲渡可能信用状として発行していることによって、初めて可能となる[25]。自由買取可能信用状において受益者

---

25) 信用状の譲渡による受益者の地位の移転については、橋本「荷為替信用状の二次的

の選択する任意の銀行が買取銀行となることは，発行銀行によってその旨予め許容されていたところである。また確認銀行によって指定された第三銀行（本章第一節の第三款参照）も，確認銀行との法的関係に立つことはあっても，発行銀行との法律関係に立つものではないのである。「非指定銀行の法的地位は，……信用状に基づいて自行が自ら独立の権利または機能を取得した」ものであって，受益者から提供証券を取得した「割引銀行は信用状の受益者である」というのは[26]，理解することが甚だ困難である。結局，非指定銀行は受益者の代理人ないし履行補助者として行為することは可能であっても，発行銀行に対する信用状給付請求を自己の名をもってなすことはできない。

このようにして，非指定銀行には信用状統一規則も委任法も適用されず，それ故，仮に受益者に対して手形の買取代金を給付したとしても，これによって発行銀行に対する補償給付請求権を取得するものではなく[27]，他に指定支払，買取銀行があっても，これに対して支払，ないし当該手形の買取を請求する権利を有しないものである。

第二款　非指定銀行による買取とわが裁判所
　　　　（最高裁判決を含む誤解例）

以上のような法的状況にもかかわらず，わが国においては，いわゆる取次金融と称して，信用状に基づく荷為替手形を非指定銀行において買い取る事例が見られ[28]，これに代金取立方式と手形割引方式とがあるとされてきた。前者によるものであれば格別，後者によって，非指定銀行が受益者の荷為替手形（提供証券）を買い取ったものとすると，それでもこれによって信用状の譲渡がなされたものではないから，信用状は依然受益者に帰属し，提供証券のみが非指定買取銀行に帰属するに至って，信用状の権利と提供証券の権利とが別個の人格に分属するものとならざるを得ない。受益者が信用状給付請求をなすためには，信用状条件と一致した自己の提供証券を提出することが条件であり，自己の信用状を用い，ただし提供証券は他人（非指定買取銀行）のものを提出し

　　利用に関する研究」司法研究報告書22輯2号112頁以下参照。
26）村田溥積・企業法研究278輯48頁。
27）Nielsen, Grundlagen, 1989, S. 66. この点について異論はない。
28）小峯登『信用状統一規則（上）』財団法人・外国為替貿易研究会，1974年，379頁，東京銀行調査部『外為読本』1990年，186頁以下。

て，信用状の権利を行使し得ないことは言うまでもない。手形割引方式などといって提供証券を非指定銀行に譲渡した受益者は，その結果，信用状上の権利を行使することができないものとならざるを得ない[29]。しかしこのような結果をもたらすことは，買取に際し当事者の意図しないところであろうから，その通常の解釈としては，非指定銀行が受益者の手形を買い取る場合，同行は，受益者の発行銀行ないし指定支払，買取銀行に対する信用状上の支払，買取請求について，受益者の受任者ないし履行補助者として行為するものと解すべきであろう。これはあくまで全体としてひとつの信用状取引であって，決して，信用状から分離された，商業書類または金融書類をもってする取立取引 Inkassogeshäft ではないから，これに取立統一規則（ICC, Rev. 1978, Pub. No. 322）の適用はないのである[30]。

しかしながら，非指定銀行の法的地位はわが国において必ずしも正当に理解されず，ことに受益者から提供証券を買い取った非指定銀行の法的状況については，疑問とすべき判決が続いた。以下，問題点を具体的に明確にするため，遺憾ながら誤解によるものとも言うべき3判決を取り上げて，視点を明らかにしたい。

（一）大阪地裁平成2年2月8日判決・信用状買取代金請求事件[31]
1 総　　説

この判決の事案の要点は概ね次のとおりである。X銀行は外国のY銀行本店発行で，受益者をAとなし，他の提供証券とともに一覧払い手形の提出を信用状条件として，Y銀行大阪支店を「支払銀行」とする取消不能荷為替信用状による荷為替手形のAからの買取人であるが，Y銀行に対し，その手形金の支払を請求した。その請求原因は，X銀行大阪支店がY銀行大阪支店に対しAから買い取った荷為替手形を呈示してその「再買取」を求めたところ，Y銀行大阪支店はX銀行大阪支店に対し，これを「再買取」して手形金を支払うことを約したというのである。Y銀行は，この約束の存在を認めた上，抗弁として，（イ）X銀行とY銀行との間に，手形の「買戻し」，すなわち償還に関する合意が存在する。（ロ）そうでないとしても，外国為替公認銀行間

---

[29] 橋本・手形研究425号36頁以下参照。
[30] Schärrer, S. 115.
[31] 判例時報1351号144頁。

の信用状に基づく荷為替手形の「再買取」取引においては，信用状発行銀行が支払を拒絶したときは，再買取依頼銀行は，その拒絶の理由にかかわらず，再買取銀行からの買戻しの請求を受けると，直ちにこれを買い戻すべき商慣習ないし商慣行があるから，この買戻請求権をもってX銀行の右支払請求権と相殺する，という主張をなした。裁判所はこれについて（イ）の合意の存在は認められないが，それに代わるY銀行主張の（ロ）の商慣習ないし商慣行の存在が認められるとなし，相殺の結果，X銀行の請求を一部認容するに及んだのである。

2　支払銀行と支払場所

さて，X銀行（大阪支店）は本件信用状の受益者であるAから，これによってAが作成した荷為替手形（提供証券）を買い取った者であるが，本判決の別表によれば，X銀行は，信用状上，発行銀行によって買取銀行として指定されていたものではない。すなわち，いわゆる非指定銀行であった。第二銀行の指定は信用状条件をなすものであるから，信用状書面に記載するか，発行後の指定であれば，信用状の変更として，関係当事者全員の同意という要件を具えなければならず，仮に発行銀行とX銀行との間に買取の合意が成立しても，それによってX銀行が買取銀行となるのではない。前にも述べたように，本件判決はY銀行大阪支店を本件信用状の「支払銀行」と認定しているが，Y銀行大阪支店がもとよりY銀行とは別個の法人格を有するものではなく，またY銀行は本件信用状の発行銀行であるというのであるから，このような場合，Y銀行大阪支店は本件信用状の支払銀行ではなくて，支払場所であると解しなければならない。仮に信用状にY銀行大阪支店を支払銀行ないし買取銀行と記載していても，本店と支店との間で独立した委任契約が成立しうるものではないので，法律的には，Y銀行大阪支店はY銀行の支払，買取銀行ではあり得ない。

3　「再買取」の特約の意味

本件においてX銀行とY銀行大阪支店との間で本件手形の「再買取」の約束がなされたことは当事者間に争いがない。本判決は，これにより，直ちにY銀行の抗弁の検討に移っているが，しかし，右約束によってX銀行がY銀行に対して手形金の支払請求権を取得したか否かは，別に検討されなければならない。すなわち，このような約定がX銀行の名をもってなされたのであれば，すでに述べているように，X銀行は非指定銀行であって，本件信用状に

基づいていかなる権利をも有するものではないので，その約定は本件信用状について発行銀行であるY銀行を拘束するものではない。一方，これが受益者であるAの名をもってなされたのであれば，Aはもともと本件信用状の受益者であって，Y銀行に対しては信用状給付請求権を有することは当然であるから，屋上に屋をかする必要はなにもなかったものである。それ故，この「再買取」の約束が独立になされたものとして，これになんらかの意味があるとすれば，X銀行はAの名において，すなわちAの履行補助者ないし代理人として，Y銀行に対し，本件信用状に基づくAの支払請求をしたものと解すべきである。つまり，本判決が「再買取」といっているこの約束が，X銀行の名をもってなされたのであれば，それは無効の約束である。そうではなくて，Aの名をもってなされたのであれば，「再買取」とはいっても，受益者であるAが本来信用状に基づいて有する信用状給付請求権を，その履行補助者ないし代理人として行使するというだけのことである。いずれにしても，非指定銀行であるX銀行は，本件のように，自己の名において（すなわち原告として）Aを受益者とする信用状につき，発行銀行に対して支払請求をなしうるものではない。それ故，裁判所はすでにこの一事によって，本件結論とは逆に，X銀行の本訴請求を失当として，全部棄却すべきであって，そのうえさらにY銀行主張の特異な商慣習[32]のごときものにかかずらわるべきでもなかったのである。

---

32) 「信用状に基づく荷為替手形の買戻しに関する銀行間の商慣習」なるものは存在し得ないことについて。
　蛇足ながら本判決に言う右の商慣習について一言すると，まず判決に使用された用語には特異なものが存し，これが判決の理解を著しく妨げるものとなっているが，ここで「買戻し」と言われているものは，要するに，償還請求のことである。さて，本件信用状は発行銀行であるY銀行大阪支店における一覧払いの信用状であるというのであるから，このような信用状における発行銀行が支払をなすについて，なお償還請求について特約をなすことは，自己矛盾として，あり得ないのである。それは理論の問題と言ってもよい。裁判所がその存在を認定したと言っている右の商慣習は，かかる特約に代わるものだと言うのであるから，理論的には，そのようなものが存在する筈はないことになる。

(二) 大阪地裁昭和51年12月17日判決・損害賠償請求事件[33]
1　総　　説

　この判決の事案は，発行依頼人をX，受益者をAとし，B銀行大阪支店を通知，買取銀行と指定したC銀行発行にかかる取消不能信用状において，非指定銀行であるY銀行大阪支店がAの荷為替手形を「買取」，B銀行を経てC銀行がこれの支払をなし，XもC銀行に対する補償金の支払を了した。その後になって，Aの提供証券に偽造などの瑕疵があったことが判明したとして，XがY銀行相手に，同銀行にはAからの買取の際の提供証券審査においてこの瑕疵を看過した過失が存したと主張して，その損害賠償請求に及んだものである。信用状に信用状統一規則準拠文言が存した事例であった。

　Y銀行は，Aの手形を買い取ったものではないと主張したが，裁判所はこれについて一瞥もくれなかった。そして，裁判所は，Y銀行は当時の提供証券審査義務を定めた1962年改訂信用状統一規則7条（「銀行は，相応の注意をもってすべての書類を検査し，それが文面上信用状条件に一致しているとみられるかどうかを確かめなければならない。」）にいう銀行ではなく，また「信用状発行銀行でない銀行」は「……信用状取引の当事者ではないから，右手形を取得するに際しては，当該銀行の責任と負担においてこれを取得するに過ぎないのであって，信用状発行依頼人のために，信用状条件を遵守し，所要の書類の点検をなすべき法律上の義務はないものと解するのが相当であるから，単に右信用状条件に違反し，書類の点検を怠って，右手形を取得したというだけでは，信用状発行依頼人に対しては何等の責任を負担するものではない」と言って，Xの請求を棄却した。

2　発行依頼人に対する非指定銀行の不法行為の成否

　非指定の買取銀行であるY銀行の行為が発行依頼人Xに対する不法行為に当たるか否かは，本件の事実関係からは明らかでないと言うべきである。本件請求を棄却するについて裁判所の指摘した右の事実が，Y銀行の本件不法行為の成立原因とはなんのかかわりもない事実であることは，すでに述べてきたことによって看取されるであろう。すなわち，Y銀行は受益者Aから提供証券を「買い取った」非指定銀行であるが，実際に買い取って，これを自己の所有としたのであれば，仮にそれが信託目的によるものであっても，Aは爾後

---

[33] 判例時報859号91頁。

これを用いて信用状請求をなし得ないことになるので，当事者の通常の意思は，そのようなものであるとは解し得ない。それ故にこそ，Y銀行は自行においてAの手形を買い取ったものではない旨主張していたものであって，裁判所がこの論旨に気付いていたなら，無用の論議に迂回することなく，結論（Xの請求を棄却した結論自体は，（一）の判決と違って，正当である。）に達していた筈である。それはともかく，本件において，発行銀行であるC銀行が事実，信用状による支払をなしたというのであるからには，XがY銀行に不法行為ありと主張している提供証券の審査を含む信用状の法律関係について言えば，Y銀行はAがC銀行に対し支払請求をなすについて，実際にもAの履行補助者ないし代理人として行為したものである。その際，実務上は，AとY銀行との間に前述した取次金融が行われ，そのための担保価値の審査のために，Y銀行が提供証券と信用状条件との一致性を審査することがあるとしても，あるいはその審査にどのような不手際があろうとも，さらにこの判決を批判する者が，Y銀行が「あらかじめ船荷証券等の偽造を確知しているのに敢えて手形を割引き，買取指定銀行に買取を求めたというのでない限り」不法行為とならないと言っている[34]，そのような事実が仮にまた存在したとしても，それによって損害を蒙る可能性があるのは，Aであって，Xではあり得ない。信用状における提供証券の審査は，発行銀行とその受任者としての指定銀行によってなされるものであって，発行銀行は信用状発行契約によって発行依頼人に対し，あるいは指定銀行は委任契約によって発行銀行に対して，それぞれに義務付けられている。Y銀行が取次金融の必要上行った提供証券の審査にどのような過失（自己過失）が存しようとも，発行依頼人であるXに対する関係においては，未だ受益者であるAの支払請求ないし買取請求以前の問題でしかなく，その過失とXの損害との間に因果関係を認めるべき場合を想定することは，ほとんど不可能である。

(三) 最高裁平成2年3月20日判決・損害賠償請求事件[35]
1 総　説
本件事実関係は，次のとおりである。すなわち発行依頼人をX，受益者を

---

34) 吉川・前掲75頁。
35) 金融法務事情1259号36頁。

A（実際には原受益者から信用状の譲渡を受けた者）とし、B銀行（東京銀行）大阪支店を通知銀行と指定したC銀行発行にかかる取消不能信用状において、Y銀行（当時の関西相互銀行）梅田支店がAの代理人であるDを介してAの荷為替手形を買い取った。その後の手形の経過は明らかではないが、XはC銀行に対する補償金の支払を了した。ところが、実際にはY銀行が買取に際し行った提供証券の審査に過失（すなわち具体的にはインボイスの商品の表示における商品名・数量が、銀行買取用輸出申告書に記載された商品名・数量と異なることを看過したこと）があって、そのためXは契約どおりの商品を入手することができなかったことによる損害を受けたとなし、Xはこの損害はY銀行の右過失によるものであると主張して、その損害賠償請求に及んだものである。

ただし、本件判決においては、Y銀行がC銀行の指定買取銀行であったか否かは認定されておらず、本件の原審である大阪高裁昭和60年7月31日判決[36]においても（実はさらに第一審判決においても）、この点は看過されてきた。

この事実関係において、最高裁は、「信用状輸出手形の買取をした外国為替公認銀行（Y銀行）は、契約どおりの商品が船積みされていないことを知りながら敢えて輸出手形の買取を行った場合、又は一般に輸出取引の対象となる各種商品……の専門知識を有しない銀行員の注意をもってしても輸出申告書の記載等から一見して当該輸出が手形振出の原因となった輸出取引と別個の取引であることが明らかであるのにこれを看過して手形を買い取った場合は格別」、そうでない場合には、かかる銀行は買い主に対して不法行為による損害賠償責任を負わない、旨判示した。

2　信用状法律関係における各当事者の権利は各々異なるものであること

かかる事実のみで、上告を棄却し、Xを敗訴とした本件結論の当否を論じることは不可能である。裁判所は、信用状に関する法律関係が争いとなった場合、訴訟当事者がそれについていかなる権利を有し義務を負う者であるかを、個別的に確定しなければならない。信用状に登場する各当事者の権利関係は各々異なっていて、ひとつとして同じものはない。本件においても、被告であるY銀行の信用状上の地位、具体的には、買取銀行としての権利と義務を有

---

[36]　判例時報1177号64頁。

するか否かは，同行がAの手形の買取人であるということによっては，なにも確定されないのである。Y銀行の信用状上の地位を決める者は，法理上明確に，発行銀行であるC銀行であって，受益者であるAではあり得ない。そうすると，本件は何者を相手として不法行為の責任の成否を問おうとするものであろうか。本件判決は訴訟物の特定を欠き，既判力の客観的範囲が不明という致命的瑕疵を免れないものである。

そうではあるが，本件においては東京銀行が通知銀行であったというのであるから，同行の外国為替取引における海外での大きな信用度と，それに比したY銀行のこの取引での海外における知名度の相対的な低さ（推定）を考えるならば，本件はおそらくY銀行を買取銀行として指定したものではなかったと解される。そうだとすると，本件は（二）で解説を加えた事例とまったく同一の法律関係を生じるものと解されるので，この次元でも，これが相当な判決ではないことは容易に理解されるところであろう。最高裁が，「かかる場合には格別」と言って，不法行為成立の可能性を認めたケースにおいても，やはりそれはXの損害との間に因果関係を認めることができない事実である。

第三節　結びに代えて（通知銀行における保護義務の問題）

信用状における第二銀行の法律について現在最も鋭く論じられているのは，受益者と発行依頼人とに対する第二銀行の保護義務（Schutzpflichten）の問題であろう。すなわちこの両者と第二銀行との間には，前述のように，どのような契約関係も存在しないが，それでも第二銀行の受益者および発行依頼人に対する「契約外の注意義務」に関し，いかに配慮すべきものであるかが，議論の対象とされてきた。そしてこれは，第二銀行を通知銀行とそれ以外の指定銀行とに分かって検討される。しかしながら，そのすべてにわたって論点を指摘する余裕はないので，ここではすでに取り上げたベーゼらの論争に主題を提供し，かつは1983年改訂信用状統一規則8条に新たな規定として登場した，通知銀行の責任について問題点を指摘して，本章の結びとしたい。

1983年の改訂規則以前において，通知銀行につき最も拡大的な責任を具体的に指摘したのはベーゼであると言えよう。彼は，発行銀行の信用状発行の意思表示の伝達に止まるものではない通知銀行の責任について，法理的というよりも，経験的性格に固執するものだと言いながら，概ね，次の諸点を指摘して

いた。(イ)「通知銀行は，受益者が書類（提供証券）の信用状条件との一致性に関して交渉する最良の相手である。その技術的能力と受益者に（位置的に）近いことがその理由である。信用状に合致した書類を提出するのが受益者の役目であるからには，同人は通知銀行を当てにすることができなくてはならない(doit pouvoir compter sur l'appui de)。すなわち，通知銀行が書類の不一致に気付かないで発行銀行に送ったり，（受益者が）書類を訂正し，あるいは，場合によっては，他の書類を提出することによって信用状と一致させる可能性を剥奪して書類を送付したこと（について受益者は通知銀行）を非難することができる」[37]。(ロ)発行銀行における一覧払いが約束されている信用状において，支払場所（ここでは当然発行銀行）と提供証券の提出場所が異なる信用状の通知を求められたときは，この（提出場所に関する）条項が無効と解されるところから[38]，通知銀行は，まず発行銀行に対して支払場所を自行とするように（すなわち自行を支払銀行と指定するように）信用状の変更を求めるべきであり，変更がなされない場合には，この点を特に受益者と発行銀行とに通知しなければならない[39]。(ハ)発行銀行が信用状を発行して受益者に対する取消不能な約束をするとき，別に通知銀行に対しこれに確認を付することを求め，この確認がなされることに自己の約束の効力を従属させるとの条件を付している場合に，通知銀行が確認をしないままこれを受益者に通知することの可否については，通知銀行が自己の確認を付さないまま通知しても，理論上は発行銀行の取消不能の約束を生じさせるものではあるが，それでは発行銀行の意図を損なうことになるところから，結局，これを否定的に解しなければならない[40]と。ただしベーゼは通知銀行のこれらの責任の法的性質を特に説明したわけではなかった。

　このような通知銀行の責任の性質とその範囲とを検討する上で重要な視点を提供するものは，新たに設けられた右の信用状統一規則8条の規定である。こ

---

37) Baise, p. 46.
38) 信用状取引は受益者による提供証券の提出と引き換えに支払がなされるべき，同時履行の取引である。そして発行銀行は提供証券の提出がなされうる唯一の場所であり（Baise, p. 39），それ故に多くの場合には受益者の住所地に支払銀行を指定して，提供証券の受取りと支払の履行補助をなさしめる。支払を受ける窓口と提供証券を提出すべき窓口が異なっておれば，後者の指定には効力がない。
39) Baise, p. 39-40.
40) Baise, p. 38.

第三節　結びに代えて（通知銀行における保護義務の問題）　27

れは，信用状は，通知銀行を通じて，その銀行側のなんの約束もなしに，受益者に通知されることができるが，通知銀行は，自行の通知する信用状が外観上正規に作成されたと見られるかどうかについて，相応の注意を払うべきことを規定したものである。この新規定の性質について，濱田教授は，「為替業務を営業する銀行から信用状発行の通知を受けるならば，受益者がそれを信頼するのは当然であって，受益者は，発行通知のあった信用状の真偽を調査したり発行銀行に直接照会したりするようなことはせず，直ちに原因関係を成す契約上の債務の履行に着手することになるのが通常である。したがって，このような信頼は当然法の保護に値する利益を成すものであって発行通知のあった信用状は偽造されたものである場合には，通知銀行は一定の要件のもとに，その責に任ずべく，偽造信用状によって受益者がこうむった損害につき賠償の義務があるものといわなければならない。……この場合通知銀行に一般の場合とは異なる不法行為上の無過失責任を負担させても不合理とは言えないもののようである。しかし，それでは銀行は信用状発行の通知について著しく慎重にならざるを得ないのであって，銀行業務の円満な運営を阻害するおそれがある。また過失のない銀行に責任を負担させることは，不法行為責任の一般原則に反するものであって必ずしも妥当とは言えないとする見解もある。そこで，この場合，この銀行の責任を一定の条件のもとに，受益者に対する関係においても，無過失責任ではなく，過失責任に止めようとするのが改訂規則第8条の趣旨である」[41]と言って，これを，かかる「規定の有無にかかわらず，通知銀行として当然に負担しなければならない」不法行為責任であり，本来無過失責任であるものを過失責任として免責をもたらしたものと主張される。つまり濱田教授によれば，通知銀行の責任は，発行銀行と通知銀行との間の契約上の責任ではなくて，通知銀行の業務に対する受益者の信頼の保護に基礎付けられるというものであって，その点はまことに正当である。アイゼマン/シュッツェも述べているが[42]，信用状統一規則8条がかかわっているケースにおいては，信用状は偽造されたものというのであるから，発行銀行と通知銀行との間には，そこから保護義務が導き出されるような契約はそもそも存在し得べき場合ではない。契約締結上の過失や無権代理人としての責任の法的根拠を見出すことができな

---

41) 濱田一男・法政研究54巻1号18頁。
42) Eisemann/Schütze, S. 140.

いのも同様である。通知銀行が信用状の真正さを担保すべき信用状統一規則8条について言えば，その根拠を発行銀行に対する保護義務に求めることは困難であって，これを通知銀行に対する受益者の信頼の保護に求める不法行為説は正当と言うべきであろう。ところで，信用状統一規則8条が，通知銀行に特別な注意義務を新たに負担させたものではなくて，本来，理論上当然に認められなければならない義務であったとするならば[43]，通知銀行の責任はなにも信用状の真正の担保に限定される必要性はなく，受益者の正当な信頼を保護の目的とする範囲に拡大的に解すべきものであろう。ベーゼの指摘したものがこれに当たるか否かは一概に断定することはできないが（例えば，彼が（イ）において指摘したものの何が，前述したように，通知銀行であるための責任なのか，支払銀行としての責任なのかは，にわかに結論を出すことができない），要するに，第二銀行について保護義務の成否が問われているもののうち，少なくとも，通知銀行に関するものとしては不法行為責任として理解するのが正当であって，通知銀行につき保護義務による責任を認めることはできないと解するものである。

---

[43] 濱田・前掲19頁。

第二章

信用状通知銀行と信用状発行（変更）通知の遅延の責任

第一節　事実関係の要約

本件判決[1]の趣旨は、受益者に対する信用状の変更（アメンド）通知が遅延したのは通知銀行の不法行為責任であるから、受益者はそれによる損害の賠償を通知銀行に求めるというものである。

1　特に信用状関係について

わが国の原告は売主として台湾の訴外 F 公司とテキスタイルの販売契約を締結し、代金の決済は信用状によることが約された。そのため買主である訴外 F 公司は台湾に本店を有する訴外 C 銀行に対し原告を受益者とする信用状の発行を依頼したので、訴外 C 銀行は 1998 年 1 月 5 日、1993 年改訂信用状統一規則に則って、原告を受益者とする信用状（金額 876 万 3500 円、船積期限 1998 年 2 月 10 日）を発行し、被告銀行大阪支店を通知銀行として同月 6 日、原告に対しその発行通知を了した（原信用状の発行）。この通知は被告銀行大阪支店に電信の受信装置がなかったので、被告銀行東京支店を経由して同大阪支店に電信を転送する形で行われた。その後原告と訴外 F 公司との間において、この信用状によって決済されるべき取引金額を増額し船積期限を延期することが約されたので、訴外 F 公司は訴外 C 銀行に対しその旨の原信用状の変更をなすことを依頼し、訴外 C 銀行もこれを承諾した。変更された信用状は単にアメンドと称するのが慣例である。そこで訴外 C 銀行は 1998 年 1 月 22 日、被告銀行に対し信用状金額を 1430 万 8900 円に増額し船積期限を 1998 年 2 月 20 日と変更する旨のアメンドの通知を、原信用状の場合と同様、被告銀

---

1) 大阪地裁平成 10（ワ）11498 号（一部認容、一部棄却）（控訴）判例時報 1742 号 122 頁。

行大阪支店に転送するよう依頼して同東京支店に送信し，これは同月 23 日に被告東京支店で受信された。ところがこのアメンドの通知は被告大阪市店への転送が遅れて 1998 年 2 月 4 日となり，原告への通知も同日となった。

2　特に損害の発生について

原告は訴外 F 公司との基本契約で船積期限が 1998 年 1 月 31 日と約されていたが，上記のような被告銀行によるアメンド通知の遅延のため期限に船積することができず，そのため値引きならびに航空便で直ちに納入することを余儀なくされ，弁護士費用を含めて合計 616 万 4729 円相当の損害（ならびに遅延損害金）を蒙ったと主張している。

3　判旨の要旨

判旨は要するに，通知銀行には受益者に対して迅速に通知をなすべき不法行為法上の注意義務違反があったというものである．

すなわち国際取引において，「一般的に，受益者たる売主が信用状の到着を確認しないで商品を発送することは売主にとって代金決済を受けられない危険を伴うため，受益者は信用状の通知を確認した上で始めて商品の発送手続を行うというのが国際貿易の実務として行われているところである。これは信用状の発行，通知等に関わるのが信用のある銀行であって，通知等の手続が当然迅速・適確になされるであろうことを前提としており，買主は，売主の発送期限に合わせて，それまでに信用状の通知がなされる時期をみはからって信用状の開設を行うのである。」「かかる信用状の機能及び国際貿易取引の実態に照らせば，信用状制度自体，信用状取引における通知事務を担う通知銀行に対し，通知の遅れにより商品発送の遅延等の事態を生じさせないよう，迅速に通知事務を処理すべきことを要請しているというべきである。」「信用状統一規則 7 条 a 項（中略）も，通知銀行の通知事務が迅速に行われるべきことを当然の前提としているというべきである。」「右によれば，通知銀行より迅速な通知を受けられるという受益者の信頼は法律上保護に値する利益というべきであり，通知銀行としては，受益者の右利益を保護し，通知の遅れによる商品発送の遅延等を生じさせないために，通常通知に要する期間内にできるだけ迅速に通知事務を処理すべき不法行為法上の注意義務を負っているものということができる。」と述べている。

第二節 評　釈

第一款　判示理由と結論ともに反対

　裁判所は通知銀行が受益者に対する信用状のアメンド（原信用状の変更）の通知を遅延するのは、一般的に受益者に対する通知銀行の不法行為であると判示するが、通知の遅延など、通知銀行の事務処理による損害について受益者が損害の賠償を請求すべき相手方は通知銀行ではなくて、発行依頼人（買主）であり、直接に通知銀行の責任を問うのは例外的な場合に限定される。もっとも通知銀行を含む第二銀行について不法行為責任を肯定する余地のある点は私も一般論として指摘してきたところであるが[2]、これは世界的にみた信用状理論としても少数説であり、卑見も通知の遅延に関して不法行為理論を適用するのは困難と考える。

第二款　通知銀行及びその余の第二銀行と受益者との関係

　発行銀行は自行だけで受益者に対する信用状のすべての義務を履行することは困難だから、自己の指定する特定の第二銀行に委任して信用状事務を分担処理させるのが通常であり、これらの特定の銀行を指定銀行と称している[3]。わが国の実務と判例は（例外的存在としての自由買取可能信用状を除き）発行銀行の委任を受けていない非指定銀行でも受益者手形の買取によって信用状に権利を取得し得るかのような誤解と、指定銀行の受益者に対する固有の義務内容の把握が曖昧であったためか、指定銀行と非指定銀行の分別に厳格さを欠く傾向が強いが[4]、通知銀行もまた発行銀行から委任を受けた指定銀行の一つに他ならない。

　そして通知銀行に委ねられた固有の事務（機能）とは発行銀行の信用状発行ないしアメンドの意思表示を受益者に伝達することであって、この点には異論

---

2) 橋本「信用状における第二銀行の法律関係」判例時報1368号3頁［本書11頁］。
3) 橋本・前掲3頁［本書11頁］。
4) 近時ようやく学説にも正当な理解へのステップが見受けられるに至った〈例えば桑原康之「外国向け為替手形の取立・再買取の拒絶と買取銀行の権利義務」別冊ジュリスト204頁、岡野裕子「信用状の準拠法」奈良法学雑誌9巻3・4号119頁〉。

がない。

ただし，このような通知銀行が担うべき機能については，かねて「純粋に経験的な手法」に依拠するものとして，すなわち取引の現実が通知銀行に認めているものとして，これを拡大的に理解する見解が存する[5]。これが正当なら，絶えず新しい変化をもたらしつつある信用状の実体が通知銀行の固有の機能の拡大を結果したものとして検討しなければならない。しかし現在のところこれらの拡大的論議は，仔細に検討すると，通知銀行が同時に支払銀行ないし買取銀行を兼任している場合の，その支払ないし買取銀行の機能を指摘したものであるか，あるいは通知銀行の（受益者ではなくて）発行銀行に対する委任契約上の付随的義務に相当するものを指摘したに過ぎず，通知銀行の受益者に対する義務自体の拡大に該当するものではないと思われる[6]。

第三款　発行依頼人の責任とする通説

本件で問題とされているように，通知銀行による通知の遅延その他の事務処理の瑕疵によって受益者に損害を生じた場合，通知銀行は発行銀行の単なる履行補助者であって[7]，受益者と直接の契約関係に立つものではないので，受益者は通知銀行を相手とする損害賠償請求権を取得するものではないと解するのが，本章に示すように世界的な信用状理論における通説である。そして売主たる受益者に対し（発行銀行を介して）適時適切な信用状（ないし本件のようなアメンド）を提供するのは，受益者との間の売買契約その他の基本契約における買主たる発行依頼人の義務であり（発行依頼人のこの義務は発行銀行ないし通知銀行の過失とは独立した存在である[8]），通知銀行は原則として受益者に対する関係において発行依頼人の履行補助者であるから，通知銀行の事務処理に瑕疵があった場合，受益者は発行依頼人（本件では訴外F公司）を被告として損害賠償請求訴訟を提起すべきものと解するのである。

この見解を代表する者としてシュツェは，通知された信用状が偽造されたものであり，あるいは発行通知に遅れがあったため受益者に損害を生じた場合にも，基本契約上適正な信用状を適時に受益者に提供する義務を負っているのは

---

5) 詳細は橋本・前掲3頁以下［本書11頁］参照。
6) 橋本・前掲4頁以下［本書12頁］参照。
7) Canaris, Rn. 978.
8) 橋本訳「荷為替信用状の法理概論」九州大学出版会，1974年，140頁参照。

発行依頼人であるから，受益者は通知銀行に対してではなく，発行依頼人に対して損害の賠償を請求すべきであり，発行依頼人はその後，場合によって発行銀行に対し自己の損失の補償を請求すべきものと言う[9]。これは，通知銀行と受益者との間にはいかなる契約関係もなく，通知銀行は発行銀行の単なる使者として，技術的な伝達者にすぎないから，受益者に対して直接いかなる義務を負うものでもないことを根拠としたものである[10]。

もっとも信用状の発行が売主にとって基本契約をなすための先行条件である場合や，信用状の取得が売主の基本契約履行の先行条件である場合には[11]，通知銀行による通知の遅延によって売主に損害を生じることはないと思われるが，それ以外の場合なら，売主（受益者）は信用状の発行されたことを確かめるまでは履行の着手など，コストのかかることを始めようとしないのが普通だから，かかる場合に通知の遅延が受益者に損害を惹起したとするなら，受益者は発行依頼人を相手として損害賠償を請求するものと解されている[12]。

しかしながら Burton V. McCullough[13] も述べているが，発行依頼人（買主）が受益者に対し適時に信用状を取得させるために自らなし得るすべてのことをなした場合にもなお通知銀行の通知の遅延による責任を負担すべきものとすると，発行依頼人は受益者に対する損害賠償の補償を発行銀行に求めることになり，ついで発行銀行はその補償を自己の履行補助者である通知銀行に請求する

---

9) Schütze, DB 1987, 2189, 2191.
10) Schütze a. a. O., 他に Stapel, S. 119 ; Nielsen, Neue Richtlinien, S. 36 ; Dolan, LC, 1-12〈この結論は商取引上のトラブルを当該取引当事者の解決に委ねて銀行をその紛争から免れさせ，受益者にも通知銀行という，基本契約の際にはその登場を予期していなかった者を相手方として訴訟をなすという偶然性から救済するので巧妙であると言っている〉; Sound of Market Street, Inc. v. Continental Bank International, 819 F. 2d 384〈通知銀行の通知遅延のため船積期限までに信用状の発行通知が間に合わなかったケースについて，裁判所はコモンローによるもアメリカ統一商法典によるも信用状統一規則によるも，受益者が通知銀行に通知の遅延の損害賠償を請求できる根拠はなく，受益者は発行依頼人にのみ賠償請求をなすべきものと判示した（id at 386）〉; Bank One Texas v. Little d/b/a Mitco Ltd., 978 S.W. 2d 272 (Tex. App. 1998)〈信用状が通知銀行の発送後に紛失したケースにつき Sound of Market 判決と同旨〉.
11) Schmitthoff, 11-018 はこれらは明示的・黙示的に条件付けられていなければならないという。
12) McCullough, 1999, § 1.04〔2〕a 参照．
13) Ibid.

ものとなって，訴訟の重複ないし循環的な訴訟の原因となる可能性を生じる。そこから受益者と契約関係には立たないが，直接に通知銀行を相手方とする損害賠償請求の可能性が検討されるものとなる。

第四款　通知銀行の責任を認める見解とその当否

カナリスは，通知銀行は受益者といかなる契約関係に立つものでもないので，受益者に対して「主たる履行義務（primäre Leistungspflicht）」を負うものではないが，この両者の間には契約締結上の過失（culpa in contrahendo）とパラレルなものと考えられる「主たる履行義務なき債務関係」という法的な債務関係が存在し得るのであり，例えば通知銀行の通知した信用状が偽造されたものであった場合，受益者はその債務関係上の保護義務違反を理由に§242 BGBに則って，通知銀行に対し直接に損害賠償を請求することができるという[14]。すなわちCanarisは取引行為のなかには当事者の法律行為によって成立したものではなく，却って契約行為（Vertragserhaltungen）と同種の「契約外に生じた特別な連結性」が存在するが，これが主たる履行義務なき債務関係を生じる。それはまずは行為義務を生じるものの，主たる履行義務を含むものではなく，この行為義務が履行されない場合に初めて第二次的な義務として損害賠償義務を生じさせる。これは当事者の法律行為上の意思によるものではなくて，客観法上の不文の原則と§242 BGBに根拠を有するものであると言っている[15]。

しかし仮に通知銀行の受益者に対するこのような保護義務を認めるとして，具体的にいかなる場合にこれを肯定すべきかは，さらに検討されるべき課題である。

まず通知銀行の受益者に対する義務を唯一明示したものとして1983年改訂信用状統一規則第7条を検討しなければならない。これは通知銀行には発行銀行による信用状の発行を受益者に取り次いで通知するに際し，対象たる信用状が真正に作成されたものか否かを外見上で確認する義務があると規定するものであるが，受益者に対する通知銀行の保護義務の存在を根拠とするものであろうか。

---

14) Canaris, Rn. 978.
15) Canaris, Rn. 12.

この真正確認義務の根拠については通知銀行の保護義務説と後述の不法行為説の他，信用状統一規則による特別な義務とする見解[16] が存在する。カナリスの上記見解は保護義務説を述べたものと解することができるであろう（ただしカナリスは署名の真正確認義務について述べているが，上記信用状統一規則に言及しているわけではない)。エバースもまた「契約外の配慮関係」を根拠としてこれと結論を同じくしている[17]。

　これらのうち真正確認義務に関しては保護義務説の成立は困難と考える。けだし，ことは通知の対象とされる信用状が発行銀行の作成にかかるものではなくて偽造であった場合だから，通知銀行と発行銀行との間にはこの信用状に関していかなる契約関係も，「契約外の連結関係」も存在せず，他方で通知銀行は受益者と契約関係を結ぼうとしているのでもないから，通知銀行について受益者に対する契約締結上の過失ないしこれとパラレルな類似性をもつところの，カナリスのいわゆる「主たる履行義務なき債務関係」の存在も問題とならないからである[18]。それゆえ少なくとも通知銀行の上記真正確認義務の根拠を信用状契約上の保護義務に求めることは困難としなくてはならない。

　他方，不法行為説はかかる保護義務を否定した上で，為替業務を営む通知銀行が業務上行った信用状の通知に際し，受益者がそれを真正な文書であると信頼するのは当然であるとなし，かかる受益者の信頼は一般的に保護に値する法的利益であるとして，その侵害を不法行為と構成するものである[19]。それでは，仮に本件が通知銀行において真正な信用状ないしそのアメンドの通知事務を遅延することなく処理すべき義務に違反したものと仮定して，それは上記受益者に対する保護義務の違反となるのか，あるいは本件判決が指摘するように，受益者に対する不法行為を構成するのであろうか。

　遅滞なく通知する義務が真正確認義務と異なるのは，通知銀行は発行銀行との委任契約によって受益者に適時の通知をなすべき義務を明確に，受益者に対してではなく，発行銀行に対して負担していることである。通知の時期（発行依頼人の義務としての受益者に信用状を提供すべき時期ではない）は，それに

---

16) 橋本訳「荷為替信用状の法理概論」142 頁に翻訳した Eisemann/Schütze の見解。
17) Eberth, Die Revision von 1983 der ERA, WM Sonderbeilage 4/1984, S. 9.
18) 通知銀行が発行銀行の無権代理人であるのでもない。これらについては前掲橋本訳 141 頁。
19) 橋本訳 9 頁以下参照。

ついて委任契約に定めがあればそれに従うべきであり，特別に時期の定めがなければ遅滞なく通知をなすのが商慣習というべきであって[20]，これらの行為時期は発行銀行との委任契約ないし商慣習によって決定され，少なくとも受益者の意思や個別的な取引上の利益に配慮する必要性は認められない（受益者の意思は発行依頼人との基本契約上の，信用状の発行条件を定めるものとしてもっぱら発行依頼人に向けられる）。結局，受益者が通知銀行から適時に通知を受ける法的利益を有するとしても，それは直接通知銀行に対する受益者の権利ではなくで，明らかに通知銀行の発行銀行に対する上記委任契約上の義務の反射的利益でしかない。これに対し真正確認義務の場合，通知銀行は偽造の信用状を通知しない義務を発行銀行に対して負担していたのではなく（発行銀行は偽造の信用状とは無縁の存在である），一般取引上の注意義務として，直接それを受益者に対して負担していたものである。それゆえ，真正確認義務の違反については（信用状統一規則上の特別な合意とまで言うことなく）これを不法行為責任の対象とすることが可能であろう。これに反して通知の遅延が通知銀行の不法行為責任の対象とされるのは，例えば通知銀行が受益者の発行依頼人との基本契約上で通知時期に関する特別な利益を有していることを知悉していて，発行銀行に対する義務の履行に見せかけて殊更にそれを侵害した場合などに限定される（発行銀行に対する義務の範囲内の行為であれば，通知銀行に独自の責任は発生しない）。その意味で，本件でも原告がこれを主張しているが，受益者が信用状ないしアメンドを接受してから初めて船積準備に取り掛かるなどという事情は輸出取引の通常の経過であってなんら原告の特別に保護されるべき事情ではなく，また（本件がそうであるように）基本契約上の船積期限と信用状上のそれとが一致しないことも決して例外的現象ではないのみか，このような場合，後述のように通知銀行（発行銀行）は基本契約上の船積期限ではなくて，信用状所定の船積期限を基準として通知事務を処理すべきことに鑑みると，これもまたなんら特別に保護されるべき利益を含むものとは考えられない。

　ひっきょう，これら二つのケースにおける受益者の法的状態の区別は通知銀行に対する受益者の立場を決定的に分別すると考える。

　このようにして，他に保護義務ないし不法行為という概念を操作して解決す

---

20) §7 UCP500 参照。

べきケースが存するか否かは別問題として，少なくとも通知の遅延の問題については，直接に通知銀行の受益者に対する保護義務違反の問題は生ぜず，また上記特別の事情が存する場合を除いて不法行為による権利侵害の問題も生じないと考えるものである。要するに，本件のように通知が遅れたことによって受益者に損害が発生したとしても，受益者は通知銀行に対してはなんらの請求権を有するものではなく，事情によって発行依頼人に対して損害賠償請求権を取得し，発行依頼人は場合によっては発行銀行による自己への償還請求の際に損害の塡補を受けるというのが現在の支配的な信用状理論である[21]ので，発行依頼人の発行銀行に対する補償請求は制限される。ただしかかる免責規定の効力は争われている[22]。

第五款　おわりに（通知銀行はアメンドの通知を遅延していないこと）

以上によって通知銀行の事務処理にとって通知の遅延と信用状の真正確認義務の違反とは異なる性質のものであること，その結果，受益者は真正確認義務の違反について通知銀行に不法行為責任を問うことができる場合があるとしても，通知の遅延については通知銀行ではなくて，発行依頼人に対して契約責任を問う構造となっていることを指摘してきた。

しかし本件にはそれ以外にも幾つかの問題点が含まれているので，最も重要と思われるものを一つだけ取り上げて結びとしたい。それは通知銀行は果たして原告の主張のとおり，そしてまた裁判所が認定したとおり，通知を遅延したのかという問題である。

原告（受益者）は通知銀行の通知が「遅れた」ため，基本契約で船積期限とされた1998年1月31日までに船積することができなかったと主張する。しかし船積期限は原信用状では同年2月10日であり，アメンドされて同月20日となった。そしてアメンドの通知がなされたのは同年2月4日である。信用状に関する学説[23]と判例[24]は，発行の依頼を受けた信用状はおおむね本件のよう

---

21) 橋本訳142頁のEisemann/Schützeの見解，Nielsen, Grundlagen, 1989, S. 77. なお1993年改訂信用状統一規則第16条は「銀行は（略）書類の送達中の遅延（略）により生じる結果（略）についてなんらの義務も責任も負わない」と銀行の免責規定をもうけており，銀行には通知銀行を含むと解されている（ICC Pub. No. 596, p. 33）。

22) Canaris, Rn. 941 ; v. Westphalen, WM 1980, 178, 181f. など。

23) Jack, p. 41 et seq. ; Schmitthoff, 11-018.

に船積日が信用状に定められている場合には，船積日前の resonable な時期までにというのではなくて，船積期間が始まるまでに発行通知がなされておれば足りると解している。なぜなら受益者が通知の遅延を理由に通知銀行を非難できる特殊例外的な場合であっても，基準となる行為は，通知銀行が相手を知らない基本契約ではなく，受益者としての行為であるべきだからである[25]。これによると，本件の場合，原信用状が通知されたとき既に基本契約上の船積日は経過していたと考えられるが，基本契約上の船積日とはかかわりなく信用状所定の船積日を基準として通知の遅延の有無が判定されるべき以上，通知銀行のアメンドの事務処理としても，結果的になんら非難されるべきものはなかったと考えられる。

---

24) Glemcore Grain Rotterdam BV v. Lebanese Organisation for International Commerce [1997] 2 Lloyd's Rep. 386, 388.〈fob 契約について〉
25) LG Frankfurt a. M., WM 1981, 284, 287 参照。

第三章

荷為替信用状における偽造の抗弁

第一節　問題の所在——偽造の迷路から出口へ——

　一　荷為替信用状の受益者Aが信用状で提出すべき検査証明書を偽造して買取銀行Dに買取のため持ち込んだ。Dはそれが偽造であることを見抜けずに，あるいは見抜いていたもののAとの関わりからAに支払ったが，発行銀行Bと発行依頼人Cとはそれが偽造文書であることを認識していたか認識可能であったとする。「詐欺の抗弁」（fraud exception）と称するケースであって珍しいものではないが，B，C，Dの相互関係の理解は不透明である。

　二　基本的な考え方は簡明に示されている。すなわち信用状の受益者Aが詐欺の意思で偽造のドキュメントを提出して信用状支払請求をした場合，発行銀行Bが「即時に利用可能な証明力の強い証拠」によって偽造を明白に認め得る場合（これを「明白な偽造」と称する）であれば，BはAに対しては支払拒絶権を持ち，発行依頼人Cに対しては支払拒絶を義務付けられるというものである[1]（詐欺が偽造を手段とする場合が多いので，以下「偽造の抗弁」と称する。上記国連条約には「詐欺」や「権利濫用」などと種々の表現が用いられているが，それは法域の違いをカバーするためである）。そのため発行銀行Bが偽造の抗弁を行使せずに買取銀行Dに支払えば，BはCに対する償還請求権を持たず，C

---

1) 定説である。例えば Canaris, 2000, Rn 1024 ; Wessely, Rn 159, 201 ; Schärrer, S. 131f. ; Nielsen, Grundlagen, 1989, Rn 7.1.1 ; Schinnerer, S. 20. なお支払拒絶権について Zahn, 5 Aufl, S. 163f. 近時の英国判決 Czanikow-Rionda Sugar Trading Inc. v. Standard Bank London Ltd [1999] 1 All E. R. (Comm) 890 は fraud exception についてのクラシカルな判断の事例である。なお信用状にも適用される「独立ギャランティ及びスタンドバイ信用状に関する国連条約 1995」も第 19 条ではほぼ同旨の規定を設けた。異論は知り得る限り古く Zahn, 5 Aufl, S. 164 に見られるのみ。

はBに対する償還義務を有しないはずである。

　三　ところがこの当然の結果に対しては，上例のように，発行銀行Bが他の銀行Dを履行補助者として介入させた場合（つまりD銀行を買取銀行として指定し，あるいは信用状が自由買取可能信用状として発行されて買取銀行Dが登場した場合），外為銀行ですらしばしば（自己に有利に）誤解しがちな，それゆえBがDの償還請求に反論し，買主（発行依頼人）CがBの償還請求に反論するのがときとして厄介な難題がもたらされる場合がある。

　一撃で論破するには骨の折れる議論もあって，それが信用状の適正な利用を妨げ，「信用状の危機」を予感させるものとなっている。本章は最も典型的な買取信用状の事例を念頭におきつつ，「偽造の抗弁」の全体像を示すことによって，この明確に確立された出口までの迷路を照明しようとするものである。

第二節　事例の設定——買取信用状であること——

　荷為替信用状には支払信用状（一覧払い，後日払い），引受信用状，買取信用状など，各種の支払形態のものがあるが，ここでは最も誤解の多い買取信用状を取り上げる。後日払い信用状ではドキュメント呈示後，引受信用状でも手形の引受後，各支払期日までに偽造が明らかになった場合を追加して考慮すれば，買取信用状の場合と考え方に特別な相違はない（後日払い信用状については後掲の Banco Santandar S. A. v. Banque Paribas 参照）。

　また受益者Aがドキュメントを非指定銀行Eに持ち込んだ場合，EはAの代理人であって発行銀行Bの代理人ではないから[2]，Eが次に指定銀行にドキュメントを持ち込めば，その銀行が買取銀行Dとなる。

第三節　なぜ「明白な偽造」の場合に 支払拒絶権と支払拒絶義務を生じるのか

　[キーワード；二つの委任契約と連結点。偽造文書は委任の対象外。権利濫用を限定するものとしての即時利用可能な証明力の強い証拠。二段階の抗弁]

　一　荷為替信用状の支払は通常二つの委任契約で支えられる。一つは発行依

---

2) 橋本・判例時報1368号3頁［本書11頁］以下。

頼人Cと発行銀行Bとの間の信用状発行委任契約（甲委任契約）であり，他は発行銀行Bが甲委任契約の履行のため他の銀行D（指定銀行という）との間で締結する委任契約（乙委任契約）である。両者はともに請負給付を目的とした事務処理契約（委任契約）の法的性質をもつ[3]。それらは当事者を異にして独立しているが[4]，一点だけ連結点を有する。つまり発行銀行Bと買取銀行Dは受益者Aが提出した同一のドキュメントが信用状条件と一致するか否かをおのおのが連続して検査し[5]，一致しておればDはAに支払ってBに支払額を償還請求し（乙委任契約），CはBに償還義務を負うというものである（甲委任契約）。

　二　各委任契約においてドキュメントが偽造文書であってはならないことは，特に合意しなくても当然の前提である[6]。偽造文書に支払っても差し支えない旨の委任契約は公序良俗に違反して無効である。

　三　また，荷為替信用状の支払請求権はそれが発行された基本取引（AC間の売買契約）から独立して抽象的な給付請求権ではあるが，そのような権利もまた基本取引上の詐欺・偽造に基づく，許されざる権利行使の抗弁に服し，信義則に起因するところの権利濫用の禁止がここでも例外なく妥当すると考えられている[7]。

　このように偽造の抗弁が基本取引上の抗弁であるところから，この抗弁の対抗を許すことは信用状の抽象的債務約束の独立性を侵犯する結果となるのは明白である。そのため信用状取引の円滑性と機能性を損なわないため，偽造の抗弁の主張は極端な場合に限定されなければならないと考えられ，それは立証面で具体化されて，偽造の事実が即時に利用可能な証明力の強い証拠（liquide Beweisemittel，「独立ギャランティとスタンドバイ信用状に関する国連条約」第20条にいう"immediately available strong evidence"）によって証明可能な場合にのみ許されると解されている[8]。

---

3) 通説。例えばCanaris, 2000, Rn 939, 972.
4) Nielsen, Werner 記念，Rn 3.3.1.
5) §13 b UCP500 参照。
6) Canaris, 2000, Rn 964 は「顧客の依頼は§§133, 157 BGBによる解釈上，ただ真正な書類に対する支払だからである」と述べる。
7) 通説。例えばNielsen, Grundlagen, 1989, Rn 7.1.1.
8) Canaris, 2000, Rn 1017; Wessely, Rn 159, 257; Schärrer, S. 130; Nielsen, Grundlagen, 1989, Rn 7.1.2.4. アングロサクソン系の文献にも異論は見受けられない。

四　以上のようにして偽造の抗弁は甲乙両委任契約に共通して不正の根源にある受益者Aの権利行使に対抗する抗弁であるから，各委任契約の履行段階ごとに二段階に及んで主張されるものである。その第一段階は，発行銀行Bが直接には指定銀行Dに対し乙委任契約（偽造書類は支払委任の対象ではない）の不履行を理由に，間接には受益者Aに対し（後述のようにDはBの履行補助者にとどまるから）偽造の抗弁に基づいて，支払拒絶権を取得するとともに，第二段階として，発行依頼人Cが発行銀行Bに対し，甲委任契約（偽造書類は支払委任の対象ではない）の不履行を理由として支払拒絶権を取得する反面，BはCに対し買取銀行Dと受益者Aに対する支払拒絶義務を負うと考えられる[9]。

　なお支払拒絶義務という表現について，§14ｂUCP500に「ドキュメントが信用状条件と一致しないとき」発行銀行Bはその引取を拒絶できる（may refuse）とあるのを理由に義務性を否定する見解があるが，"may"というのは発行依頼人Cが不一致を承諾する余地に配慮した実務的表現であり，Cがその不一致を承諾しない限り，Bは支払を拒絶せざるを得ず，裁量の余地はない[10]。

第四節　危険な主張

　それにもかかわらず，Bが支払拒絶義務に違反してDに支払ったとしてこれをCに償還請求した際に，Cが主張する「偽造の抗弁」を封じるための二つの危険な考え方が関係銀行によって主張される場合がある。ただしこれらは世界にあって独りわが国にのみ見られる主張であり，諸外国の文献に登場しない特異なものである。

　その一　「偽りの代理関係」

　買取銀行Dには発行銀行Bの代理権が授与されており，DはBの代理人として書類を検査し，その受理を決定することを資格付けられていることを前提とする主張である。Bは代理の本人としてDによる書類の受理に拘束され，発行依頼人CもB発行委任の際にBが他の銀行を介入させることを明示的・黙

---

9) ただし Canaris, 2000, Rn 1024 は支払拒絶義務の根拠は原則として甲委任契約上の付随的義務ないし保護義務にあると述べている。

10) Nielsen, Neue Richtlinien, Rn 104.

示的に承諾してBに書類の受理を委ねた以上，例えCの知らないDによって瑕疵ある書類が受理された場合でも，CはBの償還請求に応じざるを得ないと構成するものである。

　その二　「偽りの善意の所持人」

　発行銀行Bはドキュメントの善意の所持人に対し信用状に基づいて支払義務を負うべきだとの理由により[11]，買取銀行Dはドキュメントが偽造と知らずに買い取った「善意の所持人」であると構成して，BはDに支払をなすべきであり，発行依頼人CはBに償還義務を負うと構成するものである。

　その一とその二の構成の背景を若干補充すれば，発行銀行Bからすれば，外国にあるDが実際に支払ったかどうかを確認できないことが多い上（隠れた取立委任との区別も困難である），Dがすでに支払った後では，それがDの先払いリスクで支払われたとしても（なぜならDは指定銀行だから本来なんら支払義務はなく，Bから受任者の費用前払いを受けた後にAに支払っても差し支えなかった），ドキュメントの瑕疵をめぐってDとの厄介な紛争を生じる可能性を否定できない。これに反し発行依頼人Cに対しては，Dが例えば検査証明書の偽造を認識できなかったから「善意の所持人」だと主張すれば，上記UCPの定めにより，あるいは自由買取可能信用状であれば定型文言として"We hereby engage with drawers and/or bona fide holders that drafts drawn in conformity with terms of this credit will be honored—"などという善意者保護のbona fide条項があるので，これらによってBはDに支払義務を負い，したがって発行依頼人CもBに対して償還義務を負うと主張し易くなるのである。

　しかし「危険な主張」その一とその二は，以下のとおり，いずれも誤った主張である。

---

11) §9 iv UCP500 参照。

第五節 「偽りの代理関係」の分析

第一款 買取銀行Dの代理権の客観的限界——買取銀行の代理権は偽造ドキュメントの検査と支払に及ばないこと——

[キーワード；甲委任契約と乙委任契約の関係。外見上の検査と信用状厳正の原則。軽過失の免責条項（§13 a UCP500）。重過失の免責条項。明白な偽造。代理権の客観的限界と主観的限界，二段構えの検査構造。自由買取可能信用状は例外でないこと。negotiation credit の特例]

1 指定買取銀行の場合

イ）発行銀行Bが発行依頼人Cとの間の甲委任契約を履行するため，主として受益者居住地のD銀行に対し，受益者振出手形ないしドキュメントの買取を委任した場合（乙委任契約），そのD銀行を指定買取銀行と称する。指定銀行は委任事項の処理を自己の名で，発行銀行の計算においてなすことを授権されている。BとDの関係は委任契約による代理関係であるから[12]，DがBに対して取得する償還請求権は，民法650条1項所定の費用償還請求権であり[13]，Cとの関係においてDはBの履行補助者である[14]。

ロ）まず現在の荷為替信用状取引において，発行依頼人Cも発行銀行Bがすべての事務を自行限りで処理するとは予想しておらず，Bがドキュメントの検査と支払を他の銀行に委任することはこれを明示的・黙示的に承諾していると解される。しかしそれは白紙委任を許したのではなく，Cに関する限り，乙委任契約の委任事項が甲委任契約の委任の範囲内でなければならないのは当然である。そうでなければ乙委任契約は甲委任契約の履行手段とはならない。そして甲委任契約でBに委ねられたDによるドキュメントの検査は，信用状取引の大量性と定型性に配慮した形式的で外見上の検査であるから[15]，Dが検査

---

12) 異説はないが例えば Canaris, 2000, Rn 972 ; Gutteridge/Megrah, 4-66 ; Bamk of Baroda v. Vysya Bank Ltd. [1994] Lloyd's Rep. 87, 90.
13) 異説はない。Nielsen, Grundlagen, 1989, 3.3.1. ; Eisemann/Schütze, S. 151 [橋本訳152頁]。
14) 通説。Canaris, 2000, Rn 974 ; Eisemann/Schütze, S. 150 [橋本訳150頁]。他に復受任説があることにつき橋本・判例時報1368号4頁 [本書12頁]。
15) §13 a UCP500.

でドキュメントの瑕疵を看過することがあり得るのは，ある程度やむを得ないものとなる。それでもドキュメントの検査は，専門の検査者による，いわゆる「信用状厳正の原則」に則った厳格な検査であるべきだから[16]，Ｄが瑕疵を看過した場合，Ｃが許容すべき限度は軽度の過失によるものに限るのが合理的な解釈であろう。このようにして，§13 a UCP500 は検査銀行Ｄの軽過失の免責条項となっている。

ハ）ところで§15 UCP500 が「銀行は，すべての書類の真正さ，偽造についていかなる義務も責任も負わない」旨を規定しているため，発行銀行Ｂはドキュメントの真正と偽造に関しては，重過失の責任を含め，いかなる検査義務も責任も負わないかが議論されるものとなった。およそ信用状統一規則を通説に従って普通契約約款と解するなら[17]，免責約款ないし免責条項の有効性の判断基準についてドイツの普通契約約款規正法（AGBG）のような特別法のないわが国では，不公平な個々の約款ないし条項をコントロールする可能性を，債務者の誠実義務と契約当事者は取引慣習に従うとの国際的にも承認されている規範，すなわち信義則に求めた上で，少なくとも故意又は重大な過失の結果を免責する旨の約款ないし条項は無効と解すべきである[18]。§15 UCP500 と重過失との関連性はこの法的基準に依拠して理論的にコントロールすることが可能であるが，実務的には，さらに偽造についても§13 a UCP500 に具体的な認識基準が存在することに留意すべきである。そもそも見分けられ得る偽造であればすでに§13 a UCP500 によって偽造は見分けられているのだから，§13 a UCP500 を実務的に空転させないためには，§13 a UCP500 が書類の偽造・真正に関する§15 UCP500 に優越すると解さざるを得ず[19]，その結果§15 UCP500 は，少なくとも明白な偽造についての免責条項としては機能を失うと解するものである。

　甲委任契約に信用状統一規則の援用文言があれば当然に，援用文言がなくても，現在の信用状取引を前提とした信用状発行委任契約であれば，やはり同じ

---

16) UCP500 は必ずしも明文をおいていないが，商慣習と判例・学説によって確定されたルールである。§5-108 UCC はこれを明記している。

17) 例えば Canaris, 2000, Rn 925f.

18) UCP と AGBG の関連性に関する最近の研究では例えば Wälzholz, S. 1457f.; v. Westphalen, WM 1980, S. 178f. 参照。

19) Canaris, 2000, Rn 965.

結論が認められる。

ニ）そうするとドキュメントの検査と支払に関する買取銀行Dの代理権の限界は，真正なドキュメントの検査と支払に限られるものであり，免責の範囲は専門的な書類検査を基準とする軽度の過失に限定され，故意によるものはもとより，重過失によるものも代理行為の免責の範囲に包含されないものとなる。

ここで重過失とは「明白な偽造」を看過することと同義である。例えば買取銀行の署名の偽造を買取銀行が看過すれば，明白な偽造を看過したものとして免責されない。

2 自由買取可能信用状とnegotiation creditにおける買取銀行の場合

イ）自由買取可能信用状とは発行銀行が特定の指定銀行以外のどの銀行による買取をも許容する旨を信用状に表示した信用状である。§10 b UCP500は自由買取可能信用状においてはすべての銀行が指定銀行であると規定した。上記のように指定銀行は発行銀行の代理人であるから，自由買取可能信用状における買取銀行は発行銀行の代理人となる。

ロ）これに対しnegotiation creditにおける買取銀行は発行銀行の代理人とはならない。通常の信用状の発行通知が発行銀行による特定の受益者に対する信用状契約の申込であって，特定の受益者がこれを承諾することにより信用状契約が成立するのに対し，世間一般，すなわちその信用状に基づいて行動するすべての者に宛てられた申込となる信用状が存し，これをgeneral creditと称する例であった。それが次第に変遷して，世間一般と言いつつ，実は特定の名宛人が振り出す手形の割引ないし買取銀行を対象となし，かかる割引・買取銀行は善意である限り，信用状に基づいて直接に権利を取得するものとなった[20]。negotiation creditとはこのgeneral credit系の信用状の一つであり，前述のbona fide条項を含むことが多い。それは発行銀行によって指定された特定の，あるいは不特定の買取銀行が発行銀行による信用状契約の申込を承諾すると，信用状に受益者と類似した独立の権利を取得するものである。Gutteridge/Megrahは買取銀行Dと発行銀行Bとの間に代理関係を生じるUCP型の通常の信用状における指定銀行を「中間銀行（intermediary bank）」

20）詳細は橋本『荷為替信用状の二次的利用に関する研究』法曹会，1969年，21頁以下。

と称して[21]，このような negotiation credit の場合と区別している。

ハ) negotiation credit においても C が B の償還請求を拒絶するために主張すべき事実は UCP 型の信用状と異なる点はない。しかし B が D の償還請求を拒絶するために主張すべき事実は，(i) UCP 型の場合には D の委任事務の不履行，すなわち本章に関して言えば，D が「明白な偽造」を故意又は重大な過失によって看過した事実であるのに対し，(ii) この negotiation credit の場合には D が「明白な偽造」について悪意であったとの事実となる。

ニ) ただし negotiation credit の呼称が現在において，必ずしも常に上記の general credit 系の信用状を指し示すとは限らない。買取銀行が発行銀行の代理人としてとどまる通常の買取信用状を同じ呼称に含めるものも存するからである[22]。しかし特定の自由買取可能信用状がそのどちらであるかを信用状原本の文言だけから判別するのは困難であろう。bona fide 条項の存否だけでは判別困難である。甲委任契約の信用状発行依頼書と総合的に判別するのがよいが，UCP 援用文言があって，自由買取可能信用状の買取銀行は指定銀行である旨を規定した §10 b UCP500 が適用から除外されていないものは，general credit 系のものではなく，UCP 型の通常の信用状と考えるべきであろう。それは現在の信用状取引において例外的な存在だからである。

第二款　買取銀行 D の代理権の主観的限界
　　　——買取銀行の代理権（判断）は偽造ドキュメントの検査と支払について発行依頼人を拘束しないこと——

［キーワード；甲乙各委任契約ごとの履行条件の充足。検査結果の評価の独立性］

1　前述のように，甲委任契約（発行依頼人と発行銀行）と乙委任契約（発行銀行と指定買取銀行）とは委任の連鎖（Auftragskette）をなして繋がっている。各委任契約は当事者が異なるため別個独立した存在である。しかし委任事項が完全に異なるわけではない。それは受益者 A の提出するドキュメントが信用状条件と一致するか否かを検査し，一致しておれば支払をなすという点において目的を共有し，発行依頼人 C もその作業（請負給付）に乙委任契約を介して発行銀行 B 以外の D が介入することを承諾しているのである。しかし C と D の間にはいかなる法律関係も存在しないのであって[23]，乙委任契約

---

21) Gutteridge/Megrah, 4-100.
22) Wunnicke/Turner, 3.19.
23) Nielsen, Grundlagen, 1989, 3.3.1 ; Schärrer, S. 116 ; Eisemann/Schütze, S. 149 ［橋

によりDがBを代理して行ったドキュメントの検査と支払の結果は，上記代理権の客観的限界の範囲で（つまり実務的には§13 a UCP500で許容される範囲で）Bを拘束する。

2　発行銀行Bが発行依頼人Cに対して乙委任契約の結果をどの程度及ぼすことができるかは，Dの代理権とは別の，甲委任契約の解釈問題である。そして甲委任契約によれば，Cはドキュメントの検査をBが他者Dに白紙委任することを認めているのではない。BはCに対し受益者提出のドキュメントについて，Dの検査とは別の，自己自身による検査義務を負っている[24]。したがって信用状においてBはDを買取のため代理指定していても，Dとは別に自らの立場でドキュメントの検査をしなければならない。Dによる検査には，Dが自ら与信銀行となってAに対する先払いないし輸入金融をなすためD自身の利益を目的として行うところの担保物審査としての性質も併存しており，Cに対するBの検査と同じものではない。検査はBD各自における二段構えの構造となる。

3　「偽りの代理関係」に揚げた論理，つまり買取銀行Dには検査・支払の代理権があるので，例えDが瑕疵あるドキュメントに支払った場合でも，発行銀行Bはその結果に拘束され，発行依頼人Cもその結果を受け入れることに同意しているというのは，このようにして誤った論理である。結局，

イ）Dによるドキュメントの検査結果がBのそれと一致しておれば，BはDに対し償還義務を履行した後，Cに対して償還請求をするに至る。後にCがドキュメントが信用状条件に一致しないと判断すれば，甲委任契約の不履行として，Bとの間で償還義務の存否を争うのは当然である。

ロ）BはDとドキュメントの検査結果が一致せず，ドキュメントが信用状条件を充足していないと判断する場合は，Dの償還請求を拒絶しなければならず，Cに対しても償還請求をなし得る根拠がない。ただし実務上は§14 UCP500が償還拒絶手続と不履行の場合の不利益を定めているし，BはCに対しドキュメントの不一致による異議権の放棄を質すのが通常の取扱である。ドキュメントの一致性をめぐるBとDの見解の相違，あるいはB，Dと発行依頼人Cの見解の相違は，最終的には司法判断に委ねられる[25]。

本訳151頁]；但しCanaris, 2000, Rn 978は「主たる履行義務なき法的債務関係」が成立し得ると指摘する。

24) ICC Publication No. 565 E. R211, §13 b UCP500.

第六節　偽りの「善意の所持人」の分析
　　──買取銀行Ｄの善意・悪意は発行依頼人の発行銀行に
　　対する偽造の抗弁とは無関係であること──

［キーワード；善意の所持人と§13a UCP500。買取銀行の悪意と発行銀行の悪意］
　一　自由買取可能信用状を含めて，買取信用状における買取銀行Ｄは，特殊例外としての general credit 系の negotiation credit でない限り，発行銀行Ｂの代理人であって，発行依頼人Ｃから見るとＢの履行補助者としての法的地位にある。上記のようにそれはＢの授権に基づき，与えられた代理権の範囲で自己の名においてＢの計算のもとに，受益者提出のドキュメントの検査と支払を行うものである。その結果は代理権の範囲でＢを拘束するが，書類の偽造については軽過失の範囲内で検査の瑕疵が免責される。このようにＤの代理権の実務上の物的限界がその代理権の範囲を示すことを明らかにしてきた。
　これによってすでに本章の結論は示されている。すなわちＤが偽造の認識を有したか否かはＢから償還請求された場合におけるＣのＢに対する偽造の抗弁とは無関係である。ＣにとってはＢ自身が§13a UCP500の範囲で偽造を認識できたか否か，つまり偽造を認識しなかったことに重過失があると主張できるか否かがすべてであって，Ｃから見てＢの履行補助者に当たるＤが偽造を認識していたか否か，善意か悪意か，過失の有無は（ＤのＢに対する償還請求について，Ｂが主張する偽造の抗弁を支える事情であって），ＢのＣに対する償還請求権に影響を及ぼす事由ではないからである。上記のように，甲委任契約では偽造のドキュメントの取扱については，軽過失の免責以外，委任の連鎖を考慮に入れても，なんらの約定はなされていない。つまりＤが偽造について善意で重過失がなければ（すなわち§13a UCP500の適正な検査をしたが，偽造を見出すことができなかったほどに「明白な偽造」でなかった場合には），発行銀行ＢはＤに対して償還義務を負うが，Ｄが悪意であるか，あるいは善意であるにつき重過失があれば（すなわち§13a UCP500による適正な検査をしておれば偽造を見出したであろう程度に「明白な偽造」であった場合に

25）事例多数；Bank Melli Iran v. Barclays Bank [1951] 2 Lloyd's Rep. 367；Hamilton Bank N. A. v. Kookmin Bank, 245 F. 3d 82；2001 U. S. App. LEXIS 5191 (2d Cir. 2001) [U.S.A.]；Banco Santander SA v. Banque Paribas [2000] 1 All ER (Comm) 776 [England].

は)，BはDに対し偽造の抗弁を対抗できるので償還義務を負わない。そして類似の過程がBと発行依頼人Cの関係でも反復されるので，Bが偽造につき悪意であるか，あるいは善意であるにつき重大な過失があれば，Dの善意・悪意を問わず，CはBに対して偽造の抗弁で対抗することができる。

　二　ちなみに，買取信用状では支払請求に必ずしも手形を用いる必要性はない。これは§9 iv UCP500にも表されているが，同条はさらに発行銀行は受益者振出手形及び／又は信用状所定の書類を，その善意の所持人（bona fide holder）の償還義務を免除して買い取る旨規定している。しかしインボイスや原産地証明書や検査証明書のような手形法的権利移転方法と無縁な書類を前にして，この「善意の所持人」とは，手形法上の裏書の資格授与的効力に依拠して保護される善意取得者の概念とは全く異別の概念であり，当のドキュメントが偽造であることについて善意なる者という趣旨に理解するほかない。その意味で同条は発行銀行Bは偽造を認識しつつ買い取ったDに対し償還義務を負わないという当然の論理を表現したものとなる。

第七節　関係銀行の正当な選択

［キーワード：発行銀行の選択肢。買取銀行の選択肢。発行依頼人に選択肢はないこと］

　一　受益者Aが検査証明書の作成名義人である発行依頼人Cの署名を偽造し，手形その他のドキュメントとともに指定銀行Dに買取のため提出したとする。買取銀行Dはドキュメントの検査をするが，その偽造に気付かないことがあり，あるいは気付いていてもAとの取引上気付かないふりをすることもある。結局DはAのドキュメントの買取と支払を了したとして（支払の事実はBにとって判明しにくいことが多いが），発行銀行Bに対し償還請求をする。BはCと同国の近在者であるから，検査証明書が偽造であることをCより知らされていて，それを明白に証明する証拠の提供も受けていたとする。偽造がB自身の署名の偽造であって，Bにとり明白な場合もある。

　二　発行銀行の選択

　上記設例において，(i) Bは偽造を認識し証拠も得ていたのだから，Dに対しドキュメントの瑕疵（偽造）を指摘した上[26]，Dが先払いしていてもその償還請求を拒絶し，Cにも償還請求をなすべきではない[27]。それにもかかわらず

BがDに支払った場合，Dに対してはBの非債弁済となるので不当利得の返還請求はできない[28]。Aに対してはDの支払が（Dの善意・悪意を問わず）Bに帰せられるので，Bが自己の名で，あるいはDがBの名で，不当利得返還請求をなし得るが[29]，場合によって不法行為による損害賠償請求権を取得することがあり得る[30]。(ii)Bが偽造を認識することなくDに支払った場合について，§14 d iii UCP500は，Dに対し支払金額に金利を付加した金員の返還請求権を有すると定めている。もっとも本条ではBの認識の有無が文言上で条件とされていないが，本条は返還請求の法的判断を留保したものであるところ[31]，本来信用状統一規則は受益者の詐欺ないし偽造を予定した存在ではなく，またBが偽造を認識していたのにDに支払った場合には非債弁済となってDに対する返還請求権を有しないから，結局本条は上記のとおり，Bが偽造の認識を有しないでDに支払った場合を規定したものとなる。

　三　買取銀行Dの選択

　買取銀行Dに許される正当な選択は，(i)Dが受益者Aに支払う前に偽造を認識し証拠も示されていた場合であれば，（イ）Aに対する支払を拒絶することである。（ロ）その場合，支払後に発行銀行Bから償還を拒絶されても，Aに対しては非債弁済となって返還請求をなし得ない。(ii)Dが重過失なく偽造を認識せずにAに支払った場合，DはBに対する償還請求訴訟を提起できる。またAに対し自己の名で不当利得返還請求をなすこともできる[32]。(iii)Dが重過失によって偽造を認識せずに支払っても，信用状条件設定の過失（§5 a UCP500）をBに問責することはできないと考える。(iv)DがBからの委任事務処理費用の前払いを受けることなくなしたAに対する前払いは，Dの個人的な融資であるから，Bの承諾なき限り，すべてDが自己のリスクにおいてなしたものである。

---

26) §14 d i ii UCP500.
27) Gutteridge/Megrah, 4-66, 6-59, 60 ; Turkiye Is Bankasi AS v. Bank of China [1998] 1 Lloyd's Rep. 251, 253 ; Banco Santander SA v. Bayfern Ltd. [2000] Lloyd's Banking Rep. 236, 245 など。
28) Nielsen, Werner 記念，S. 579 はさらにBに錯誤が存する場合に言及している。
29) Nielsen, Werner 記念，S. 582, Canaris, Rn 996.
30) Wessely, Rn 295, 259-260.
31) 同旨；Nielsen, Neue Richtlinien, Rn 109 ; Stapel, S. 171.
32) Canaris, 2000, Rdn. 996 ; 反対は Nielsen, Werner 記念，S. 582f.

四 negotiation credit の例外

ここではＤの善意取得の有無だけがＢに対する信用状請求権の有無を決する事情であって，ＤのＢに対する代理人としての地位を論じる必要はない。それ故，Ｂの善意・悪意を問わず，Ｄが善意であればＢはＤに対する償還義務（信用状給付義務）を負う。

第八節　む す び

最後にこの問題の背後にある実質的なリスクの帰属主体に触れなければならない。検査で認識できないＡの偽造ドキュメントにかかわった銀行Ｂのリスクは，発行依頼人（買主）Ｃだけが売主Ａを選択したのだから，原則としてＣに帰すべきだとの議論も存する[33]。しかし誤解のないように念を押すが，本章ではＢが「明白な偽造」を認識しているか認識可能であった場合を論じているのであって，認識できない偽造の場合ではない。それゆえ「明白な偽造」ドキュメントのリスクをＣが負担する根拠はＣの承諾以外にはあり得ない。Ｃはそれを承諾しているであろうか。Ｃは実質的にＡに対する代金の支払をＢに委任した。ＢはＡの支払請求条件となるドキュメントを検査するに際し，委任の本旨から，本来なら偽造を軽過失によって看過してもならないはずであるが[34]，銀行実務の大量性・定型性に配慮して軽過失の免責約款がもうけられた[35]。そのため明白でない偽造の看過は免責されるが，「明白な偽造」の場合は免責されない。他方，Ｂは検査・支払を更に他のＤに委任する。Ｃから見てＤはＢの履行補助者であるが，Ｂ自身が「明白な偽造」を認識していたか認識可能であった場合，もはやＤの検査上の過失や，Ｄに対するＢの補償約束（例えば善意なら補償するとの bona fide 条項）の詮索は無意味なものとなる（「二段構えの検査構造」などは直接にはＤに対するＢの防禦手段である）。つまり上述したＣの「承諾」とは具体的事例におけるＣの個別的な宥恕の意思表示以外のものではあり得ない。それはしかし「偽造の抗弁」とは別の，Ｃの宥恕の抗弁の問題である。

本章で指摘した「危険な主張」は，信用状システムの崩壊をもたらしかねな

---

33) Canaris, 2000, Rn 965 が紹介している。
34) Canaris, a. a. O.
35) §13 a UCP.

いだけに極めて「危険」なのである。それによるとDが偽造に気づかなかったと主張する限り、Dの決定（支払）は仮にBが偽造に悪意であってもBを拘束し、当然Cを拘束するというのであるから、Cは、不知の外国銀行Dが、本来その義務でもないのに、偽造と知らないまま（あるいは知らないふりをして）偽造の当本人Aに支払をするか否かという全く支配外の出来事によって、Bに対し巨額の償還義務を負担することを余儀なくさせられる。それはまさに信用状システムに対する輸入者Cの信頼を根底からゆるがし、遂にその崩壊をもたらすことは明白と危惧しなければならない。信用状がこのように危険なものであれば、誰もこれを利用しなくなるであろう。諸外国のどこにも存在しない奇説がわが国に行われていることを残念に思い（具体例は敢えて指摘しなかったが、かかる主張は現実に一部の外為銀行によって裁判上も自己に有利に援用されている）、ここに偽造の抗弁の全体像を提示した次第である。

第四章

同一の船荷証券がレッド・クローズ信用状の償還と外国向け取立 (Inkasso, Collection) に用いられた場合の正当な所持人の確定条件
―― 併せていわゆる保証渡しをめぐる法律関係について ――

［事実関係の要点］

　本件[1]の事実関係の要点を述べれば，船荷証券（negotiable bill of lading）の所持人であるXが，保証状を差し入れることによって船荷証券の呈示なしに積み荷全部の引渡を受けた（いわゆる保証渡しを受けた）Y1と，その引渡に応じた運送人Y2に対して，船荷証券に表章された積み荷の引渡請求権の侵害による共同不法行為上の損害賠償を求めたのに対し，Y1とY2とがXの船荷証券所持の正当性を争い，仮に正当な所持人であるとしても，Xには実質的に売買代金相当額の支払を受けた事実があって不当利得に当たるとして，この不当利得返還請求権をもって相殺すると主張した。これに対して裁判所は，極めて煩瑣な事実認定の末に，Xを船荷証券の正当な所持人と認めつつ，相殺の抗弁を認めて，Xの請求を棄却したものである。

　なお保証状をもってするいわゆる保証渡しの効力について，裁判所は「……運送人において船荷証券と引き換えることなく証券の表章する運送品の引渡をすることは，正当な証券所持人との関係においてはその有効性を対抗し得ないのみならず，所持人の権利を違法に侵害したとの評価を免れない……」と述べて，Y1とY2のXに対する共同不法行為責任を認める理由とした。

第一節　本章の目的

　本件ではXが船荷証券の正当な所持人であるか否かの法的評価が主要な争点とされてきた。本件判決は間接事実による「総合的認定」の手法に依拠してXの所持の正当性を肯定した。しかしながら本章は，ここに用いられている

---

1) 東京地裁平3（ワ）16830号，同（ワ）3561号損害賠償請求，同反訴請求事件。棄却（控訴後に和解），判例時報1546号100頁。

信用状，外国向け取立取引（Inkassogeschäft）あるいは特にレッド・クローズ信用状による輸出前貸金融など，国際取引特有の各種手段の技術的解析をもってすれば，本件判決とは逆に，X が正当な所持人でなかったことを殆ど数学的確実性をもって論証できることを示そうとするものである。

第二節　判決が認定した事実関係の整理

ここには本判決が認定した事実を，本章の目的に従って整理し直したものを掲げる。

［訴外 P 社と Y1 との継続的取引関係と X の立場］

昭和62年6月以来，マレーシア法人である訴外 P 社を売り主とし，日本法人である Y1 を買い主としたマレーシア産丸太材の売買取引が継続的になされてきた。Y1 と訴外 P 社とはこの代金支払のため，Y1 が発行を依頼し，シンガポール法人の貿易業者である X（売り主たる訴外 P 社ではない）を受益者とし，香港上海銀行シンガポール支店を通知銀行とする冨士銀行発行の一つの信用状（Y1 の信用状という）を，使用の都度条件を各取引に適合するように変更しつつ用いてきた。

X は訴外 P 社と Y1 との上記売買取引の対象たるマレーシア産丸太材の訴外 P 社に対する元売り人であるが，訴外 P 社と Y1 との各売買の都度，Y1 の信用状の40パーセント相当額の輸出前貸金融を訴外 P 社に与えており，その前貸手段として中国銀行シンガポール支店発行の訴外 P 社を受益者とするレッド・クローズ信用状を提供してきた。レッド・クローズ信用状と Y1 の信用状とは Y1 の信用状の条件が変更される都度，これに合わせてレッド・クローズ信用状のそれが変更される関係にあった。

X は訴外 P 社との「エージェント契約書」において，上記前貸しの諸条件とともに，訴外 P 社が最終買い主と指定する者（ここでは Y1）との間で一連のマレーシア産木材の売買契約の当事者（売り主）となることを約していたが，この点は実際には履行されず，訴外 P 社が売り主の立場を維持してきたものである。

［本件売買契約と Y1 に対する Y2 の保証渡し］

本件で問題とされた取引は上記のような取引条件のもとで，訴外 P 社と Y1 との間においてさらに平成元年1月9日に締結されたマレーシア産丸太材約

6000 立方メートルの売買契約（本件売買契約という）である。

　本件売買契約の対象は結局マレーシア産丸太材合計 7803 本として特定されたが，これはマレーシアのティ・ジー・マニス港において日本法人たる運送人 Y2 の船舶に一度に搭載され，わが国の石巻港に同年 2 月 9 日ごろ到着した。Y2 はこの丸太材をバラ積み混載としたが，そのうちの 1197 本分と 1464 本分を分かった合計 3 通の船荷証券（順次，船荷証券 A，船荷証券 B 及び本件船荷証券という）を発行して荷受人である訴外 P 社に交付した。

　このような場合，通常の経過に従うなら，信用状発行によって Y1 の信用状の決済を経るのと引き換えにこの 3 通の船荷証券は信用状発行銀行を通じ一括して Y1 に交付され，Y1 はこの 3 通の船荷証券によって Y2 から貨物全部の引渡を受ける筋合いとなる。

　ところで，船舶到着の当時 3 通の船荷証券の原本は未だいずれも Y1 に交付されていなかったが，3 通の船荷証券の写しとインボイスの写しなどが訴外 P 社から Y1 に送られてきていた上，船荷証券原本の到着を待っていては滞船料が嵩むため，Y1 は同年 2 月 9 日，Y2 に自己の保証状を差し入れることによって丸太材全部の引渡を受けた（いわゆる保証渡し）。

　［本件船荷証券を用いた訴外サプライアー B の X に対する代金取立と，トラスト・レシートを用いた X による本件船荷証券の取得］

　Y1 がこの 3 通の船荷証券を入手していなかった経緯はつぎのとおりである。まず船荷証券 A に記載された丸太材はもともと X がこれをマレーシアの訴外 A から，船荷証券 B の丸太材は同じく訴外 B から，本件船荷証券の丸太材もこれを訴外 B から X が購入して，さらに X がこれを訴外 P 社に転売したものであった。そこで訴外 A は平成元年 1 月 27 日，船荷証券 A と関連ドキュメントを，訴外 B は同年 1 月 31 日，船荷証券 B と関連ドキュメントを，同年 2 月 3 日，本件船荷証券と関連ドキュメントをいずれも中国銀行シンガポール支店を仕向銀行として代金取立のため支払人である X に呈示した（このうち訴外 B の本件船荷証券による取立のみを以下では Inkasso 1 という）。これらの各船荷証券は上記のように Y2 が発行して荷送人である訴外 P 社に交付したものであったが，これらを訴外 P 社から訴外 A と訴外 B が取得するに至った経緯は判決に認定されていない。そして本件船荷証券を含む各船荷証券の第一裏書人が訴外 P 社であったことには争いがないように思われ（船荷証券目録の「判例時報」誌への掲載が省略されている），それらの第一裏書欄の被裏書人は白

地，第二裏書人は中国銀行シンガポール支店であり，被裏書人はXとその指図人であることも，判決の記述からして争いがないと解される。

実際にはXはこの訴外A及び訴外Bの取立呈示に対して支払をなさず，船荷証券Aと船荷証券Bについては平成元年2月20日，本件船荷証券については同年4月13日，いずれもトラスト・レシートを中国銀行シンガポール支店に差し入れることによって同銀行からこれら各船荷証券の引渡を受けた。

［Xによる信用状決済］

さてXは平成元年2月15日，貨物の数量については船荷証券A及び船荷証券Bの丸太材の合計数量（2661本）しか記載していないのに，金額については船荷証券3通の合計額（代金全額）を記載したインボイス1通を作成し，Y1の信用状がX作成のインボイスにはY1のマレーシア駐在代理人の確認署名を得ることを条件としていたので，同月19日，これにY1のマレーシア駐在代理人の署名を得た上，同月20日，船荷証券A及び船荷証券Bとともに本件信用状の通知銀行である香港上海銀行シンガポール支店に提出して（すなわち本件船荷証券は除外されていたので，これでは信用状条件に適合していないのにかかわらず）買取を得た。Y1の信用状の発行銀行である富士銀行もまたどのような経過によるかは判決上で不明ながら，買取銀行の償還請求に応じたものと解され，当然の結果として富士銀行は支払金額の償還をY1に求めてその償還を得た。つまり事実上，XはY1の信用状によって本件輸入代金相当額全額（これは訴外Aと訴外BがXに取立呈示したものの合計金額であり，訴外P社とY1との本件輸入契約代金額でもある）の支払を得たのであり，Y1は代金相当額全額の支払を了したのである。

ここでY1の信用状による買取のため船荷証券Aと船荷証券Bのみが用いられて，本件船荷証券が用いられなかったのには理由があった。すなわち本件信用状は買取期間を船荷証券の作成日から31日以内と定めていたのに，Xはこの買取期間内に本件船荷証券を呈示することができなかったからである。つまり本件船荷証券の作成日は平成元年1月31日であり，上記のように同年2月17日には本件船荷証券とともに呈示すべきインボイスであってY1のマレーシア駐在代理人の署名のあるものを既に取得していたにもかかわらず，XはY1の「信用状取引における本件船荷証券の呈示期限の満了が迫っていることを認識しながら，その直前に至るまで格別の手当は行わず，本件船荷証券の呈示期限経過後」（判決理由）の同年3月3日に至って初めて上記信用状条件

を変更するように訴外P社を通じてY1に申し入れたが、Y1はこれに同意しなかった。そのため本件船荷証券はいわゆる stale document として信用状条件不適合のものとなる（当時の1983年改定信用状統一規則47条a項参照）。

［本件船荷証券を用いたXの訴外P社に対する代金取立］

Xは上記のようにして訴外Bから取立呈示（Inkasso 1）されていた本件船荷証券を同年4月13日に仕向銀行であり取立銀行でもある中国銀行シンガポール支店にトラスト・レシートを差し入れてその引渡を受けていたので、即日、Xは本件船荷証券とこれに記載されている数量の丸太材のインボイスを中国銀行シンガポール支店を仕向銀行とし、香港上海銀行を取立銀行として支払人である訴外P社に取立呈示（以下 Inkasso 2 という）したが、訴外P社の支払拒絶にあって、本件船荷証券を中国銀行シンガポール支店から取り戻した。

中国銀行シンガポール支店は同年4月、5月及び8月にわたってXの訴外親会社から上記トラスト・レシートに依拠して（おそらく親会社の連帯保証がなされていたのであろう）船荷証券A、船荷証券B及び本件船荷証券に関する各賠償金を取り立てた。

XがY2に対し本件船荷証券を呈示して丸太材の引渡を求めた日時は判決に認定されていないが、XがY1とY2に対し不法行為による損害発生の始期と主張しているのは、XがInkasso 2の支払拒絶にあって中国銀行シンガポール支店から本件船荷証券を取り戻した日の翌日たる平成4年4月14日である。

第三節　本件船荷証券所持の正当性

第一款　レッド・クローズ信用状と訴外人の存在

第一目　レッド・クローズ信用状

まずXの本件船荷証券は上記のように裏書の連続に欠けることはない。このような場合、本件船荷証券についてXの所持の正当性を認定する上で不可欠なのは、荷送人である訴外P社から訴外Bを経て所持人に至る本件船荷証券の流れを確定することである。そうすると、訴外P社とXとの間にはレッド・クローズ信用状が存在していたというのであり、これは本件船荷証券の最初の所持人と最終の所持人とを架橋した法律関係であるから、この信用状の決済状況を追跡するのが当然の方法論となる。ただしこの点は本件判決の視野の

外にあったので，このレッド・クローズ信用状については断片的に記載されているに過ぎず，本章もまたそれによる制約を免れないものとなる。それでも以下のような判断を加えることは可能であろう。

第二目　本件レッド・クローズ信用状の償還手続き

すなわち訴外P社はXのレッド・クローズ信用状の受益者であって，これによって中国銀行から融資を受けている者であった。レッド・クローズ信用状とは発行銀行（この場合には中国銀行シンガポール支店）が輸出者に対する前貸し（前払い）をなすことを輸出前貸銀行に対して授権した信用状であるが（授権文言が朱記されることがあって，このように呼ばれる），これに輸出金融の償還条項が同時に含まれることは稀なことではない[2]。本件の輸出前貸銀行について判決はなにも触れていないが，受益者である訴外P社はマレーシアに住所を有し，発行銀行はこれと所在国を異にしてシンガポールに住所を有するので，このような場合，輸出前貸銀行もマレーシア所在の銀行である。

さて，判決によると本件のレッド・クローズ信用状はその償還条件をY1の信用状にリンクさせていることが認められるから，これによると訴外P社は本件船荷証券をレッド・クローズ信用状の償還条項に則ってXや，本件において取引関係の不明な（仮に不明でなかったとしても）訴外Aや訴外Bに対してではなく，（輸出前貸銀行を経由して）直接に中国銀行シンガポール支店に提供する他なかったものである。それでも訴外P社が本件船荷証券を中国銀行シンガポール支店を被裏書人とする裏書の形式をとらず，白地裏書としたのは，このレッド・クローズ信用状が償還条件として「Y1を被通知人とし，訴外P社およびその指図人を受取人とし，白地裏書された無故障船荷証券」の提供を指示していたからに他ならない。これに従わなければ訴外P社はこのレッド・クローズ信用状の償還条件を履行したことにならないのであるから，訴外P社と中国銀行シンガポール支店との間に上記取引関係の存したことは殆んど疑う余地がない。訴外P社が本件船荷証券を訴外Bに譲渡することは，仮にその間に取引関係があったとしても，同社としてはレッド・クローズ信用状の償還条件違反となる不利益を甘受する結果を避けられなかったのである。

それでも次の段階で訴外Bは本件船荷証券をXに対する代金取立のため

---

2) 橋本『荷為替信用状の二次的利用に関する研究』法曹会，1969年，142頁以下。

Inkasso 1 の用に供したというのであるから，本件船荷証券は訴外 B が中国銀行シンガポール支店に対してギャランティその他の担保手段を提供することによって，つまり手形法的な権利移転手段によらずに，引渡（おそらく占有改定による引渡[3]）を受けたものと解する他ない。これに反し荷送人である訴外 P 社と訴外 B との間に手形法的な権利承継手続きを想定し，例えば訴外 B は訴外 P 社から本件船荷証券の白地裏書を受けることによってその所有権を取得した上，あるいは隠れた取立委任裏書を受けた上で，X を支払人とする国際的な代金取立（Dokumenteninkasso）依頼のため中国銀行シンガポール支店にこれを引き渡したと解することは，輸出前貸銀行をレッド・クローズ信用状の償還手続きから排除することとなるが，そうすると輸出前貸銀行が発行銀行からの補償給付を受けるについて本件船荷証券上に取得する機会を有する質権あるいは信託的所有権などの担保的利益[4]の享受を妨げることとなって，結局それはレッド・クローズ信用状の存在とは矛盾した解釈となる。これは輸出前貸銀行が中国銀行のマレーシア所在の支店であったと仮定しても同様である（同じ銀行の本店と支店，あるいは支店どうしは信用状取引の手続き上は別の銀行とみなされる。ここにはその理由と限界の説明を省略せざるを得ないが，本件当時は信用状統一規則にこれに沿う明文が存しなかったものの同様に解されており，1993 年改訂信用状統一規則第 2 条第 2 文にはこの趣旨が明記された）。

第三目　Inkasso 1 の介在・外国向け取立手続きの法律関係

　Inkasso 1 の手続きは訴外 P 社にレッド・クローズ信用状の受益者として本件船荷証券に留めるべき権利を保持せしめたままで，訴外 B をして X に対する売掛代金債権の取立を可能にするテクニックであり，後に自身が Inkasso 2 で用いたのと同一の手法である。X が Inkasso 1 の支払に応じて本件船荷証券を取得しておれば，訴外 B の無権利にもかかわらず，X は本件船荷証券を善意取得したと解する余地があって，本件訴訟における X の所持の正当性が肯定されたであろう。

　ただしこのような説明だけでは仕向銀行の立場が捨象されているので，取立

---

3) Mauer, Sicherungseigentum und Konnossement, AWD 1960, 256；Nielsen, Import, S. 73 参照。

4) 詳細は例えば Liesecke, Fischer 記念, S. 397ff.；Nielsen, Sicherung, S. 2221, 2261 参照。

における取立依頼人と仕向銀行の関係に限定していささか敷衍すれば，まず外国向け代金取立手続きにおいて取立依頼人（売り主）と仕向銀行（remitting bank）との間に成立する法律関係は，ドイツ法では雇用給付を目的とした事務処理契約というのが殆んど定説であり[5]，わが国においても同様に，原則的には請負ではなく，雇用給付を目的とした委任契約と解すべきである。つぎに取立の態様はさまざまであるが，代表的に見られるのは取立手続きに手形を用いた手形取立（Wechselinkasso）であって，これから他の類型に演繹することが可能である。そしてこの場合に，手形及び付帯書類としての船荷証券には仕向銀行に対する隠れた取立委任または担保的信託譲渡関係が基礎に存するものと思われるが，個々のケースがいかなるものであるかは，手形の引渡と結びついた，銀行取引の慣習に従った当事者の意思解釈によって見出されるところである[6]。それ故，取立依頼人の提供する船荷証券などのドキュメント[7]について仕向銀行が所有権を取得することもあり得るとしなければならない[8]。したがってこれらの点は本来は外国法の適用に留意しつつ，厳密な認定を要するところであるが，一般的に見て本件では，Xは支払をしなかったのであるから，Inkasso 1は本件船荷証券の訴外P社からXへの所有権の流れとは無縁の存在と解して差し支えない。

結局，本件船荷証券は訴外Bが手形法的な権利承継手続きによって権利を取得したことはなく，訴外P社からレッド・クローズ信用状の償還条件に従い，輸出前貸銀行を介して中国銀行シンガポール支店へと直接に譲渡され，その所有に帰したと解すべきである。

XとしてはInkasso 1での支払を回避しても，さらにレッド・クローズ信用状の発行依頼人として同銀行の償還請求に応じてその支払を了しておれば，本件船荷証券は中国銀行シンガポール支店からXに交付されてXの所有となり，その上でXはこれをY1の信用状の提供書類として冨士銀行経由でY1へと引き渡すことも可能であったものである。

このような解釈は，端的に，Xが本件船荷証券をY1の信用状取引とは異なる訴外Bとの取引で取得したという本件判決の認定の破綻を意味するものと

---

5) Nielsen, Inkasso, S. 19f.; v. Westphalen, Rechtsprobleme, S. 62; Zahn, 3 Aufl, S. 153.
6) BGH, WM 1985, 1057, 1058.
7) 1993年改訂取立統一規則2条b項所定のいわゆる金融書類と商業書類参照。
8) BGH, a. a. O.

なる。

第二款　トラスト・レシートによる X の本件船荷証券所持の意味

X は Y1 の信用状の受益者として，船荷証券 A，船荷証券 B 及び本件船荷証券という 3 通の船荷証券を提供しなければならなかったものである。そのうち本件船荷証券は stale document となって信用状条件不適合の状態にあったが，この状態を解放するような信用状の変更は Y1 によって拒絶されている。X はその後平成元年 4 月 13 日，中国銀行シンガポール支店にトラスト・レシートを差し入れて本件船荷証券を取得すると同時に，即日，本件船荷証券を用いて訴外 P 社に対する代金取立（Inkasso 2）に出たが，支払を拒絶されたのである。X はこのように本件船荷証券を Inkasso 1 の支払ないし，レッド・クローズ信用状による償還義務を履行して（すなわち対価の支払による有償行為によって）取得したものではなかった。本件船荷証券の所有権（場合によって所有権をさらに他者に留めた上の信託的所有権）は中国銀行に存するのであって[9]，X にあるのではない。それ故 Y1 が手形法的取得によってその所有権を善意取得することは可能であるが[10]，逆に Y1 と Y2 らがどのような理由であろうと（すなわち X のトラスト・レシート請けの事実を知らない場合でも）X の所持の正当性を争うかぎり，trustee である X の方から自己の所持の正当性を主張することはできないと解する。X が所持の正当性を主張できるのは entrustor たる中国銀行シンガポール支店と X のいわゆる悪意を主張しない第三者に対してだけだからである。

ここにも X の所持の正当性が否定されるべき理由があったが，これはレッド・クローズ信用状の償還過程に依拠した理由に較べると付随的なものに過ぎない。

---

9) トラスト・レシートの法律関係はこれを譲渡担保契約と解するのが通説である（Gutteridge/Megrah, 1984, p. 215 et seq.; Ward/Harfield, Bank Credits and Acceptances, 4th ed., Ronald Press, 1958, p. 60 et seq.; Zahn, 3 Aufl, S. 182. 伊沢孝平『商業信用状論』5 版，有斐閣，1946 年，638 頁以下）。これは通常は運送証券の交付を求めて輸入者が信用状銀行に提供するのであるが，本件のようにギャランティの代りに用いられたからといって法的性質を異にするものではないであろう。

10) Gutteridge/Megrah, 1984, p. 216; Ward/Harfield, p. 62; Shaterian, Export-Import Banking, 2nd ed., Ronald Press, 1956, p. 213 et seq., 伊沢・前掲 610 頁など。

第四節　保証渡しの法律関係

本件では運送人 Y2 が荷受人 Y1 に対していわゆる保証渡しをしたことの違法性が指摘されているので，以下この点について検討を加える。

第一款　保証渡しの慣行

いわゆる保証渡しとは運送人が船荷証券その他の運送証券の呈示を受けて，これと引き換えになすべき貨物の引渡を，運送証券との引き換えなしに行うことであって，通常は荷受人の保証状の提供を受けて行われる[11]。

運送手段の発達に伴い運送証券の輸送に先立って貨物が仕向地に到着することがあるが，かかる場合，運送人は荷下しをして倉庫に寄託し，正当な受取資格のある者が運送証券を呈示するまで倉庫証券を保管すべきものとなる[12]。そうするとその間に滞船料が嵩むことや，倉庫寄託料の発生，貨物の腐敗，荷受人において転売時期を失う危険その他の不都合が生じるので，「すべての当事者の利益において，誠実な共同作業により，不必要と思われる冗費を避ける」[13] ため，保証渡しの実務が国際的に広く行われていると言われている[14]。

しかし一方で国際取引においても船荷証券の有価証券性は厳格に維持されていて，債務者（運送人）が船荷証券の資格ある所持人に対抗できる抗弁は，その証券でなした自己の意思表示の効力に関する抗弁とその証券の内容から生じる抗弁及所持人に対して直接に有する抗弁だけということには依然として変

---

11) 近時の事例として東京地裁平成 6 年 5 月 24 日判決・金法 1400 号 104 頁。なお東京高裁昭和 31 年 12 月 26 日判決・東高民時報 7・12・317 は例外的に保証状の差し入れのなかった事例である。ちなみに荷受人の単名の保証状であって，銀行の作成にかかるものでもなく，第三者の連帯保証もなされていない保証状をわが国では「シングル L/G」と称するようであるが，guaranty の語を用いていても，その法的性質は主債務に対する付従性があると考えられている guaranty ではなく，抽象的な損害担保契約（Garantievertrag）の性質をもつ。このように契約用語に英語を用いる例は外にも数多いが，近時 BGH はかかる場合，原則として，英法の理解に従って解釈すべしと判示しているのに留意しなければならない（WM 1992, 612）。
12) Zahn, 3 Aufl, S. 196.
13) BGH, WM 1962, S. 342 参照。
14) Zahn, 3 Aufl, S. 159.

わりがない[15]。

第二款　船荷証券保証状の有効性

現在保証渡しに関しては，荷受人から運送人に対して差し入れられる保証状の有効性に関連する形で論じているものが多い[16]。

保証状のなかで，本件のように船荷証券が船舶よりも遅れて仕向港に到着する場合に船荷証券を呈示せずに貨物の引渡を受けることに伴う運送人の危険を補償するために用いられる保証状は，これを船荷証券保証状（Konnosementsgarantie, bill of lading guaranty）と称するが，かかる保証状契約は有効と解されている[17]。船荷証券に係わる保証状契約はドイツ法上の銀行保証状（Bankgarantie）と同一の法的性質であって[18]，一種の損害担保契約と解されるから[19]，例えば公序良俗，普通契約約款その他の法秩序との抵触の結果としてその効力が否定されないかぎり，自由に約定され得るものである。そして契約当事者間でこの契約の効力を承認することは船荷証券の引換証券性を否定することにはならないので，このような内容の船荷証券保証状の効力を否定すべき理由はない（他の種類の船荷証券保証状の効力は個々に検討されており，例えば紛失した船荷証券や full set で呈示できない船荷証券に代る保証状は，それが信用状取引に関するものであれば，信用状厳正に反する結果を避けられないことを理由としてこれを無効と解するのが通説[20]である[21]）。

---

15) Nielsen, Aktuelle, S. 47, Zahn, 3 Aufl, S. 159.
16) v. Westphalen, Rechtsprobleme, S. 121f., v. Westphalen, Bankgarantie, S. 20 ; G. Ripert, Droit Maritime, 4. éd, Tome II, p. 388 ; Zahn, 3 Aufl, S. 159f. ; Suda, Die Kreditleihe im Aussenhandel, 1958, S. 92ff.
17) v. Westphalen, Bankgarantie, S. 41 ; Nielsen, Bankgarantien, S. 20 ; Zahn, a. a. O. ; Suda, a. a. O.
18) ドイツ法上には異論を見ない。
19) 橋本「銀行保証状（スタンドバイ・クレジット）における法的諸問題（上）（中）（下）」判例時報1396号，1398号，1399号［本書第二部第一章］参照。
20) v. Westphalen, Bankgarantie, S. 41 ; Nielsen, Bankgarantien, S. 20 ; Zahn, a. a. O. ; なお Kleiner, S. 146 はこれを有効と言う。
21) なお船積み貨物の所有者でなければ船荷証券保証状を提供することができないように説く者があるが（外為実務研究会「シングル L/G をめぐる諸問題」金法987号17頁以下），これは上記のように一種の損害担保契約であるから，所有者でなければ契約の当事者になれないという理由はなにもない。

第三款　緊急措置的保証渡し（保証渡しの限界）

以上のような諸事情を考慮すると，保証渡しを当事者間の緊急措置（Aushilfe）と見做しながら，第三者，ことに船荷証券の所持人に対する有効性には明らかに限界の存することはこれを否定できない。フォン・ヴェストファーレンは船荷証券と引き換えに支払うべき信用状銀行の依頼人に対する損害軽減義務（Schadensminderungsverpflichtung）が存することに留意すると，銀行が船荷証券を提出すべきことにのみ固執して，船荷証券保証状の差し入れを拒むことが信義に反する（treuwidrig）場合があると言う[22]。運送人と荷受人との間には信用状銀行と依頼人との間のような契約関係は存しないが，第三者のための保護義務として，運送人には荷受人に対する信義則上の損害軽減義務を否定できない場合もあろう。それでもこのような事情を知らない船荷証券の所持人に対してこれを抗弁事由とすることはやはりできないと言うべきであろう（X の立場は，信用状変更の経過から見ても，デリケートなものになり得たであろう）。ちなみに BGH[23] は外国向け取立の事例において，船荷証券と引き換えることなく船積み貨物の引渡を受けた買い主の取立銀行にも共同不法行為責任を認めたが，これは当の銀行と荷送人との間に貨物の安全に配慮すべき特約が存した特殊な事例を一般化したものであるとして非難されている[24]。

第五節　本件判決が X の所持の正当性を認めた根拠

ここでは本件判決の論理自体を一瞥して，本章の結論としたい。

一　本件判決は，X が本件船荷証券を当初から Y1 の信用状取引の枠組みの中で決済することを意図しながら，「何らかの事情で」他の 2 通の船荷証券とは別個の取扱をしたと推定することも不可能ではないと，やや論旨不明な前提を掲げつつ，「しかし」と行を転じて以下の事実を「総合的認定」のための主要事実として指摘している。優に数万語を費やした末の，これがその要点にほかならない。

---

22) v. Westphalen, Rechtsprobleme, S. 122.
23) WM 1962, S. 342f.
24) Zahn, 3 Aufl, S. 157ff.

(イ) X が本件船荷証券の丸太材を訴外 B から買い受けて，これを訴外 P 社に転売したこと。(ロ) X が訴外 P 社に対し本件船荷証券によって前貸信用を与えたと断定する証拠がないこと。(ハ) X が Y1 の信用状の本件船荷証券の呈示日が迫っていることを知りながら，stale document を解放する（呈示日を延期する）旨の信用状変更を要求しなかったことが，X が本件船荷証券の決済を Y1 の信用状の枠組みで行うことを想定していたと解するには「迂遠であり不自然である」こと。(ニ) X は信用状の変更を求める意思を訴外 P 社に伝えていたので，本件船荷証券の丸太材を Y1 が輸入したとの認識があったと解すべきところ，結局この信用状の変更はなされなかったので，X は本件船荷証券の買取を拒絶することができたはずである，ことに stale document を生じた信用状による船荷証券を買い取る必要はなかったこと。

　これが実に裁判所をして X が本件船荷証券の正当な所持人と認定せしめた根拠だと言われると，なにびともわが目を疑わざるを得ないであろう。訴訟物の価額の多寡はもとより問わないと言っても，仮にも本件の 31 万ドルとか 24 万ドル（減縮された請求額。但し同意されなかった）の帰趨にかかわる判断が，極めて多弁で饒舌な装いの陰で，かくも瑣末な事実の認定に支えられていたのを知ることは，一種の不安の種である。

　(イ) の事実は本章も議論の前提としてきたところであるが，本件船荷証券が訴外 P 社からいかにして X の所持に移転したかという本件の本質的な問題との係わりにおいては，とりわけて強調されるほどの価値ある事実ではない。商品について物品証券が作成された場合には，商品と証券に関する格別の権利変動は相関連しつつも，一種の複線的構造をもって併存するに至る。その際，証券の善意者保護について言えば，証券の譲受人は譲渡人に重大な過失なしに，商品の所有者ないし処分権者として取り扱わなければならず，単に証券の所有者として取り扱っただけではなんらの保護を受けるものではないが，このことは証券の所持の正当性が商品の所有権の帰属によって決定されることを意味するものではない。さらに (ロ) の事実は見当違いの無駄な詮議であり，レッド・クローズ信用状の存在を無視したものでもある。(ハ) の，信用状の変更を求めることを遅延したことがその信用状による決済を求める意思のなかったことを推定させるという論理は，やがて X が変更を求めたのにその要求を拒絶されたとの事実の前には，なんの意味も持たないのである。それにしても裁判所はどうして，かくも瑣末な事実を過大視したのであろうか。そして

（ニ）は，明らかに信用状の決済と取立（Inkasso）との区別がつかず，両者を混同しているのである。

一言で言えば，裁判所の指摘している（イ）から（ニ）の事実など，全くどうでもよいことばかりなのである。

二　もっとも，ここでは裁判所ばかりを責めることがあるいは酷なのかも知れない。本件では当事者自身もかなりの混乱のうちにあった。

例えばY1は，訴外B（及び訴外A）と訴外P社との間には取引関係がなく，あるのは同一商品の訴外P社からXへ，Xから訴外P社へという売買であると述べた上で（このように輸出済みの貨物を二段階譲渡で買い戻す契約は国際取引秩序を乱し，公序良俗に違反して無効であるという），P社が本件の3通の船荷証券を用いてXに対し中国銀行を介して取立に及んだなどと主張している。既に述べたように，訴外P社が本件船荷証券を中国銀行に提供したのはレッド・クローズ信用状の償還のためであって，Y1自身の主張によれば再売買によって消滅したはずの代金債権の取立のためではない。その外にも，当事者自身が本件の法律構成に困難を感じていたことを物語る事例は多いのである。

第六節　おわりに

以上いささか技術的視点に傾斜した嫌いはあるが，本件判決の事実認定に依拠しても，この裁判所とは逆の結論が導かれる所以を論述してきた。本件は船荷証券所持の正当性の有無という概括的な法律判断をなすべきことが訴訟の到着点として初めから誰にも見えていたのであるから，裁判所が国際的取立（Inkasso, Collection）と信用状の基本的知識を踏まえた上で問題の船荷証券の流れを細かく追及しておれば，事件の外観上の複雑さにもかかわらず，比較的確実に結論が得られた筈である。

私は国際取引上の訴訟について，わが国裁判所の「国際競争力のある判決」を強く希求してきた[25]。残念だが，この判決もまた期待に応えたものとは言い難い。

本件は控訴後に和解したというのであるけれども，Xになんらかの和解金

---

25) 橋本訳『荷為替信用状の法理概論』九州大学出版会，1994年，あとがき参照。

が支払われたのなら，一体どのような理由によるものか極めて疑問とせざるを得ない。

第五章

売買契約と一致しない信用状と売買契約の関係
——海上売買における「保証書」と銀行保証状（Letter of Guarantee）——

第一節 事　　実[1]

　北海道の農協 Y1 は米国輸入業者 X と大正金時豆 1500 メートルトン（但し疵もの含有率 3% 以下の品質のもの）の FOB 売買契約を締結し，代金の支払は取消不能信用状によることが約された。右契約に基づき米国の銀行は本件信用状を開設し，これは日本の通知銀行 Y2 を経て Y1 に通知された。ところが右信用状には，前記の品質の指示のほか，提供書類として検査専門業者 A 作成の品質証明書が記載されていた。A の品質証明書を提供書類の一つとすることについては Y1 と X との間で事前に若干の交渉がもたれ，X は取引銀行が品質と重量について X において独立の検査を確保することを要求しているとしてこれを求めていたが，Y1 は「日本の豆の輸出はすべて品質に関しては……公式の（農林省輸出品検査所発行の）検査証明書によって最終的な船積をするということで行われている。……重量については，日本海事検定協会の発行する証明書をもって最終的なものとすることが慣例である。衡量について貴社が A を選任することを主張されるのであれば，当方は別段異論はないが，A の代理人は北海道におらず，……貴社にとってはむしろ不経済なことだと思う」と述べて，右の農林省輸出品検査所発行の品質証明書以外に A の品質証明書を追加することに消極的だった。Y1 はその後「品質に関しては日本政府発行の検査証明書をもって打切り条件とする」と通知したが，X は明示的な諾否の意思表示をしなかった。Y1 は商品を船積した後，Y2 銀行に信用状付荷為替手形の割引を依頼したが，Y2 の書類検査の結果 A の品質証明書に疵もの 3.22% の記載があり，信用状条件に違反していることが明らかになった。

---

1) 札幌地裁昭和 40 年（ワ）第 566 号損害賠償請求事件（判例時報 750 号 86 頁）。

そこで Y1 は X に信用状の変更を求めたところ，開設銀行から「A 作成の品質証明書には 3.22% の疵豆の記載があってもよい。この食違いをカバーする Y1 および Y2 の保証書必要」という変更通知がなされた。Y2 は右手形を買い取るとともに開設銀行宛に保証書を差し入れた。Y1 も又右銀行に保証書を差入れたようである。他方 X は本件金時豆をキューバの B に転売契約をしており，右契約には疵豆が 3% 以上あった場合には 100 ポンド当たり 1 ドル 50 セントの値引をする旨の特約があった。X が Y1 および Y2 に対し右値引き特約による損害 4 万 9500 ドルの賠償を求めたのが本件である。X の請求の根拠は Y1 に対しては売買契約の不完全履行，Y2 に対しては右保証書の差入れが連帯保証の意思表示になるという点にある。

第二節　判　　旨

一　「売買契約中のある条項につき当事者の意思が明確でない場合，その解釈にあたっては，その代金決済のために開設された商業信用状の記載がその補充的作用を営むものであることを原則的には容認せざるを得ない」

A の品質証明書をも提供書類の一つとすることについては XY1 の間に明確な合意がなされていなかったのに，Y1 はこれを提供書類の一つとして要求する本件信用状を異議なく受領し，A の係員が品質検査のため倉庫に出向いた際にも Y1 は見本採取に便宜を供与するように指示し，もって A の品質証明書の取得に助力したこと，ならびに「売買契約中のある条項につき当事者の意思が明確でない場合，その解釈にあたっては，その代金決済のために開設された商業信用状の記載がその補充的作用を営むものであることを原則的には容認せざるを得ない」ことを総合して考えると，Y1 は売買契約の内容として A の品質証明書を X に交付すべきことを承諾したものと解すべきである。ところが X1 の提供した A の品質証明書には疵豆混入率 3.22% と記載されていたのでこれは Y1 の右売買契約の債務不履行となるが，その結果 X に対しその主張にかかる損害を及ぼしたことが認められる。それ故，X の Y1 に対する請求は正当である。

二　「商業信用状 A の通知銀行 Y2 がその発行銀行 B を受益者として発行した本件保証書は特別の事情がない限り，B に生じることのあるべき損害のみを保証するものであって，A の発行依頼人 X を保証するものではない」

Y2 の本件保証書はその記載上開設銀行を名宛人とし，その内容は同銀行が蒙るべき損失を補償するというものであって，ともに X に関する記載を含むものではないから，特段の事情のない限り，本件保証書はこれによる保証契約の相手方として，開設銀行に生じることのあるべき損害のみを保証する趣旨のものと解すべきである。そして X は Y1 の債務不履行によって損害を蒙るのは買主たる X のみであり，開設銀行が損害を蒙ることはあり得ないのであって，その名宛人を X としなかったとしてもその責任は X に対するものであることは当然と主張するが，「商業信用状の必要な機能のひとつとして，商品の買主は，信用状発行銀行（から）……船積書類の貸渡を受けて商品を転売し，その入手代金を……支払に充当せしめることが（あり），この事実を前提として考える限り本件のように……商品の品質証明書上の品質が低度に修正された場合，買主がその商品の転売に当たって不利益を蒙り，その不利益が信用状発行銀行にも波及して該銀行が損害を蒙ることもあり得ることであって，X 主張のように信用状発行銀行に損害はあり得ないと一概に断定することはできない」ことなどを考慮すると，右特段の事情も又存在しない。それ故 X の Y2 に対する請求は失当である。

三 「X と Y2 の間の本件保証契約の成立および効力に関する準拠法は，主たる債務の準拠法に従うとすることが当事者の意思を解釈するに際しても相当とするところ，右解釈を妨げる特別の事情もなく，主たる債務の準拠法は日本法だから，本件保証契約の準拠法もまた日本法であると解する」

第三節　評　釈

第一款　判旨一の結論をめぐって

第一目　判旨一の結論を支える事情
1　取引の状況

19 世紀法実証主義によると，実務に密着した取引法は，一面では当事者自治に基づく処分規定に最大の空間を与え，他面では法の欠缺，一般条項，取引慣行に依拠することにより取引の動的実在に対処し得ると信じられてきた。その中で契約の自由が個々のケースについて明確で詳細な契約条項を設けることによって法の不明確ならびにその結果生じ得べき紛争を回避する可能性を商人

に与えてきたことは明らかであった。しかしながら，今日の増大する取引，複雑化する技術は，契約の法的取扱の合理化・標準化・単純化を求めており，19世紀立法者の契約観念は大量消費生活の今日からすれば既に牧歌的なものでしかない。かくして今日でも重要にして神秘に満ちた海上売買の諸条項，なかでも引渡義務，危険移転の時期，輸送費の分担などの具体的内容がことこまかに合意されることはなく，荷為替取引の約定における中枢的部分たる提供証券の種類すら単に documents 或いは shipping documents とのみこれを指示するのみで，その内容を特定しないケースすら存し，これはかつてアメリカおよび欧州大陸諸国においてはむしろ通例とするところですらあった[2]。ところがかかる取引の決済手段として利用される信用状自体は常に特定の書類の提供を条件として機能するものであって，それを如何にしても特定できないものは正に信用状として機能し得る個別的条件を具備しないものである。そこで売買契約が明確でなく，或いは明らかに売買契約において合意されていなかった事項が信用状に売主の履行すべき義務をして明確に記載されている事例も又世上に必ずしも稀ではない。

2　マクネールの三原則

このようにして取引一般が最も現実に即した柔軟な法を欲しているとしても，それは勿論個々の商人の取引上の安全の要請と抵触するものであってはならない。そこでこの両者の間に配慮しつつ，対価関係たる売買契約との間に正確なる一致を欠いた信用状の効力を具体的に論じれば，我々は Queen's Bench Division ではあるが，Soproma S. p. A. v. Marine & Animal By-Products Corp. [1966] 1 Lloyd's Rep. 367 (Legal Decisions Affecting Bankers v. 8 p. 458 et seq.) にその点についての一つの手掛りを見ることができる。すなわち右の売買契約では商品は「船積の時サルモネラ菌を検出せざること」が約されていたに止まるが，開設された信用状には「商品にサルモネラ菌を検出せざることを記載した」Health certificate の他 Origin certificate-Analysis certificate-Quality certificate の提出が求められていた。信用状には売買契約で具体的に約定されていなかった多くの書類の提出が義務付けられていたのである。この点につきマクネール判事は，これは信用状の瑕疵かも知れないが，さりとてこれらの書

---

2) 伊沢『商業信用状論』5版，有斐閣，1946年，861頁以下掲記の独，仏，米各信用状規約を見よ。1933年，1951年の信用状統一規則各15条もこの実務を追認する内容をもつ。但しその1962年改訂規則13条ではその内容を特定すべきものとされた。

類が売主の提出すべき書類に入らないとの見解に加担することはできないと述べ、さらに「payment against letters of credit の語の使用（売買代金の決済は信用状によってなされるべき旨の合意）が必然的に意味するところは、信用状自体、その有効期限を含めて、それが機能し得る個別的条件を詳細にわたって述べていなければならないということ、およびかかる条件が faire であり reasonable であり且つ契約自体の文言と矛盾しない not inconsistent 限りにおいて、売主はこれに対する異議を述べ得ないことだと思う」と言っている（Id. at 472)。契約の合理化についての前記要請をふまえ、信用状を有効に解釈すべきものとしつつ、具体的な取引の安全に配慮した極めて優れた見解である。結局、私は売買契約において信用状による支払が約されておれば、具体的信用状条件が売主の予期に反したものであっても、マクネールの指摘する3原則、すなわちそれが faire であり reasonable であり且つ契約自体との間に inconsistency がなければ、その具体的信用状条件は売買契約の不可分な一部として存在するに至ると解するのである。そしてこれは、法技術的には、広く黙示的約定（stillschweigender Vereinbarung）の適用性の問題としてとらえるべきものと思われる。

　本件についてこれを見るに、Aによる検査の信用性について判決は何も触れるところがないが、Y1がAの選任について一度は「別段異存はない」と言っていたので、その品質検査には一応の公平さの保証が存すると考えられよう。今日輸出品について買主が自己の指名する検査会社の「独立の検査を確保する」機会を持つことは少しもおかしいことではない。しかもAの品質証明書は農林省の品質証明書と同類の検査手続の結果を表示するものと考えられ、又判決によると、XはAの検査費用を全部自己が負担すると言っているのである。そうであれば、Aの検査を介することによりY1において船積期限、書類提出期限などのその他の信用状条件の履行が困難になるなど別段の事由の存否がさらに検討されねばならなかったにしても、本判決掲記の事実[3]のみから推論しても、マクネールの三原則の如き合理性の基準が意識的に証拠調べされておれば、これが満足されていたと解すべき可能性は大であったように思われる。

　結局、理由は異なるが、私もAの品質証明書を提供書類の一つとなす本件

---

3) X，Y1 間の交渉の経緯については本章第一節参照。

信用状条件は売買契約の内容たる Y1 の義務であったとする判旨結論には賛成である。

第二目　判旨一の結論を否定する事情
1 「異議なき」接受について

本件判決は Y1 が本件信用状を「異議なく受領し」たと認定している。これが真実ならいかなる信用状条件でも，特段の事由としてこれに特定の法的効果を生じてはならないという従たる合意の存在しない限り，そのまま売買契約の内容となるのであって，何も論議の余地はない。しかし法廷に紛争として現れるのはすべて接受はしたが「異議」があったと主張される場合であり，正に「異議なく」の意味が問われている場合なのである。而して異議なくとはいかなる状態を指称するものであるかは決して明らかではない。殊に英米法においては信用状の本質をもって開設銀行より売主への片務又は双務契約の申込であるとする見解が今なお有力であるため，信用状の有効期限はこの申込に対する承諾の期限だとする見解があり[4]，その間におけるいかなる行為をもって承諾と見るかはデリケートであって，契約不適合の信用状にその食い違いを知りつつ一部給付をしたときにもなお売主に契約解除権を認めるものすら存する[5]。本件も決して「異議なく」接受したなどとは言えそうにない事案のように思われる。

2　信用状の解釈と売買契約の解釈

本判決は Y1 が A の品質証明書の提出を要するやに関する売買契約上の当事者の意思が不明確であるとなし，その補充的解釈の基準の一つとして本件信用状の文言を用いるとの論理構成をとっている。私は，既に述べたように，本件においては未だかような論理構成に至らないもののように推察するのであるが，この論理をたどるときには信用状解釈の特殊なルールが問題となり得るので，以下できる限り簡単に，売買契約の解釈と対応する限りにおいて，信用状解釈の一端に触れてみたいと思う。

すなわち，同じ法律行為の解釈とは言っても，信用状の解釈と単純な売買契約の解釈とではその解釈原則を異にする点が多く，その結果売買契約の解釈の基準として信用状を用いることは少しも差し支えないのにひきかえ，逆に信用

---

4) Midland Bank Ltd. v. Seymour [1955] 2 Lloyd's Rep. 147.
5) Panoutsos v. Reymond Handly Corp. of N. Y., L. R. (1947) 2. K. B. 473.

状の解釈に売買契約を用いることには疑問があることを考慮すべきである。

まず信用状文言の解釈の特質を惹起する所以は次のとおりである。すなわち，信用状の文言は単に売主と開設銀行との間の法律関係を決定するに止まらず，当該信用状開設の具体的事情を全く知らない割引銀行と開設銀行との間の法律関係もこれに基づいて決せられるものであるし[6]，支払・引受銀行と売主との間の法律関係は言うに及ばず，支払・引受銀行と開設銀行との間の法律関係の決定も又信用状の文言に基づいてなされるべきものである[7]。それのみではなく，売主振出手形の善意取得者を生じない straight credit[8] においても，支払・引受銀行は信用状文言の解釈につき善意の第三者に準じて考えなければ開設銀行に対するその補償請求権を保護することができないであろうし，又譲渡可能信用状の譲受人は原受益者の権利の特定承継人と目すべきものではなく，開設銀行に対する関係において，あたかも売主振出手形の善意取得者の如き立場に立つ[9]。このように信用状取引には売買契約或いは信用状開設契約の当事者以外に，第三者或いは第三者的立場に立つ者が生じ得るのであるが，かかる信用状の客観的解釈の基準の一つとして，このような第三者等にとってその内容を知ることがときとして全く不可能な売買契約を用いることは，かかる第三者を保護し，且つは信用状取引を全経過を通じて単純化するゆえんではない。それ故，反対論もあるが[10]，信用状文言の解釈に当たり売買契約の内容を斟酌することは，売主が直接支払請求をするという実際上稀な場合を除いて，許されないと言うべきである。

これに対し，売買契約の解釈は単に売買両当事者の法律関係を決定するに止まるものであって，事情を知らない第三者の法律関係がこれによって規律されることに配慮する必要のない通常の法律関係の解釈であり，本件の如き FOB その他の海上売買にあってももとより同断である。そこではインコタームスその他の解釈基準によりつつ，なお契約締結の前後にわたるすべての事情を斟酌して，当該契約の客観的合理的意味を判断することが許され，その際に売主を

---

6) Cf. Finkelstein, 728, 733 n. 32.
7) 伊沢・前掲336頁参照。
8) 橋本「荷為替信用状の二次的利用に関する研究」司法研究報告書22輯2号31頁以下参照。
9) 橋本・前掲115頁以下。
10) 濱田『荷為替』総合判例研究叢書（商法3）207頁。

受益者とする信用状の存在を除外すべき理由はない。しかも買主は売主に対し売買契約中の信用状に関する約定と一致する信用状を開設せしめる売買契約上の義務を負担しており，信用状の内容が売買契約の内容と一致している可能性は高いので，売買契約の解釈につき信用状を斟酌するのはむしろ当然と言わねばならない。しかしながら，かようにして信用状を斟酌するに際し，信用状自体の解釈を要するにおいては，それは前述のような信用状解釈の基礎を満足せしめたものでなければならないのである。

そして信用状取引の証券取引性および信用状の抽象性はともにかかる解釈原則をとることの妨げとなるものではない。すなわち，(一) 信用状取引の証券取引性について言えば，受益者たる売主は開設銀行に対し信用状給付請求をする前提条件として信用状所定の船積証券を提供しなければならず，これに代えるに商品自体をもってすることはできない。しかしかかる証券取引性は売買当事者の権利義務の性質（提供証券の種類，所有権移転の時期その他権利義務の内容に属するものは格別）になんの相違をもたらすものではない。(二) 信用状の抽象性とは開設銀行の買主（開設依頼人）に対する信用状資金補償請求権がこの両者間の委任契約（信用状開設契約）の効力に依存せず，売主（受益者）の開設銀行に対する信用状給付請求権が売買契約の効力の如何に依存しないことを指す[11]が，これは開設銀行が，原則として，右の委任関係ないし売買関係に基因する抗弁を援用して売主に対する信用状給付を拒絶し得ない結果を招来するものであり，あくまで銀行の信用状給付債務自体の法的特性たるにとどまり，売買契約にとっては，売主に対して確実な支払担保が供せられ，その結果売買当事者間に支払調整が可能になるとの経済的効果をもたらす以外のものではないのである。

第二款　判旨二の結論と理由はそのいずれにも反対

第一目　本件保証書は Letter of Guarantee たること

本件保証書を判決が民法上の保証契約を表示したものと解していることは判文上ほぼ間違いがない。しかしながら海上取引において民法上の典型契約たる保証契約が締結されることは，これを絶無であるとまでは言わないが，本件保

---

[11] その法理的根拠については橋本・前掲 65 頁以下，濱田「商業信用状の抽象性の法理」法政研究 32 巻 2-6 合併号 593 頁以下参照。

証書をその成立の経過および記載内容に照らして考察すると、ここにその保証契約が成立したものとは考え難い。すなわち、（一）本件保証書発行の経過は、売主の提供証券に信用状条件との不一致があったため、買主が開設銀行に対し「Y2 からの又は Y1 からのもので Y2 が裏書した保証書」の提供を要するような信用状の変更を指示したのを受けて、開設銀行が「この食違いをカバーする Y1 及び Y2 からの保証書必要」と原信用状の変更をしたことによる。この文面から見ると買主・開設銀行が求めたものは今日外国取引において最も普通に行われている "Letter of Guarantee" であったと解するのが素直である。ここに「保証書」と翻訳されている原文はおそらく "Letter of Guarantee" であったろう。（二）また本判決はこの保証書の様式について、通常前記の如き不一致がある場合に「信用状に基づいて振出された為替手形が最終的に支払地において決済されるまでの間、その手形の買取銀行、再割引銀行、支払銀行、信用状発行銀行の蒙るかもしれない損害発生の危険を担保することを目的として輸出手形買取依頼人が輸出手形買取銀行に差入れる一般的様式にしたがったもの」と認定している。かかる一般的様式は銀行実務上 Letter of Guarantee と呼ばれるものであるのが通例である。これによると保証書発行者の意思も又 Letter of Guarantee の作成にあったとすべきではなかろうか。（三）右信用状の変更によると、Y1 及び Y2 からの保証書が求められており、実際にも Y2 の他 Y1 も Y2 と同種の保証書を作成したことがうかがわれるのである。かくては、これを民法上の保証契約と解する以上、主たる債務者たる Y1 は自己の債務について保証契約を締結したことにならざるを得ない。（四）本件保証書によると、保証されるべき債務の内容は、書類の「不一致から生じる、又はかかる不一致にも拘わらず貴行が……支払うことのある債務、損失および費用の一切について、どのようなものにせよ」と表現されており、書類の不一致の故に X になんらかの損害が発生していることを Y2 において既に知っていたはずだとしても、ここになお一種の射倖的要素の存することが看取されなければならない。以上を総合すると、本件保証書は取引上俗に Letter of Guarantee （稀には Letter of Indemnity）と称されているものの一つであると解されそうである。それは売主の依頼により大半が銀行その他の信用機関によって発行されるものだから、これを銀行保証状というのが適当である[12]。

---

12) Vgl. Zahn, 3 Aufl, S. 190.

第二目　銀行保証状の法的性質

銀行保証状は外国取引における支払自体に奉仕するものではなく，取引が正常に展開しない場合に生じる様々な危険に対する銀行の結果責任を基礎付けるものであって，種々の態様のものが存する[13]。その法律関係はすべて慣行に委ねられてきたが，国際商業会議所（ICC）は 1973 年に至り，9 年に及ぶ努力の末，ようやくその主要な一部である garantie de soumission, garantie de bonne exécution, および garantie de remboursement について統一規則案（ICC, Doc. no.40/150-470/230 Tr.）を作成することに成功したが，本件保証状はそのうち最も garantie de bonne exécution に近い[14]。

而して，その法的性質はこれをドイツ法域にいわゆる Avalkredit の中に慣習として存在する無名契約たる損害担保契約（Garantievertrag）と解するのが最も実体に則する[15]。主たる債務に対する附従性がないのが保証との最大の違いである。ただし厳密には，対価関係上の抗弁からどの程度の抽象性を保つかは個々の契約の解釈問題と言うべきであるが[16]，外国取引に用いられる銀行保証状は，明示的であれ黙示的であれ，「請求あり次第」支払うことを約している点に特徴がある。これは発行依頼人（売主，入札者，請負人等）に実際の支払義務が発生したかどうかを問わず，損害担保事由が発生した旨の保証状受取人の単なる主張（実際には一定の書面の提出）があれば，それだけで支払をなすことを約したものである[17]。ただし後述の Eigengarantie を除けば，この Garantieerklärung がそれ自体独立に存在することはあり得ず，信用状と同様，発行依頼人と発行銀行との間には民法上の委任契約（ドイツ法の解釈としては

---

13) Vgl. Zahn, 3 Aufl, S. 190ff., Garantien im Auslandsgeshäft, AK. Nr. 10, 1969, S. 469ff.
14) 銀行保証状についての詳細はすべて別稿に譲るが，右の統一規則案については S. Legréve, Garanties contractuelles, Revue de la Banque, 1973 no 6, p. 637 et suiv. を見よ。
15) Zahn, 3 Aufl, S. 190ff., Siegfried Suda, Die Kreditleihe im Aussenhandel, 1958, S. 72 ff., Koch, Banken und Bankgeschäfte, 1931, S. 109, Anm. 9.
16) Fikentscher, S. 561.
17) 依頼人の支払義務がこのように einstweilig なもので足りることはそれだけ違法な支払要求から無防備だということになり，そのため近時保証状に基づく支払を仲裁判断に依存せしめる必要性が説かれている。かかる「条件付き保証状」の現状については，Lambert Matray, L'arbitrage et probléme des garanties contractuelles, Revue de la Banque, 1974 no 2, p. 280 et suiv. を見よ。

§675 BGB による事務処理を目的とする請負契約）の存在が認められるのである[18]）。これを要するに，銀行保証状の法律関係は委任契約と損害担保契約との複合的法律関係である。ただし本件の場合，担保されている損害の目的が債権であるから，Y2 について言えば，これを保証と解しても，結果には事実上差異がない（差異を生ずべき問題が提起されていなかった）。又 Y1 の保証書について言えば，このように解してこそこの保証書の存在を矛盾なく理解することができる。すなわち損害担保契約は単に他の債務者の給付の担保のために締結せられ得る（Fremdgarantie）のみでなく，債務者自身が自己の給付のため付加的約定によって一定の Gewähr を引受けること（Eigengarantie）も考えられ得るからである[19]）。結局 Y1 の保証書は Y1 が自己の損害賠償債務（ただしこれが spielartig であるところが Garantie の特徴でもある）につき基本的な売買契約とは別個に約した Eigengarantie であり，これをしも「銀行」保証状と称するのは不適切であるが，これとその法的性質を二，三にすべきものではない。

第三目　本件「保証契約」の名宛人について

或る意思表示の名宛人が誰であるかは当該意思表示の記載された書面の表題および文言中の名宛人の如何をもって重要な判断の基礎とすべきことは言うまでもない。本件においてそれは正に X ならざる信用状の開設銀行であった。そこで本判決は，特段の事情なき限り本件保証契約の相手方を X とは解し難いところ，買主に対する船積書類の貸渡を伴う現在の商業信用状の機能を考慮すると，一般に，売主たる Y1 の債務不履行によって信用状の開設銀行が損害を蒙ることもあり得ないと一概に断定することはできず，結局右の特段の事情も又存在しない旨説示している。しかしながら売主の債務不履行によって信用状の開設銀行が損害を蒙ることもあり得る旨の判旨は，残念ながら，いささか粗暴の感を免れない。まず開設銀行に生じ得る損害とはこれを買主の償還能力の減少による経済的損害だというのであれば，風が吹いて桶屋が儲かるとも言われるので，かかる損害の担保契約があり得ないとは言いたくないが，それならそれで，この点は本件訴訟の帰趨を決するほどの重要事となった訳だから，その具体的事情について詳細な事実認定を要したと思われる。次にそれを法律

---

18) Zahn, 3 Aufl, S. 191. なお Legréve, p. 538 掲記の統一規則案を見よ。
19) Fikentscher, S. 559.

関係での損害だというのであれば根拠がない。けだし本判決の言うように買主がユーザンス付きの手形の期日前に開設銀行から船積書類の貸渡を受けるのは通常の取引であるが，それは何も信用状取引に限ったことではなく，その事実上のなりゆきは信用上の法律問題として開設銀行に何らかの影響を与える筋合のものではない。船積書類貸渡の際に多く行われる為替手形担保荷物保管証（T/R）の法律問題を生じ得るかは別個の問題である。そもそも売主に債務不履行があり，その結果，本判決が懸念するように，仮に買主が目的物の転売に失敗しようとも，開設銀行の買主に対する信用状資金補償請求権に何の消長もあり得べきものではない。前に説明した信用状資金補償請求権の抽象性は同時に対価関係たる売買契約よりの抽象化を含む[20]。開設銀行は売買契約の当事者ではなく，又開設銀行の追及する信用状開設契約の実質的目的は決して委任者たる買主に売買契約の目的を達せしめることにあるのでもない。この点若干の誤解もあるが[21]，右のような実質的目的は売買の素人である銀行について期待可能なことでもないのである。

かくして，本件保証書の形式上の名宛人には担保さるべき損害を生ずる危険がなかったのであり，それは正にXにのみ生じ得べきものであった。そしてY2は判決によると外国為替銀行であったことが分かるので，右の事情を知悉していなければならなかった。又この保証書は右名宛人を介してXに交付されている。そして取引の経過に徴すると，これが発行を求めたのはXだったのである。かかる事情を総合すると，本件「保証」契約はXを相手方とするものと解すべきであったと思われる。

結局，私はY2に対する本件保証書による請求を棄却した本判決の結論，ならびに右保証書および信用状についての理解には賛意を表しかねるものがある。

---

20) 濱田・前掲「商業信用状の抽象性の法理」595頁。
21) Wolff, Das Akkreditiv, Juristische Wochenschrift, 1922, S. 771, Jacoby, Das Regulativ des Akkreditivgeschäft der Berliner Stempelvereinigung, B. A. 22, S. 104 などは開設銀行の提供証券検査の厳格に形式的な性格を認めようとしない。しかしこの形式的厳格性がどの程度まで強調さるべきかは，実は，極めて困難な問題なのである。その点 Zahn, 3 Aufl, S. 90ff., Frédéric Eisemann, Le crédit documentaire dans le Droit et dans la Pratique, J. Delmas et Cie, 1963, p. 63 et suiv. 参照。

第三款　判旨三の結論に賛成，理由に反対
——銀行保証状の準拠法について——

　銀行保証状の成立と効力に関する準拠法については，異論もあるが[22]，原則として，発行銀行の営業所所在地法によるべきものと解する。すなわち銀行保証状に基づく支払請求権は，発行銀行の負担する損害担保債務に対応する受取人の権利であって，その成立および効力の準拠法は当該銀行保証状に基づく債務関係を発生せしめた委任契約の準拠法である。それ故，これによることを排除したと認むべき特段の事情のない限り，発行銀行の営業所所在地法が準拠法となると解する[23]。

　それ故本件につき日本法を適用するとした判旨結論は相当であるが，本件「保証」契約を民法上の単純な保証契約と解して主たる債務の準拠法に従うとした判旨理由は正当とは思われない。

---

22) Suda, S. 77. 保証状受取人が住所を有する土地たる履行場所の法律によるとなす。
23) Legrève, p. 542 によると，前記統一規則案9条もこの結論に同じ。

第六章

「信用状付き荷為替手形」の信用状統一規則に依らない買取
―― 併せて「外国向為替手形取引約定書」の問題点など ――

第一節　買取と "negotiation" のギャップがもたらしたもの

1　"negotiation" とはなにか

　信用状付き荷為替手形（以下，ドキュメントという）の買取（negotiation）は世界的に共通した取引なのに，わが国のそれは世界にあって「極東の特異な negotiation」と言われてきた。どこが特異であり，法的根拠はなにか。国際的にひろく法源性が認められている国際商業会議所（ICC）の信用状統一規則（UCP）とは乖離しないのか。

　ドキュメントの "negotiation" はわが国で「買取」という一般的な用語に訳されてきた[1]。裁判所法 74 条が日本語を法廷用語に定めたこともあって，"negotiation" は通常，この買取という訳語を伴って法廷にも登場する。ICC はこの "negotiation" に関する定義を§2 UCP600（§UCP500）において示しているが，もともと一概に所有権の移転原因に由来するものではなく[2]，信用状の一つの決済方法として，ICC の独創的な創造物であった。それゆえ UCP の "negotiation" と買取とは同義に理解することができないものである。

2　UCP の "negotiation"

　各種信用状のなかで特に買取信用状の発行銀行は，通常の場合外国に居住する受益者への信用状給付（ドキュメントの買取代金の交付）を自ら直接になすことなく，多くの場合受益者居住地の買取銀行に授権して代行させる。授権された指定買取銀行は，自己の名において，受益者からドキュメントを買い取り（善意取得），手形金額を現実に受益者に支払う。その後買取銀行はドキュメン

---

1) 例えば日本商業会議所による UCP の 1983 年改訂規則 UCP400 §10 a，§11，1993 年改訂規則 UCP500 §9，§10，2007 年改定規則 UCP600 §2 の各日本語訳など。
2) 橋本『荷為替信用状の二次的利用に関する研究』法曹会，1969 年，21 頁以下。

トを発行銀行に送達して支払金額などの委任事務処理費用の償還（reimbursment）をうける。"negotiation"とはこの過程における「買取信用状の決済のため提出された受益者のドキュメントの，指定買取銀行による善意取得と手形金額の支払」を指すのである。

3　買取概念との間に生じてしまったギャップ

それゆえ，逆にわが手形法や売買法で理解可能な「買取」概念を基に"negotiation"を理解することは正当でない。例えば支払信用状付きドキュメントの，非指定支払銀行による割引取得や，買取信用状付きドキュメントの非指定買取銀行における買取もUCPにいう"negotiation"ではない。わが国ではそれらも買取であり，"negotiation"と言われるため，買取依頼人たる受益者に不利益な（買取銀行にとって有利な）結果を生じ，その弊害はさらに「外国向為替手形取引約定書」（昭和58年；全銀協）に基づく買取銀行による買戻請求により増幅されてきた。東京高裁平成3年8月26日判決（金法1300/25, 以下，本件東京高判という）はその典型的なケースであろう。

以下はまず買取に関するわが国裁判所の一般的な理解を示し（第二節），その後，ICCならびに主要国中ドイツの通説に依拠した卑見を述べる（第三節ないし第四節）。

第二節　わが国裁判所の特異な解釈

本件東京高判が，以下の事項について，わが国裁判所の解釈を代表している。

［判示1　買取依頼の法的性質］
受益者によるドキュメントの買取依頼は，売買による買取依頼である。
［判示2　買取に伴って当事者間に委任関係を生じるか］
買取に伴って買取依頼人（受益者）と買取銀行の間に委任契約が締結され，或いは黙示的に生じることはない。
［判示3　買取銀行の再売買とUCP］
買取銀行が買い取ったドキュメントを自己の名で確認銀行に対し再売買に付し，確認銀行から買取代金の支払を受けることはUCPによって認められた買取銀行の権利である。

［判示 4　与信契約の成立］
買取によって買取依頼人との間に与信契約が成立する。
［判示 5　買取銀行の買戻請求権は無制限である］
「外国向為替手形取引約定書」による買取依頼人に対する買取銀行の買戻請求権は無条件，無制限に成立する。

第三節　買取に伴う信用状の法的課題

第一款　買取資格の問題

　UCP によると，ドキュメントの買取とは，買取信用状の発行銀行がその決済を特定の指定銀行に委ねた場合における，受益者と指定銀行との間でのドキュメントの取引の指称であって，およそ価値物としてのドキュメントの割引取引一般の指称ではない。それゆえ買取を論じるに際しては先ず買取銀行の買取資格の有無が詮索されなければならない。その結果は，信用状の種類と発行銀行の授権（委任）の有無に応じて，(a)買取信用状付きドキュメントの指定買取銀行による買取（UCP 型買取）と，(b)それ以外のすべての買取（非 UCP 型買取）に分かたれる。
　(1)　UCP 型買取の場合
　この場合の発行銀行の指定買取銀行に対する授権の内容は，受益者との信用状関係について，受益者のドキュメントを指定銀行の名において「買い取り，手形金額を支払う」（すなわち negotiate する。割引取得ではない）ことである。それゆえ買取の前提条件たるドキュメントの信用状条件との厳格一致の検査も，指定買取銀行に委ねられている。買取銀行は支払により発行銀行に対し受任者としての権利（受益者としての信用状給付請求権ではなくて，委任事務処理費用の償還請求権）を取得する。かくして買取銀行は発行銀行の代理人である。
　(2)　非 UCP 型買取の場合
　この場合は UCP 型と取引の前提が異なる。すなわち例外としての自由買取可能信用状（すべての銀行に買取が授権された信用状）を除いて，買取信用状では買取銀行が指定されているはずであり[3]，かつその指定銀行でドキュメントを "negotiate" することが受益者の信用状給付請求の条件とされている[4]。

発行銀行にとり，指定買取銀行を経由しないドキュメントの提出は信用状条件違反として支払の拒絶理由となる。そうでなければ受益者は折角のドキュメントによって信用状の支払を得る可能性を保証されないからである。

　問題はこの場合の非指定買取銀行の地位であるが，それは受益者の目的が常に信用状の支払請求であることを否定できない以上，取立（collection, Inkasso）における仕向銀行のそれに類すると解すべきであろう[5]。そのため非指定買取銀行の法的地位は，発行銀行とは無関係に，受益者との個別合意によって形成される[6]。その場合受益者と買取銀行との間には，ドキュメントを受益者のため指定買取銀行（ないし補充的に信用状給付権限を認められる銀行）に提出することを必須の要素とする取次委任関係[7]が成立すると解すべきであろう。

　このようにして非 UCP 型買取の場合，買取銀行は，発行銀行の代理人ではなくて，買取依頼人（受益者）の代理人である。

　例外は，発行銀行が信用状において善意取得者に対する支払約束（bona fide clause）をしている場合であるが，これは買取資格とは別の問題である[8]。

　以上のように非指定買取銀行に対する「買取」依頼には必ずドキュメントの取次委任が包含される。別に受益者と非指定銀行の間に与信関係が生じれば，両者の関係は当然に取次関係と与信関係で説明される。ドキュメントの買取依頼をある種の与信契約や，売買と与信との混合契約の申込などと，与信中心に分析するのは片面的な理解である。

第二款　「買取銀行」の権利保護義務

　「買取銀行」は，UCP 型と非 UCP 型を問わず，ドキュメントの直接・間接

3）§6 a UCP600, §10 b i UCP500.
4）§6 a UCP600, §10 b i UCP500, Nielsen, Neue Richtlinien, 69 その他の定説。
5）Vgl. Canaris, 994.
6）Canaris, 1092.
7）その詳細を取立の場合について Seitz, 150, 173f. や Nielsen, Inkasso, 1.2 など支配的見解は雇傭給付性をもつ事務処理契約と説明するが，信用状取引では，Nielsen, a. a. O. も指摘するように，請負給付性をもつ事務処理契約（Geschäftsbesorgungsvertrag mit Werkleistungscharakter）と解すべきであろう。信用状取引では信用状給付資格のある銀行へのドキュメントの転送が要件となるからである。
8）UCP における善意取得の限定については，橋本・国際商事法務 34 巻 6 号 735 頁；追手門経営論集 14 巻 2 号 107〜126 頁。

の占有中，（動産質権者の質物保管義務と同様）買取依頼人のための権利保護義務を負うと解すべきである（善良なる管理者の注意義務）。権利保護義務とは，ドキュメントを買取のため手放して現に占有しないため，自ら権利保全の手段を有しない買取依頼人（受益者）のため，ドキュメントの占有者として買取銀行が負担する善管義務であって，具体的には信用状のエクスパイアーに配慮し，買取依頼人をしてアメンドメントやドキュメントの瑕疵の補正に対応せしめる義務などである。

第三款　非 UCP 型買取と売買説（担保的譲渡説）の不条理

　UCP 型買取の場合，受益者がドキュメントを直接に指定買取銀行に提出するときに両者間に成立する法的関係は，正にドキュメントの所有権の移転を目的とした買取（negotiation, purchase）そのものである。

　ところが，わが国では非 UCP 型買取の場合にも与信に際し受益者が手形金額の割引相当の対価で信用状付きドキュメントを譲渡し所有権を買取銀行に移転する（手形売買）との考えが多く見られる（例えば本件東京高判・金法 1300/28）。しかし受益者がドキュメントの所有権を非指定銀行に譲渡して自ら所有権を喪失した場合，あるいは非指定銀行が担保的所有権を保持していて，例えば買取銀行の質入裏書や隠れたる取立委任裏書が抹消されない場合，もはや受益者は自己の名において発行銀行に対する信用状給付請求権を行使することはできない。依頼人の名における取立（Incasso im Namen des Auftraggebers）という，非 UCP 型買取と類似した取引については，依頼人と仕向銀行との間での所有権の信託的譲渡や代理権の設定ないし取立授権が考えられているが[9]，信用状においては給付条件が特定されているので，それと同様の結果とはなり得ない。加えて，信用状におけるドキュメントの担保的譲渡説は以下のようにして非現実的である。

　ｉ　「買取」依頼に付随する与信取引は，多くの場合，（抵当信用のような長期のものではなくて）ドキュメントを担保とする短期の資金調達が目的であり，例えば売渡担保にも似て与信者がドキュメントを買い取って所有権を取得するとの担保形式が想定されても，保有期間は（信用状条件に配慮した）買戻期間内に限定される。

---

9) Canaris, 1092; Nielsen, Inkasso, 1.4, なお Seitz, 339f. もほぼ同旨。

ii 所有権の取得を生じる法的手段について引渡証券（信用状では船荷証券が多い）が取り扱われる限りにおいて，証券自体の譲渡は（占有の移転に止まらず）商品の譲渡と同様の効力を意味するものではない（これはイギリス，アメリカ及びフランスのような海上取引上の重要な法体系でも認められている）。それでもこの結果を一種の商慣習として是認するとしても，例えば商品供給者の所有権留保付き引渡証券が登場することはむしろ通常の事態である。これに備えるため，つまり与信銀行が担保的所有権を取得するのに重大な過失が存するとの非難を回避するため，与信銀行に一々調査義務（領収書の徴収や問合せ義務など）を課することは現実的でないとしても，（実務上やむなく譲歩されているのであって）支払取引ではその調査義務がないと解されているのではない。

iii 信用状取引は同時履行の原則（D/P，D/A原則）によって基礎付けられていることに留意すべきである。そのため(i)受益者（輸出業者）は代金回収が確保されるまでドキュメントと商品の所有権の移転を留保する必要があり（多くの場合船荷証券は受益者の自己指図式とされる），(ii)他方で発行銀行もまたドキュメントと商品の担保的譲渡を受けること以上に，輸出取引上の売買代金請求権を取立，質権設定及び買主の破産に関する一切の結果ごと，輸出業者の財産から切り離そうとしている（船荷証券の blank endorsement が信用状条件とされることが多い）。このような受益者と発行銀行の双方の利益状況から考えて，（両者の中間で第三者の担保的所有権が滞留するリスクを生じる）売買説（担保的譲渡説）が信用状決済の構造と両立するとは解し難い。

第四款　質権としての与信担保

与信担保権は黙示的に設定されるのが通常だが，ドキュメントに関する与信担保の法的性質は，特約がない限り，質権と解するのが相当であろう。けだし上記のように，担保的所有権の善意取得要件の充足を，短期間内に多数の事務処理が必要な買取銀行に求めるのは実際的でないこと（管見の限り，ドイツでも商品供給者の所有権留保の主張が認められた判例は見当たらない），短期融資であること，債権銀行は質物保管義務に類する権利保護義務を負担すると解すべきこと，受益者による（他者のための負担のない）ドキュメントの引渡しと発行銀行の信用状給付金の支払の同時履行関係を保証し易いこと，担保権者による担保権の実行手段はきわめて制限され，少なくとも私的実行手段として

の担保権者による目的物の換価は不可能であること，質権と構成すれば債権銀行の担保権がドキュメントの占有によって公示され，取引の安全が守られ易いことなどの諸点を考慮すべきだからである。

第五款　「買取銀行」のドキュメント検査義務

UCP 型買取の場合，買取銀行は発行銀行との委任契約上の検査義務（信用状給付請求のためにする信用状条件との厳格一致の検査）を負う。

非 UCP 型買取の場合，買取銀行に UCP 型にいうドキュメントの検査義務は存在しない。しかし取次依頼に伴う付随的義務として「買取銀行」にはドキュメントの予備的な検査義務を生じていると解されよう。ただし通常の場合，明白な条件不一致など，ドキュメントの外見上の検査で足りる。

第四節　「外国向為替手形取引約定書」による買戻特約

第一款　はじめに

「外国向為替手形取引約定書」15 条と同約定書ひな型は，外国向け為替手形の買取依頼人は支払義務者の信用の悪化，その他の所定の場合に，買取銀行の通知・催告などがなくても当然に買取銀行に対する買戻債務が発生する旨を定めている。この買戻特約は信用状関係とは別個に独立してなされる合意であるが，信用状関係の展開に随伴して実行される場合において問題を生じる。

この買戻請求権につき，(UCP 型買取と非 UCP 型買取を分かつことなく)「買取銀行」は「法律上根拠があるか否か，あるいはそれが正当か否かを問うことなく」，買戻を請求できるなどと言って無制限説を唱える判決が存在するが（東京高判・金法 1300/29，ただし傍論），どこまで正当であろうか。

第二款　UCP 型買取の場合

第一目　買戻請求の有効性の限界

指定買取銀行 C と受益者 A との間でなされた買戻特約は，発行銀行 H に関してはCの無権代理行為として無効である（Cに対する授権の範囲を超過している）。一方でCとAにとっていかなる効果を生じるかは個別契約事情によるが，例えばAがCに対する既存の債務の弁済にHからの償還金をもって充

当すべき事情や，その弁済期が旬日に迫っている場合において，Aが時期的にもやむなくドキュメントの買取依頼に至ったなどの事情が認められる場合には，さらに以下の事情を考慮した上で，ACの買戻特約ないしそれによるCの買戻請求を権利濫用として無効と解すべきであろう。

(a) 銀行の窓口利益

この買戻特約については一般に，買取銀行Cが享受する利益と便宜ばかりが指摘されてきた。つまりCには，この特約により，将来具体化する仮定的な取引リスクや窓口事務の不手際などについて，あらかじめ安全ネットをかける利益があること，それらのリスクを実質的に買取依頼人Aに帰せられるなら手間が省けて多くの買取依頼をこなせるから，ドキュメントの検査も簡便にできて，結果的に手数料も安くなりAにも利益だとか，もともと手形取引には手形債務者ではなくて割引依頼人の信用を重視する傾向が存するなどという，理由付けが多くなされている。

しかし単純に考えても，検査が簡易化されることはとかく粗漏を招いてAにとっては逆にデメリットであり，銀行業務の手間繁閑や安全ネット論はAには無縁な話である。買取銀行Cの窓口利益はしかく強調されるべきでない。信用状という決済システムは参加者全体として最小負担による最大効果を意図したものであり，Cの窓口事務の簡易化や事務の多忙化ないしリスクの回避など，特定の部分的利害にかまけて，全体との調和を無視した取扱が正当化されてはならない。

(b) bad faith practice との非難可能性

この買戻特約は本来は買取銀行の受益者に対する既存ないし将来の与信債権の回収手段の一つであるが，債権回収のリスクは債務者ではなくて債権者が負担すべきものであろう。ところがここでは，Cは（与信は発行銀行Hからの償還金で回収するので）ほとんどリスクも負わないまま手数料を徴収する一方で，Aは常に償還義務に曝されつつ，ドキュメントが支払われないリスクについてまで手数料を支払う不公平も生じている。Hから償還されないこともあり得るが，そのリスクの一因がCのドキュメント検査や補正勧試の不完全によることも多く，常にAのみの責任とは言い切れない。

(c) 受益者の特約事情と喪失すべき利益

反対に受益者Aの特約事情は指定買取銀行Cのそれと著しく異なる。AにはCが特定されている場合は，Cにドキュメントを提出することが信用状条

件として強制される。Cに口座がない場合は，既述のように，Cと取引関係のある非指定買取銀行Yを介してCに持ち込むであろう。また稀に指定買取銀行がない場合，受益者は発行銀行や確認銀行とコルレス関係のある銀行を探すか，コルレス先の探索を委ねてYに持ち込まざるを得ない。

しかも信用状付きドキュメントは生鮮食料品のように極めて劣化し易いもので，いわば時の経過が生命であり，取組みが時間との競争となることも珍しくない。それは信用状所定の時点までに所定のコースを経て資格のある買取銀行ないし発行銀行（確認銀行）に提示されるに至らなければ，途中で買取資格のないYに提示されただけでは，一片の紙切れと化するおそれさえ否定できないのに，Aには船舶の入港遅れなど，船荷証券の取得に手間取ったりして，期限に切迫した時点で初めて買取銀行を選択せざるを得ないことも日常茶飯事である。やむなくYに迂回せざるを得ない場合は，それによってまた時間を空費するおそれを生じる。

このように，ドキュメントの取次依頼をするAは時間的にも買取情報の点でもCに比して著しく劣位にあり，そのため同行の買戻特約に応じることを余儀なくされる場合があり，あるいは将来の取組み機会での混乱を慮ってあらかじめ特約に応じることも否定できない。

そのような買戻特約によって受益者は支払の償還免除条件という信用状請求権の最も基本的で中枢的な利益を実質的に喪失し，取引決済の安全を期待して信用状取引を選択した重要な目的の破綻を余儀なくされるのである。

第二目　小括（権利濫用論）

以上のように，受益者Aの指定買取銀行Cとの買戻特約は，Aが信用状請求をなすために必要不可欠な手続きと一体化されていて他に選択可能な手段がない場合において，Cが時間的にも情報量の点でも一方的に優位し，かつ事実上代替不能な地位にあることを利用して，自己の仮定的・予防的利益のため，受益者に過大な不利益を負わせ，信用状請求権の最も基本的な利益たる償還免除条件の実質的な放棄を余儀なくさせるものと評することができる。

それゆえCによる買戻請求には，特別な事情によるものは格別として，殊に買取依頼に際してなされた特約や両者間に継続的取引関係を成立させるためになされた特約によるものは，権利濫用にわたって無効と解される余地がある。

第三款　非 UCP 型買取の場合（ドキュメントの返還との同時履行の抗弁権など）

3-1　買取人を非指定買取銀行 Y とするドキュメントの買取（与信）は，所詮受益者側の内部取引だから，それに伴う買戻特約が UCP と直接に接触する機会は生じないと思われる。

そのような接触の有無が検討されるべき場合が§9 a iv UCP500,§9 b iv UCP500 において生じるが[10]，これらの規定は善意取得者たる非指定買取銀行には適用されない。けだしここに善意取得者というのは，買取資格のある銀行に提示されたドキュメントの，その後の善意取得者を指すのであって，例えば Y のように，発行銀行・確認銀行にドキュメントが提示される前の善意取得者はこれに該当しないからである。

3-2　それでも Y による買取（取次委任と与信）において，Y（債権銀行）が買戻債務の履行を請求する場合は YA 間の手形取引関係が目的の到達によって消滅していないことが示されているので，A は Y に対し，同時履行の抗弁としてドキュメントの返還請求の他，上述したドキュメントの占有に伴う保護義務（あるいは委任契約としての取次関係上の保護義務）違反の責任を問うことができる。Y がドキュメントを「買い取った」段階では信用状請求権の満足のための手続きはなにも開始されておらず，それ以後の手続きはすべて Y に委ねられているので，Y はドキュメントを買取資格のある銀行に適時に転送するまでの，ドキュメントの占有に伴う保護義務を負うが，それは UCP 規則に則ったものでなければならないからである。

第五節　ま と め

以上を基にしたわが国裁判所の前記理解に対応する結論は次のとおりである。

[判示 1 について]

---

10) けだし§9 a iv UCP500,§9 b iv UCP500 は，§7 c UCP600,§8 c UCP600 で削除されたとはいえ，受益者ないしドキュメントの善意取得者に対する発行銀行の支払義務は償還義務免除条件だと規定していたからである。ちなみに受益者は為替手形の振出人だから，受益者を相手とする償還義務免除とは手形外の免除（民法519条）の意味である。

UCP 型買取の場合，買取の申込はドキュメントの売買の申込であって，指定買取銀行はドキュメントを善意取得することが買取の要件となる。
　非 UCP 型買取の場合，買取の申込は，決済資格のある他の銀行（発行銀行・確認銀行又は指定買取銀行）へのドキュメント提出の取次委任（場合により代理）の申込である。これに伴って与信がなされることが多いが，取次委任は与信の有無にかかわらず，必ず存在する。与信則買取と誤解されてはならない。
　［判示 2 について］
　UCP 型買取と非 UCP 型買取を問わず，買取依頼人と買取銀行との間にはドキュメントを，前者では発行銀行・確認銀行に，後者では決済資格のある銀行に適時に転送すべき履行責任を伴う取次契約（請負給付性をもつ事務処理契約）が明示的・黙示的に成立する。
　また買取銀行にはドキュメントの直接・間接の占有中，UCP に則って受益者のドキュメント上の権利を保護すべき，権利保護義務を生じる。
　［判示 3 について］
　UCP 型買取の場合，買取銀行は UCP に則って発行銀行に対し買取代金などの償還請求権を取得する。
　非 UCP 型買取の場合，買取銀行が（仮にドキュメントを善意取得しても）UCP に則って権利を取得することはあり得ない。
　［判示 4 について］
　買取（取次）依頼に際して与信契約が成立した場合，それに伴う担保権はドキュメントについての質権の設定である。
　［判示 5 について］
　UCP 型買取の場合，「外国向為替手形取引約定書」に基づく買戻請求には，権利濫用に該当して無効な場合があり得る。非 UCP 型買取の場合は UCP 原則や権利濫用論と衝突しないが，買取依頼人は同時履行の抗弁としてドキュメントの返還請求をなし得る上，権利保護義務の不履行を理由とする抗弁が可能となる。

第六節　おわりに

　ドキュメントの買取に関するわが国裁判所の法的解釈は，ICC や外国の通

説・判例と無縁の世界に孤立している。もともと買取という日本語に訳しきれない外国の取引用語を買取と訳した後で，今度はその日本語から逆算してこの取引を考えているからである。しかも裁判所の解釈は概ね外為銀行の主張に沿ったものであり，訴訟の相手方である輸出信用状の受益者に不当に不利な結果となることが多い。現在，受益者が外為銀行を相手とする信用状訴訟で勝訴するのは，裁判所が外国文献に接触しない限り，至難な状態にある。アメリカなどと異なって[11] わが国で輸出業者に信用状離れが生じていると指摘される原因の一端をこのあたりに求めるのは理由のないことであろうか。

---

11) Link, S. 339 はアメリカの輸入件数の 80% が信用状決済だという。

第七章

偽造証券と知りつつ支払った信用状発行銀行が その負担を顧客に付け回すことの法理
―― 故伊沢孝平博士のマイナス遺産との闘い ――

第一節　問題の所在

　国際商事法務34巻1号（2006年）78頁3-1項で小原三佑嘉教授が紹介された平成17年7月4日付け最高裁決定[1]は，不当利得返還請求事件の上告申立を不受理として，原告敗訴の原審判決[2]を確定させた。今日の信用状の常識に反する結末であるが，これを通常の民事事件に翻案すればおおむね次のようなものである。

　預金銀行Hに対し預金者B名義の「預金払戻し請求書」による払戻し請求がなされたが，その請求書がAによって偽造されていることをH銀行担当者が確認した場合，それでもAに支払えば，H銀行が支払額をBの負担に帰し得ないことに疑問はないであろう。しかし，この決定は，H銀行が払戻し業務を他のC銀行に委任していた場合には，C銀行担当者が払戻し請求書の偽造を見抜けずに支払うと，H銀行が偽造を確認し，C銀行に通知していても，H銀行はAへの支払を預金者Bの負担に帰することができる，という原審判決を確定させたのに等しい。

　上記事例だと容易にいくつかの疑問を感じ取るのに，信用状の外為取引になると裁判所が混乱するのは何故か。事実，本件はありふれた（信用状統一規則に則った）買取信用状の発行銀行Hが，買取（つまり支払）を求められたドキュメントの自行の（！）署名が偽造されていることを確認し，買取を委任していたC銀行に対しこれを通知しながら，C銀行が買取に際し偽造を知らなかったとして，C銀行への償還払い（つまりC銀行が買取依頼人Aに交付し

---

1) 平成15年（ネ）第1506号事件・公刊物非掲載。
2) 大阪高裁，橋本「荷為替信用状における偽造の抗弁」判例時報1835号3頁［本書39頁以下］で原審裁判所の論理を辿ることができる。

た買取代金の支払）は信用状発行依頼人Ｂ（買主・上記預金者）の負担だとした原審判決を確定させたものである。Ａは受益者（売主）にして偽造者であった。

　裁判所が「混乱」する理由はあらかじめ分かっていた。買取銀行という第二銀行の法的地位の理解が完全に時代遅れだからである[3]。「時代遅れ」の最大の理由も推定できる。故伊沢孝平教授の古典的名著『商業信用状論』が，時代が変わり信用状の実態も変化してしまった今日でも，そのまま鵜呑みにされていることである。さらに敢えて言えば，時代遅れの解釈の方が受益者（銀行の顧客）に不利益であってもわが発行銀行の窓口利益にかなうケースについて，そのように強弁した有力銀行が（本件の被告銀行を含めて）存在したことを否定できない。もとよりわれわれ研究者の力不足は強く自覚している。本章は，殊に伊沢理論を意識しつつ，買取信用状の第一型と第二型という視点を軸に，偽造文書の買取責任論の世界的な「常識」に向けて説得を試みようとするものである。

第二節　信用状における買取と銀行免責の構造

第一款　第一型の買取信用状と第二型の買取信用状の区別

　私が第一型と称するものは，ICC（国際商業会議所）の信用状統一規則（UCP500）に則った買取信用状である。ここでは特定の受益者のみが発行銀行の支払約束の名宛人となり，発行後に登場する買取銀行は名宛人となることはなく，自己の名において発行銀行の計算で受益者のドキュメント（手形その他の提供証券）を買い取ることを発行銀行から授権されたその代理人として位置付けられる。そのため買取銀行は発行銀行に対し信用状の支払約束に基づいた信用状給付請求権ではなく，委任契約の受任者としての費用償還請求権をもつ。これに対し第二型と称するものは，いわゆる bona fide 条項を有し，発行銀行が顕在的には受益者と，潜在的には受益者のドキュメントの善意取得者を名宛人として支払約束をしているアングロサクソン系の，現在では少数となった旧型の買取信用状である。ここでは買取銀行も，それまで潜在させていた一

---

[3]　橋本「信用状における第二銀行の法律関係」判例時報1368号［本書11頁］参照。

種の受益者としての地位を，ドキュメントの善意取得により顕在化させて取得し，発行銀行に対しては，代理人としての費用償還請求権ではなくて，信用状給付請求権をもつ。

沿革的に第一型と第二型は同じ"negotiation credit"から分化したが[4]，上記のように，今や全く異なる法的構造体として，両立し得ない存在になっている。

特定の信用状がそのいずれに属するかは信用状文言の解釈問題であるが，第一型はなんらかの UCP 援用文言を有し，第二型はそうではなくて"We hereby agree with the drawers,endorsers and bona fide holders of draft under and in compliance with this credit that such drafts will be duly honored..."などという bona fide 条項を有するのが通常である。

故伊沢教授が『商業信用状論』(1946 年) を上梓される前，この両者に関する ICC の選択は既になされていた。ICC は 1933 年の最初の UCP において，それまでの"negotiation credit"の複雑な分化過程でどちらかと言えば傍系的存在に見えていた第一型を意識した規定を設けたのに対し (§45)，伝統的で，むしろ本流的存在であった第二型については既に全く言及することがなかった。その後 ICC は 1951 年の UCP 第一次改訂以来，各改訂版において，ドキュメントの買取（割引）を明白にドキュメントの売買契約上の取引として位置付けることにより，買取信用状とは第一型を意味する旨を明示する一方，第二型については引き続いて全く触れるところがない。このようにして ICC は，錯雑な"negotiation credit"の分化過程において，第二型を淘汰して捨象し，単純に買取銀行を発行銀行の代理人に設定する第一型を選択し，定着させたのである。

ところが故伊沢教授の『商業信用状論』は第二型に依拠して割引（買取）銀行の地位を論じられたものであり，改訂版も引き続き同様であって，およそ第一型に言及されることがなかった。すなわち教授は「発行銀行は受益者振出の為替手形の善意の所持人（bona fide holder）たる割引銀行に対しては，振出人たる受益者に対すると同様に，該手形を引受且つ支払うべき義務を負うのである」(5 版 35 頁)，「……手形の割引銀行は，売主と同様の権利を発行銀行に対

---

4) 詳細は橋本『荷為替信用状の二次的利用に関する研究』法曹会，1969 年，20 頁以下参照。

して獲得する。換言すれば，信用状の受益者は，原則として売主及びその振出したる手形の割引人である」（同530頁）と論じられた。これは明らかに私の言う第二型の買取信用状に他ならない。

しかし今や第一型と第二型とでは買取銀行の発行銀行に対する法的地位が完全に異なることを理解しなければならない。第二型と違い，第一型の買取銀行は発行銀行の代理人（履行補助者）に過ぎないから，ドキュメントの買取によってその善意取得者（結局は受益者）となることはあり得ない。

第二款　買取は買取指定銀行でなされるべきこと

(1) 第一型の場合，買取銀行として発行銀行の指定（委任）を受けた銀行の受任事項は，受益者が提出するドキュメントの検査と買取代金の支払である。ドキュメントの検査には当然に偽造の検査も含まれる。指定銀行の場合，この委任事務を履行すれば発行銀行に対する費用償還請求権を取得するが，非指定銀行は発行銀行の代理人ではなくて受益者の代理人に止まるので，発行銀行に対しなんらの権利を取得するものではない。

(2) 第二型の場合，ドキュメントの善意取得者であれば誰でも（ドキュメントが信用状条件と一致していることは当然の前提である）発行銀行に対し一種の受益者としての信用状給付請求権を取得するので，買取銀行が指定銀行であるか否かは問題とならない（自由買取可能信用状）。ただし第二型でも買取銀行が指定されているものが例外的に存在する。この場合，指定買取銀行は発行銀行の代理人としての地位か，或いは善意である限り，善意取得者としての地位のどちらかを取得するであろう。この両者の地位は法的には両立し得ないので，買取銀行はいずれかの選択を委ねられていると解するが，実際には前者による費用償還請求権と後者による信用状給付請求権は経済的評価に実質的な差異は存しない。

第三款　検査銀行の代理権の限界としての偽造の抗弁
　　　　（第一型の場合）

(1) 二つの委任契約と二段階の検査

本件で最高裁が確定させた原審判決が，検査銀行の買取代理権に関する誤解を代弁している。それは，買取銀行には発行銀行のためにドキュメントを検査して支払う代理権があるので，たとえ買取銀行が偽造ドキュメントに支払った場合でも，《イ》発行銀行はその結果に拘束され，《ロ》発行依頼人もその結果

を受け入れることに同意している，というのである（伊沢理論の影が十分に窺われる）。

しかし，これは信用状に無知な言い方である。《イ》の結果は買取銀行と発行銀行の合意（甲委任契約）により，《ロ》の結果は発行銀行と発行依頼人の合意（乙委任契約）によって，前者は発行銀行が，後者は発行依頼人が，それを受け入れていなければならない。この二重の委任契約の存在が重要である。そしてこの二つの委任契約上の検査担当者が異なることに対応して，ドキュメントの信用状条件適合の検査も二段階で行われるというのが信用状の基本的な構造である[5]。すなわち第一段階の検査は甲委任契約により発行銀行のため，その履行補助者である買取銀行によって行われ，第二段階の検査は乙委任契約により発行依頼人のため，発行銀行によって行われる。発行依頼人は決して乙委任契約において甲委任契約の履行の結果をそのまま受け入れているのではない。

(2) 偽造の抗弁の成立

甲乙各委任契約において，委任は常に真正なドキュメントの買取を目的としたものであって，偽造ドキュメントの買取は授権されていない（買取銀行の代理権の物的限界）。偽造のドキュメントであっても買取の対象として許容する旨の契約は公序良俗違反に当たるであろう。そのため，上記高裁の考え方とは逆に，仮に各委任契約ごとに買取目的物について白紙委任がなされていても，買取銀行による偽造ドキュメントの買取は発行銀行を拘束せず，また当然のことだが，発行依頼人を拘束するものではない（買取銀行の代理権の人的限界）。ここに信用状における偽造の抗弁の基礎を求めることができる。

第四款　銀行によるドキュメントの検査の免責事由と偽造の抗弁（「明白な偽造」）（第一型と第二型）

第一目　外見上の検査と偽造の銀行免責基準

第三款に示したドキュメントの買取委任といえども，偽造ドキュメントの（二段階の）識別検査でいかなる誤謬も許されないというのは非現実的であろう。受益者提出のドキュメントの信用状条件との一致性の検査は，信用状取引の大量性と定型性に配慮して，専門的で実質的な検査は期待すべきでなく，形式的で外見上の検査で足ると解されている（§13 a UCP500）。そのため，実際

---

5) ICC Publication No. 565 E. R211；§13 b UCP500.

の検査に当たる買取銀行や発行銀行がドキュメントの偽造を看過することは，ある程度やむを得ないが，許容される限度（免責される限度）は，検査が業務上の検査者によってなされることに配慮しても，外見上の検査では判明し難い程度の瑕疵の看過，すなわち軽過失によるものに限られている。つまり§13a UCP500が偽造証券の買取リスクの負担を検査銀行（買取銀行又は発行銀行）と発行依頼人との間に配分する基準（検査銀行にとっての免責条項）となっている。

　　第二目　偽造の抗弁の制限要件としての「明白性」と証拠制限

　許される限度としての軽過失の免責は，故意ないし重過失を免責しないため，訴訟上では，買取銀行の償還請求に対しては発行銀行に，また発行銀行の償還請求に対しては発行依頼人に，各々「偽造の抗弁」（請求者が故意ないし重過失によって偽造を看過したとの抗弁）を許容することになる。その上で，偽造の抗弁は信用状条件以外の事実に依拠して信用状の支払義務を免れようとするものであって，信用状の抽象性との矛盾抵触を避けがたい異質のものだから，より具体的な場合に制限されるべきと解されてきた。そのため偽造の抗弁は実質的に加重されて，偽造の事実が明白であり，かつ即時に利用可能な証明力の強い証拠（liquide Beweismittel；"immediately available strong evidence"）によって証明され得る場合にのみ主張可能だと解されるに至っている（明白性と証拠の制限説）。かかる場合，債務者（買取銀行の償還請求に対しては発行銀行，発行銀行の補償請求に対しては発行依頼人）に偽造の抗弁が許されることについて，反対の見解は国際的に見て存在しない[6]。

　アメリカ統一商事法典第5章109条は偽造ドキュメントに対する支払可能な場合を規定するが，外見上の検査で看取できない偽造であって，本章と場合を異にする。結局，ドキュメントの検査銀行に故意がある場合はもとより，明白な偽造を看過するという重過失がある場合には，その銀行は，買取銀行であろうと発行銀行であろうと，その段階で免責されない。これが信用状における偽造証券のリスク負担に関する現在の世界的に確定した理論水準である[7]。

---

　6) 邦文文献としてアイゼマン／シュッツェ著（橋本訳）『荷為替信用状の法理概論』九州大学出版会，1994年，187頁以下。また「独立ギャランティ及びスタンドバイ信用状に関する国連条約1995」19条を参照。

　7) §15 UCP500との関係及び偽造の抗弁の詳細については橋本・前掲判例時報1835号5頁以下参照。

第三目　小　括
1　第一型の場合

ドキュメントの偽造の看過につき，発行銀行をH，買取銀行をC，買取依頼人（受益者）をA，発行依頼人をBとして，責任の帰属過程を示すと，(a-1) HはCに対してはCの故意，重過失を主張して，CのAに対する支払はCの自己責任だと主張することができる。その場合，CはAに対する不当利得返還請求権も有しない（非債弁済）。(a-2) Cに故意，重過失がなかった場合は（明白性と証拠の不存在），CがAに支払った対価はHの負担に帰し，CはHに対し償還請求権を取得する。(b-1) Bも同様に（Cに故意，重過失がなくても）Hの故意，重過失を理由としてHのCに対する償還払いはHの自己責任だと主張することができる。HはこれをBに転嫁することはできない。(b-2) Hに故意，重過失がなかった場合（明白性と証拠の不存在），HはBに償還請求することができる。BはCに故意，重過失があったときは，Cに対して不当利得返還請求をすることができる。

2　第二型の場合

第二型では，Cが偽造を認識し得なかった諸事情は，Cの善意取得の判断事情の一つに帰するので，不認識が重過失によるか否かの判断だけでHへの償還請求権の成否は決定できないであろう。

第三節　おわりに

上記最高裁の事例では，第一型の買取信用状において，発行銀行が，他ならぬ自分自身のドキュメントが偽造されていることを認識しつつ（買取代理人たる）買取銀行に支払った償還金を発行依頼人の負担に転嫁したのは「明白な偽造」を看過した違法だというのが，発行依頼人の主張であった。これに対して裁判所は買取銀行が偽造を知らなかった（善意）として抗弁をはねつけたが，裁判所が頭に描いた「善意取得」の出る幕など，どこにもなかったはずである。

この典型的な誤判を前にして，われわれはすでに死んだはずの伊沢理論の暗い影と向き合わなければならない。その影とは，伊沢教授が「船荷証券の偽造なることを知りて（善意の）手形割引人に対して支払をなしたる発行銀行は，買主に対してその出捐の補償を求めうる」と言われる点であり（5版513頁以

下),また割引きされたドキュメントが偽造であっても,「証券の偽造……あることは,発行銀行の予期すべきことであって,之を理由に善意の割引人の請求を拒むことは出来ない」(同 516 頁)と言われるものを指す。これは,しかし,第二型の買取信用状について正当な指摘であっても,現在の第一型に関しては明らかに誤りと言わねばならない。

　時代遅れの判決こそが,進化してやまない信用状システムの最大の敵である。信用状について伊沢教授の令名があまりに高かったため(それは多くの枢要部分,殊に第二銀行論,譲渡論,償還請求論,証券検査論などにおいて,過去の遺物である),残念ながらわが国ではなお今後しばらくは,本件のような判決による司法被害は後を絶たないであろう。裁判所がこの狭い島国だけの(非)論理から脱却して,国際的商事規範の進化発展に追いつくためには,すでに有効期限の切れた一部の邦文学説や自らの不確かな裁判例ならびに,とかく(有力)銀行偏重に振れやすい鑑定意見を超越して,目を海外の新しい文献にこそ注ぐべきである。

第八章

買取信用状とドキュメントの買取（negotiation）の法律

第一節　はじめに——問題の現状——

　外国の A 銀行は受益者 B の荷為替（ドキュメント）を償還免除で買い取った者には償還免除条件で補償することを約した買取信用状を発行した。B は国内の C 銀行に対しドキュメントの買取の申込をなした。買取には B, C の国内法が適用される。C 銀行は現実に A 銀行から補償金を受け取れるか否か不明だったので、リスクを回避するため、B との間では償還条件や補償金を受領するまでは買取の対価を支払わない約束の下で「買取」の合意をなし、事実 B に対しては一円の対価も支払わないまま、A 銀行に対しては B からドキュメントを買い取った（have negotiated）と言って補償請求をなし、B からは手数料などの諸係りの支払を得た。
　多くの場合はこのままで取引は破綻せず、A 銀行は B の得たものが償還条件付きの支払約束に止まることや、B が未だ対価の支払を受けていないことなど、B, C 間の事情を認知しないまま補償金を C 銀行に支払い、C 銀行は B に対価を支払うであろう。しかし B, C 間の事情が明らかにならざるを得ない場合も少なくない。ドキュメントに瑕疵があったり、信用状条件について A, C で意見の相違があったり、B に詐欺の疑いが生じた場合などである。
　そのとき C 銀行は矛盾に陥る。A 銀行に対してはドキュメントを買い取ったと主張して全額の補償を請求しつつ、B に対しては、一方で「買取」手数料などは既に取得しているのに、ドキュメントの買取人であれば自己の負担となるべきいかなるリスクも負担していないと主張して危険から逃れようとするからである。このような C 銀行の金融手段を国際取引における「あこぎなやり方（bad faith practice）」だと酷評する者がいる[1]。
　しかし、なぜこれが信義に反するとまで評される取引なのか。近時わが国で

裁判所が[2]、一部外為銀行が pp ネゴと称しているこの種の取引の有効性を（誤って）追認したように、ドキュメントの買取（negotiation）とはいかなる取引なのかはそれほど明らかなことではない。

本章は買取信用状とドキュメントの買取という、わが国において未だ研究論文が存在せず、実務上も必ずしも正確に認識されてこなかった決済システムを瞥見しようとするものである。尤もアメリカの信用状研究の泰斗というべき州立ウェーン大学の J. F. ドーラン教授が 2002 年度の論文を「買取信用状（negotiation credit）は近時において発達した難解なコマーシャル・デヴァイスである」と書き始めていたように[3]、この問題はわれわれに若干煩雑な考察を強いるように思われる。

検討の初めに買取信用状（negotiation credit）とドキュメントの買取（negotiation）の概念を示すことが便宜と思われるが、ここでは UCP500 には、買取信用状とは買取を予定している信用状（§9 a iv、§9 b iv）であり、買取とは「買取を授権された銀行が手形及び/若しくは書類と引き換えになす対価の支払」（§10 b ii）と定義されていることを示すにとどめる。ただしこれは、以下に述べるように、今のところ極めて不完全なものである。なお §2 UCP600 は §10 UCP500 を修正して、「対価の支払」のほかに「対価を支払うとの合意」を付加したが、本章の論旨に影響を及ぼすものではない。

第二節　"negotiation credit" の二つの型
―― 第一型の買取信用状と第二型の買取信用状 ――

第一款　UCP 型の "negotiation credit"（第一型）

発行銀行及び/又は確認銀行（総じて信用状銀行という）が最終的な信用状決済（支払）の前段階として信用状銀行の指定する銀行（第二銀行）による受益者のドキュメントの買取が予定されていて、第二銀行がドキュメントを償還免除で買い取った場合に信用状銀行が第二銀行に対し償還免除で補償するというのが "negotiation credit" の現在における通常の理解であり[4]、信用状統一

---

1) Kozolchyk, Best Practices, p. 138.
2) 東京高裁平成 16 年 3 月 30 日金法 1714 号 110 頁（原審・東京地裁・平成 15 年 9 月 26 日判決・金法 1706 号 40 頁）。
3) Dolan, 2002, p. 57.

規則（UCP）によって ICC が定めた形式の買取信用状である。そして信用状ないし買取授権書（Authority to Purchase）に基づいて振り出された手形及び／又は附帯証券（ドキュメント）の買取取引が "negotiation" と称されている。すなわち "negotiation" について 1974 年改訂信用状統一規則（UCP290）は「信用状が買取（purchase / negotiate）を定めている場合」と規定して（§3 a iii, b iii），"negotiate" を売買取引上の権原移転原因となる "purchase" と同じ概念だとの理解を示した[5]。ICC 銀行実務委員会は「これら二つの文言が，"negotiation" の方が信用状に最も一般的に用いられている文言だとは言っても，本質的には同じ意味のものだということは普通に感じられているところである。"purchase" という表現は UCP290 において，若干の諸国（殊に極東）の銀行実務をカバーするために用いられたものであり，それら諸国では受益者振出の手形は発行銀行によってではなくて，発行依頼人によって支払われるものであった。本委員会は（1983 年改訂信用状統一規則たる UCP400 の）第 3 条の趣旨からすると，"purchase" と "negotiate" の効果は同一であり，確認していない通知銀行ないしその他の買取銀行に対しては "purchase" と "negotiate" の双方とも償還付きの買取を意味するが，他方で発行銀行及び確認した通知銀行に対してこれら双方の文言は償還免除の買取を意味する」と論じてきた[6]。

　ICC が予定する信用状上の "negotiation" は，信用状自体ではなくて[7]ドキュメントの売買である。それゆえその要件や効果は本来 UCP による統一的な取扱に服させるものではなくて，各当事者の相応する国内法に委ねるべきものであるが[8]，信用状の特殊性に対応した解釈が求められるのは当然であろ

---

4) Wunnicke/Turner, 3.18；Nielsen, Neue Richtlinien, Rn 45 ；Gacho, S. 28f.；Todd, 2.2 ；ICC Documents 470/347 (Meeting on April 1979)，小峰登『信用状統一規則（上）』財団法人・外国為替貿易研究会，1974 年，182 頁などを参照。

5) ICC で銀行技術実務委員会を代表した Wheble も同意見である（Wheble, p. 23）。

6) Meeting on 27 April 1979（ICC Documents 470/345, 470/347）。その他にも ICC 流の（つまり第一型の）negotiation は本来，極東のローカルな取引に起源をもつと説く者は多い。例えば van der Maas, S. 74。

7) 信用状は有価証券ではなく，その権利移転は §48 UCP500 によって第二の信用状の発行に類する特別な構造となっている（橋本『荷為替信用状の二次的利用に関する研究』法曹会，1969 年，112 頁以下）。

8) Charles del Busto（先の ICC 銀行技術実務委員会委員長）も「（買取銀行は）ドキュ

う。例えばそれは手形の譲渡やアメリカ統一商法典（UCC）第3章に言う"negotiation"そのものではない[9]。すなわち手形法や§3-201 UCC [2002]において"negotiation"は，取得者が証券の所持人（holder）となるように証券の所持の移転が求められるに止まり，取得者が正当な所持人としての権利を実証する必要性は格別として，「対価」が支払われることはその要件ではない[10]。しかしUCPは信用状における"negotiation"について，買取依頼人に対する「対価の支払」がなされることを規定上確認している（§10 b ii UCP500)。ICCは後に「対価の支払」には「支払義務の約束（undertaking an obligation to make payment）」も含まれるという解説を加えた[11]。実はこの解説が買取概念をさらに複雑化させる一因となっている[12]。対価が売買法上の反対給付を意味するのなら，支払義務の履行には様々な態様と条件があり得るし，償還免除条件とても単一ではないからである。

第二款　伝統的なgeneral credit型の"negotiation credit"（第二型）

一方，"negotiation credit"には上記のような理解と直接には触れ合わない概念が他方に存在してきた。そもそも信用状に"negotiation credit"が登場した経緯には理解の輻輳したところがあるが，その発生の沿革は英米判例法で"general credit"ないし"open credit"と言われた旧世代の信用状に求めるべきである。すなわち沿革的には，信用状の発行通知が特定の相手方だけでなく世間一般，つまりその信用状に基づいて行為するすべての者に宛てられた信用状契約の申込となる信用状が存在し，それを"general credit"ないし"open

---

メントを買い取り（buy)，ドキュメントの対価を与え（give value)，その善意の所持人とならなければならない（become a holder）。なにがnegotiationなのか，その法的解釈に（ICCとして）立ち入ることはできない。『対価を与える』というのがなにを意味するかは個々の国の基準と法によって決められるべきである」と述べている（Documentary Credits Insight, Winter 1995, Vol. I, No.1, p. 4)。

9) Rosenblith, pp. 150, 151が詳述している。ICCも"negotiation"の意味については議論があり得るが，それらは各国内法と矛盾するものではないものの，信用状やUCPとのかかわりにおいては別だと指摘している（ICC, Document 511, p. 28)。
10) Dolan, LC, 8.01 [5]. わが手形法でも手形権利移転行為は当事者間の意思表示の合致（のみ）により成立すると解されている（例えば前田庸『手形法・小切手法入門』有斐閣，1983年，46頁)。
11) ICC Position Paper No. 2 (UCP500 sub-Article 10 b 1 ii).
12) Colleran, p. 10.

credit"と称する例であった。かかる"general credit"ないし"open credit"の概念は次第に変遷して、世間一般といいつつ、実は特定の名宛人並びに同人が振り出す手形の特定あるいは不特定の割引・買取銀行を対象となし、かかる割引銀行もドキュメントに関し善意である限り、信用状に基づいて直接に権利を取得すると理解されるに至る[13]。ここには発行銀行の（いわば顕在的には特定の受益者に対するものと、潜在的には将来の割引銀行に対する）二面的な信用状契約の申込が存する。ただし割引銀行はこれによって信用状上の手形の振出人となる資格を取得しないので、買取によって真正な受益者となるのではない。

このように英米判例上で"general credit"と言われた信用状契約の相手方を（原受益者に）特定しない信用状が、初期の発展過程の中で次第に分化した末、受益者振出手形の善意取得者も発行銀行の引受・支払約束の相手方であるとして、その引受・支払文言[14]が"negotiation clause"と称せられると共に、この文言を含む信用状を"negotiation credit"と称するに至った経緯が存する[15]。

これを要するに、"general credit"に由来する"negotiation credit"においては買取銀行（第二銀行）が、受益者の代理人としてではなく、自ら信用状上の「権利者」として行為するが[16]、それは信用状銀行の給付約束が受益者だけではなくて第二銀行にも潜在的に及んでいたからである[17]。つまり

---

13) 詳細は橋本・前掲20頁以下参照。
14) "We hereby agree with the drawers, endorsers and bona fide holders of draft under and in compliance with this credit that such drafts will be duly honored..."などと表現されることが多い。これはbona fide条項ともいわれるが、bona fide条項が第一型に用いられて、信用状銀行のすべての銀行に対する開かれた申込となったものを自由買取可能信用状と称する（§10 UCP500）。
15) 橋本・前掲31頁以下。
16) Dolan, op. cit.; Gutteridge/Megrah, 4-102; European Asian Bank AG v. Punjab and Sind Bank (No. 2) [1983] 1 Lloyd's Rep. 611, 618.
17) N.S. v. Angelica-Whitewear Ltd., 36 D.L.R. 4th 161 (Can. 1987). なお信用状銀行の支払約束が受益者だけではなくて第二銀行にも及んでいるのに、本文のように第二銀行は信用状上の権利者として行為するだけであって、受益者の代理人として行為するのではないと解する点については反対説がある。その見解は、第二銀行は信用状銀行に対し自己のためだけでなく、受益者のためにも行為すると主張し、受益者は第二銀行にドキュメントを買取のため提示することにより同行を手形取立目的による自己の

"negotiation"と言いながら、それは手形を買い取るなどして流通におくのと同じ次元のものではなく、ドーランのいわゆる「買取可能ななにものかと誤解されてきたもの」[18]について、いわば当初の権利者（原受益者）がドキュメントを他に譲渡することによって背後に退き、それに代ってもともと潜在的な権利者であった者が買取によって顕在的な権利者となる現象があたかもドキュメントの移転を介して権利者の地位も移転するような外見として現れる。すなわち（多少の図式化を敢えてするならば）これが受益者の地位の譲渡が行われたかのような外見を呈し、general credit と信用状の譲渡との区別を困難にしてきたのであった[19]。

現在において"general credit"や"open credit"の呼称は実際にはかなり多義的に用いられているが、一般に"negotiation credit"と呼称されているものにこのような沿革に由来し、同様に機能するものが存在する。

ちなみに、潜在的な当事者が顕在化し、或いは顕在的な当事者が他にその地位を移転させた後にも信用状に潜在的な権利を止める現象は、現在においても信用状の譲渡（transfer）に観察されるところである[20]。

第三款　ICC の選択

ICC は、1933 年に自らが初めて制定し、以後数次の改訂を重ねた信用状統一規則（UCP）を通じて信用状取引の世界的統一化を意図する。ICC は"negotiation credit"に関する上記の二つの大きな分別のうち、信用状に独特で伝統的な（英米法起源の）negotiation 概念については格別の配慮をしないまま、むしろこれを排除するかのように、（おそらく ICC が極東に偏在する取扱だとして当初は特別視してきた）売買法上の「買取」取引を UCP において断片的に規定するに至る。

すなわち 1933 年の最初の UCP は「書類又は手形の買取のために定められ

　　代理人として指定するのと同時に、同行はドキュメントを信用状に基づいて取得するからだと説明するのである（Dolan, op. cit. 参照）。ドキュメントの買取依頼と取立依頼とは後述のように極めて分別し難い場合もあるが、理論的には両立しないので、この見解は正当と思われない。
18)「買取信用状自体は実際に買取可能なものではないにもかかわらず、ときに買取可能ななにものかと混同されてきた。」(Dolan, op. cit.)
19) 橋本・前掲 40 頁以下参照。
20) 橋本・前掲 112 頁以下、特に 115 頁以下参照。

た時期」を定めるに当たり，つまりドキュメントの呈示時期に関してのみ買取 (négociation) の語を用いていた (§45)。1974 年改訂の UCP290 においては，既述のように，「信用状が買取 (purchase／negotiate) を定めている場合」と述べて，信用状の "negotiate" を動産売買における権利移転原因である "purchase" と同列においた (§3 a iii, b iii UCP290)。続いて ICC は買取信用状 (negotiation credit) を「手形の買取 (negotiation) によって利用できる信用状」(§5 iii 1951 年改訂 UCP，§3 i, ii 1962 年改訂 UCP，§10 a iv, b iv 1983 年改訂 UCP；§9 a iv, b iv 1993 年改訂 UCP) と不完全な表現で定義した末に，1993 年改訂信用状統一規則 (UCP500) に至って「買取 (negotiation) とは，買取を授権された銀行が手形及び／若しくは書類と引き換えになす対価の支払 (payment of value) をいう」と定義した上 (§10 b ii UCP500)，さらに「支払義務の約束」も「対価の支払」に含まれる旨の解説を加えるに至ったことは上述のとおりである (§2 UCP600 がこの解説に沿った文言を新たに付加したことは前述した)。

　一連の UCP の改訂作業を通じ，ICC は "negotiation" を手形の流通原因と同義に捉え，伝統的な "negotiation credit" の理解に触れることを回避してきた。しかし現在においても "negotiation credit" と言われるものには，単に手形の買取によって決済がなされる信用状というに止まらず，信用状に基づいて給付を請求できる地位が原受益者のドキュメントの善意取得者にも認められているという意味での，アングロサクソン流の伝統的性格を存続させた信用状が併存しているが，これらを区別することは理論上も実務上も極めて重要である。

　本章ではこのうち前者を第一型の買取信用状 (UCP 型) と称し[21]，後者を第二型の買取信用状 (general credit 型) と称して区別している[22]。これら両

---

21) "negotiation" が ICC Pub. No. 371, Rn 2 の示すように，例えば "purchase" や "ankaufen" "pay" など，所有権の移転原因を示す文言と同義語であるのなら，買取信用状と支払信用状との区別は無意味であるとの見解もある (Stapel, S. 126；Nielsen, Neue Richtlinien, Rn 72, Jack, 5-18)。

22) ［第一型と第二型の呼称］
　　第一型を単に negotiation credit と称し，第二型を「伝統的な negotiation credit」と称する例もある (Wunnicke/Turner, 3.18-19)。Dolan, LC, 5.03 [2] も買取銀行に二種類があることを指摘して，卑見に言う第一型と第二型とを区別し，Gutteridge／Megrah, 4-104 も「指定銀行以外に対しては (発行銀行の) 義務を包含していない」信用状と「すべての銀行に対する negotiation の開かれた申込」である信用状とを区

者は諸外国においても一般的に買取信用状と称されている[23]。

第四款　本節の小括

1　信用状契約の名宛人の相違

　以上のように，第一型の買取信用状とは UCP500 の定めるタイプの買取信用状であり，第二型の買取信用状とはかつて"general credit"や"open credit"と称されたものに沿革上の起源を有する伝統的なタイプの買取信用状である。

　これらは，先ずは信用状契約の名宛人，すなわち信用状銀行が信用状において申し込む信用状契約の名宛人の相違による区別であって，第一型においては特定の受益者のみが名宛人となるが，第二型においては当初の受益者（原受益者）とともに原受益者のドキュメントの正当な所持人（第二銀行）もまた信用状契約の名宛人となる[24]。

　別しているが，いずれも名称による分別には及んでいない。なお Gutteridge / Megrah, 4-100 が"negotiation credit"と称するものは第二型の買取信用状である。Jack, 2-22 が straight credit というのはおおむね第一型に相当する。また第二型が主としてアングロサクソン流の存在であるためか，ドイツにおいては買取信用状を買取授権書や支払授権書（authority to purchase, authority to pay, order to negotiate）の一つと解しつつ，買取依頼人（受益者）に対する償還義務免除の有無を両者の区別の基準とする有力な見解がある（例えば Eisemann/Eberth, S. 71）。

23)　[negotiation credit]
　　Wunnicke/Turner, 3.18 は「伝統的な negotiation credit」では，第一型（UCP 型）と異なり，受益者振出手形の買取授権を受けた者でなくても，その bona fide holder であれば，信用状所定の受益者ではないのに信用状給付請求権を取得するという。Gutteridge/Megrah, 4-100-110 も"negotiation credit"において「手形の買取ないし negotiation をする中間銀行」は信用状によって発行銀行との間に信用状契約関係を生じることを認めており（esp. at 4-109），Dolan, LC, 8-01-6 と McCullough, 2001, 1-04(C) (iv) も"negotiation credit"に関してこれと同義である。

24)　[信用状銀行の意思表示の伝達]
　　第一型の場合，信用状銀行と受益者との間には信用状契約が成立し，買取銀行（第二銀行）との間には委任契約が成立する。その場合，信用状銀行が買取銀行に対してなす委任（事務処理）契約の申込の意思表示は受益者によって伝達されると解する。第二型の場合，信用状は信用状銀行の受益者並びに買取銀行に対する信用状契約と買取銀行に対する事務処理契約の申込であるが，買取銀行に対する各契約の申込の意思表示を受益者が伝達することは第一型と同様である。買取銀行の承諾の意思表示はドキュメントの買取申込に対応する行為によって示される（Gutteridge/Megrah, 4-102

次にこれらは，信用状契約によって受益者が取得する法的地位の相違による区別である。第一型において（原）受益者が手形振出権や（譲渡可能信用状における）信用状の譲渡申立権など，受益者としてのすべての権利を取得するのに対し，第二銀行の取得する権利はドキュメントの善意所持人としての信用状銀行に対する支払請求権に限定される。

上記のように，第一型では名宛人が特定の受益者に限定され，第二銀行は信用状銀行の授権による買取をなすことにより信用状銀行の代理人となるのに対し，第二型では第二銀行も信用状契約の名宛人として信用状に自ら独自の（原受益者のドキュメントによって限定された）権利を取得する。

2 信用状システムは一つであり，別個のシステムが併存しているのではない

第一型と第二型を区別することは，全く別個の二つの信用状システムが存在しているということではない。第二型も原則として第一型に関するUCPに依拠して取り扱われているが，それはUCPの多くの規定がおよそ信用状の取引慣習を包括的に採用して構成されているため当然のことである。第二型においては，第二銀行の法的地位が第一型のそれと異なることに由来する点は格別として，別に異なる条件が信用状に示されていない限り，ドキュメントの検査基準や受理裁量，譲渡手続きその他，すべての当事者の信用状事務はUCPに準拠して第一型と同様に行われている。

3 信用状銀行の受益者に対する支払義務と，第二銀行に対する支払義務の法的性質

信用状銀行の受益者と第二銀行に対する支払義務の法的性質には，第一型と第二型に応じて若干の相違点が存在する。

まず受益者に対する義務は第一型と第二型を通じて，信用状契約上の信用状給付義務である。

第二銀行に対する義務は，第一型では委任契約（事務処理契約）上の費用償還義務であるが，第二型では信用状契約上の給付義務のほかに委任契約上の費用償還義務の存在を肯定すべきである。第二型と第一型とは第二銀行の信用状上の法的地位を異にするものの，上記のように別個独立の信用状システムに属

参照）。なお第一型の場合，非指定銀行は発行銀行の代理人ではなくて，受益者の代理人となることについては橋本「信用状における第二銀行の法律関係」判例時報第1368号3頁［本書11頁］以下。

するものではなく，事務処理としては基本的に同一の取扱を受けることに依るものである。つまり第二型においても信用状銀行が第二銀行を指定銀行として信用状事務を処理させるのは，第二銀行を介して自己の発行依頼人に対する信用状発行契約上の事務を履行させるためである。そのため信用状銀行に対する第二銀行の信用状契約上の請求原因をドキュメントの bona fide holder[25] としての地位に限定するならば，信用状銀行としては信用状発行契約を履行することが不可能な諸条件が存在するので，第二型といえども，信用状銀行と第二銀行との間にそれらの事務処理を目的とする委任契約が明示的・黙示的に併存して成立していると解すべきだからである。それらの事務とは，現在の信用状取引においては，特に除外されていない限り，UCP で指定銀行に認められている各種の書類の受領裁量事項（§20 ないし§38 UCP500）や事務裁量事項（§13 b, c, §14 UCP500, §39 ないし§47 UCP500）であると解すべきであり，免責条項（§13 a, 15, 16, 17 UCP500）に定められた免責事由も第二型の買取銀行にそのまま妥当すると解する。

第三節　発行銀行と確認銀行の義務の相違
――支払義務と買取義務の帰属主体の相違――

複雑なことに，買取信用状においては同じ信用状銀行でありながら，発行銀行と確認銀行の負担する義務の内容が，第一型と第二型を通じて，この両銀行間で相違している。

まず発行銀行の義務は第一型と第二型を通じて，受益者並びに第二銀行に対する支払義務であって，単なるドキュメントの買取義務ではない。けだし発行銀行は信用状に基づく債務者として最終的な清算義務を負っており，それは買取という決済手段としては中間的な義務の履行によって満足されるものではないからである[26]。UCP500 は第一型についての定めであるため，第一型につき§9 a iv UCP500 においてこれを規定しているが，第二型についてはなんらの定めもしていない。

---

[25] "bona fide holder" が善意の取得者を意味することについて，Dolan, LC, 8.01[4]; Gutteridge/Megrah, 4-100.

[26] しかし買取が償還義務を免除して手形金全額の交付を伴うものであれば，実質的にそれは支払と異なるものではない点に留意して，支払信用状と買取信用状とを区別する必要はないとの見解もある。

第三節　発行銀行と確認銀行の義務の相違

買取信用状における発行銀行と確認銀行の義務の分別

［発行銀行の義務の型別による分別］
　受益者と第二銀行に対する支払義務：第一型につき§9 a iv UCP500。
　　　　　　　　　　　　　　　　　　第二型については UCP500 に規定なし。

［確認銀行の義務の型別と委任の有無による分別］
　イ　発行銀行の委任による確認銀行（受任確認銀行）の義務
　　（いわゆるソフト・コンファメーション）
　受益者と第二銀行に対する買取義務：第一型につき§9 b iv UCP500。
　　　　　　　　　　　　　　　　　　第二型については UCP500 に規定なし。
　ロ　発行銀行の委任によらない確認銀行（独立確認銀行）の義務
　　（いわゆるサイレント・コンファメーション）
　受益者と第二銀行に対する支払義務：第一型と第二型につき UCP500 に規定
　　　　　　　　　　　　　　　　　　なし。

　これに対し，確認銀行の義務は第一型と第二型を通じ，発行銀行の委任ないし場合により授権によって確認を付した場合（受任確認銀行）と，委任や授権によらず独立して確認を付した場合[27]（独立確認銀行）とでさらに区別されなければならない。
　すなわち受任確認銀行は，第一型と第二型を通じ，受益者並びに第二銀行に対しドキュメントの買取義務を負う（第一型につき§9 b iv UCP500）。けだし受任確認銀行は，第一型と第二型を問わず，発行銀行との関係では受任者として発行銀行のために確認銀行としての事務処理義務を負うのであって，その地位は発行銀行にとって第二銀行のそれと異なるところがないからである。それゆえ支払義務ではなくて買取義務となる。これに対し独立確認銀行は，第一型と第二型を通じ，買取義務ではなくて支払義務を負う。独立確認銀行は発行銀行の受任者として発行銀行のために事務処理をなすものではなく，発行銀行から独立した信用状債務者であり，自らのために最終的な清算義務を負っているからである。
　以上を要約すると，買取信用状は(a)発行銀行の義務と(b)確認銀行の義務を基準として上記の表のように分類される。UCP500 が規定の対象とする買取信用状は同じく買取信用状と総称されるものの一部であって，その全体ではない。また買取信用状という名称にもかかわらず，買取義務が発生するのは受任確認

---

27) これを "silent confirmation" と称することが多い。例えば Ellinger, p. 62.

銀行だけである。

　買取信用状の特徴となる買取とは，上記受任確認銀行のものを除けば，すべて第二銀行（第一型の場合には信用状銀行により指定された特定の銀行であり，第二型の場合には特定ないし不特定の銀行[28]）において行われる取引を指すものとなる。

第四節　買取（negotiation）とはなにか

第一款　問題の所在

　かつて手形の存在は買取信用状における買取契約の絶対的必要要素と解された[29]。しかし手形の発行を求めていない信用状においては，その他の附帯証券（ドキュメント）も買取の対象となる（§10 b iii UCP500）[30]。なにが買取に当た

---

[28] 買取銀行は特定の指定銀行に限定されると解する者は（Nielsen, Neue Richtlinien, Rn 45; Schmitthoff, 11-022），§10 b ii UCP500 に「買取を授権された銀行」と定められていることを論拠とするのである。これは第一型の買取信用状に関する限り正当な解釈であるが，第二型の場合，信用状に指定されている特定の銀行でなくても，ドキュメントの善意の所持人であれば信用状給付請求権を取得する。ここでは「買取を授権された銀行」であるか否かは所持の正当性判断の間接事実の一つである。

[29] Nielsen, Neue Richtlinien, Rn 72.

[30] ［手形を伴わないドキュメントの買取と第二銀行の信用状銀行に対する請求額］
　　近時，印紙税の負担を免れるため，手形を伴わないドキュメントの提供を求める例が多い。その場合には商業送り状価格（commercial invoice amount）が手形金額の役割を演じる。すなわち §37 b UCP500 は，商業送り状価格が信用状金額を超過している場合に，かかる商業送り状を受理するのは，第二銀行が信用状金額を超過して買い取らない限り第二銀行の裁量に属すること（Nielsen, Neue Richtlinien, Rn 270 参照），並びに第二銀行の上記裁量の結果はすべての当事者を拘束する旨を定めている。これは同時に，送り状価格が信用状銀行に対する第二銀行の請求額になることを原則とした上，それに対する例外を，条件付きながら，送り状価格が信用状金額を超過する場合に限定した規定である。結局，手形を伴わないドキュメントだけの買取の場合，第二銀行の信用状銀行に対する請求額は，第一型の場合には商業送り状価格を含む諸費用の総額であり，第二型の場合にも（ただし買取価格にかかわらず）商業送り状価格と諸費用の総額である。ちなみに諸費用には訴訟費用や保全手続の諸経費なども含まれる（Nielsen, Grundlagen, 1985, 3.2.2.1; Stapel, S. 128）。
　　ところで，商業送り状価格の計算項目と計算基準は一定しない。信用状で許されている限り，各種の手数料も商業送り状価格に含まれる上，単価も工場渡し価格に限ら

第四節　買取（negotiation）とはなにか　117

るかは，第一型の買取信用状と第二型の買取信用状を通じて，原則として国内法の判断に委ねられるべきことは前述のとおりである。

　さて第一型（UCP型）の買取信用状の買取については，それがICCの創造物である以上，UCPを基準として考察されるべきである。ICCが「対価の支払」を買取の要件としている上（§10 b iii UCP500），ICC自身が解説するように，将来における履行を意味する「支払義務の約束」も「対価の支払」に含まれるとすると，現実の対価の交付を伴わない単なる将来給付の約束はどのようなものであれば買取の要件を満足させるのかが問われる。英法では手形法上捺印証書によらない契約である simple contract に対し拘束力を付与するためになんらかの "consideration" を与えることも対価の支払に当たるとされているので，既存債務の免除も対価の支払に当たると解されてきた[31]。そうすると第二銀行が現実の支払をなさずにドキュメントを買い取るとは，どのような場合に可能なのか[32]。ドキュメントの "negotiation" が信用状銀行ではなくて，指定銀行でなされる取引に限定されるのはなぜか[33]。買取と取立とはどのようにして区別されるのか[34]，などが主に問われている。

　他方，第二型（general credit 型）の買取信用状においては，受益者が提供する適正な（つまり信用状条件に適合した）ドキュメントの bona fide holder であれば信用状銀行との間で独立（つまり受益者の権利に由来しない[35]）かつ

　　　ず，fob価格やcif価格その他の各種取引条件で表示されるのが通常であって一定していない。売買契約がfob条件であるのに例えば配船手数料などが売主の負担となることが少なくないが，それらが商業送り状とは別の送り状（special invoice）に記載されることもあるので（Schmitthoff, 7-003），商業送り状価格とはそれらの総和と等しくなる。
　　　なお手形を伴うことなく他の附帯証券だけが買取の対象となる場合，with recourse 条件の買取をなした第二銀行が受益者に対し取得する償還請求権は手形上の遡及請求権ではないので，附帯証券を占有する場合はそれについて取得した質権を行使して損害を補填するものとなる。
31) Ward, p. 240. なおイギリスの Bill of Exchange Act 1882 S. 27 (1)参照。
32) 本節第三款参照。
33) 買取信用状における信用状銀行の義務が第二銀行に対する支払義務であることは本章第三節で指摘した。なお Wunnicke/Turner, 3.18 参照。
34) 本章第六節参照。
35) 橋本・前掲38頁において，"negotiation clause" は買取人が受益者の権利から独立した固有の権利を享受する意味に解釈されるべきでない旨を述べたのは，買取信用状においては特定の原受益者と並んで買取人をも初めから具体的な権利の取得者として

限定された内容の(すなわち手形振出権限や信用状譲渡権限などを含まない)信用状契約が成立し[36]，信用状銀行の債務負担約束の名宛人としての地位を取得する結果，善意の立証手段としての側面を除外すれば，第一型と違って，本来ドキュメントの買取の態様を論じる必要性は存在しないかのように思われる。しかし第二型においても第二銀行がドキュメント(の「瑕疵」)について善意であったというのみでは，そのような第二銀行に給付した信用状銀行は当然には免責されないと考える。およそ第二銀行に対する支払が広く bad faith payment である場合には信用状銀行は免責されないと解するからである[37]。その意味で，第一型と同じく第二型においても第二銀行の買取の態様が問題とされるが，実際には第一型について以下に指摘する取引上の諸問題に収斂すると思われる。

第二款　買取の態様

第一型(UCP 型)の買取信用状においては，受益者から買取信用状に基づいてドキュメントの買取の申込を受けた第二銀行がこれを承諾すると，信用状銀行と第二銀行との間にドキュメントの買取(買取授権)を含む委任契約が成立する。その結果，第二銀行は自己の名において信用状銀行の計算でドキュメントを買い取ることができる。

本来第二銀行は信用状銀行となんらの契約関係もなく，上記委任の申込を承諾して受益者のドキュメントを買い取るべき義務はない(第一型につき§10 c UCP500)。買い取るか否か，買取条件はその自由な判断に委ねられている。他

信用状が発行されたと解すべきではない旨を述べたものである。買取人の権利は原受益者による権利行使によって初めて発生し，特定される。これを発行銀行はドキュメントの第三取得者に対しては，ドキュメントの個人的性格に由来する事実をもって抗弁とすることを放棄したものと解する見解もある(Stoufflet, no 427)。

36) McCurdy, 539, 717; Mentschikoff, 571, 601; Gutteridge/Megrah, 4-100-102; Dolan, LC, 8-01 [6]; Wunnicke/Turner, 3.18-19; Bank of Taiwan v. Gorgas-Pierie Mfg. Co., 273 Fed. 660 (1921); Pintel v. K. N. H. Mohamed & Bros. 107 Cal. App. 2d 328, 237 p. 2d 315 (Dist. Ct. App.1951); European Asian Bank AG v. Punjab and Sind Bank (No 2), [1983] 1 W.L.R. 642, [1983] 1 Loyd's Rep 611 (ただし判示と異なって，買取人が限定されていることは買取信用状であることと矛盾しないと解する)。
37) §3-601 (2002ed.) 参照。その解釈上 Kimbrough, p. 28 などが bad faith payment に言及している。

方，受益者は第二銀行を特に取立銀行（collecting bank）として利用するのでない限り，買取信用状によって第二銀行に対しドキュメントの買取の申込をするのは，償還義務免除での買取を申し込んでいるのである[38]。しかし第二銀行は信用状銀行の償還能力に疑念をもち，あるいはドキュメントの信用状適合性に関する自己の検査結果に確信をもてない場合もあるため，実際には償還義務免除の買取を拒否して種々の態様の償還請求権や条件付きの買取をしようとする。

　イギリス・ローワンス銀行の A. ワードによると[39]，次のイないしニ記載の諸形式で償還条件などの各種条件付き買取がなされることが多く，殊にイのケースはむしろスタンダードな銀行実務であると言われている。ホはわが国特有の実務である[40]。

　イ　advance of face value-with recourse
　第二銀行（買取銀行）は手形の全額を支払うが，同時に受益者名義の"negotiation account"を開設して支払金額をこれに貸記する方法である。これは第二銀行が補償を受けられない場合の支払金の返還を受益者に義務付けているので，without recourse ではなく，with recourse 条件の買取となる[41]。

　ロ　taking bank & country risk
　第二銀行は対価の即時払いをせず，信用状銀行が補償給付をなすことが確実となる時点まで受益者に対し対価の交付を延期する方法である。輸入者が受益者との取引からの離脱や代金の減額の口実にするため受益者のドキュメントの瑕疵を探しているなどの事情があって，第二銀行が信用状銀行の履行を信頼できない場合などに用いられるとのことである。ワードはこの場合，受益者は第二銀行から条件付きとは言いながら支払約束を得ているため，ドキュメントが第二銀行に引き渡されていて，そのことをドキュメントとの交換による

---

38) Dolan, LC, §5-03 [2].
39) Ward, pp. 243-247.
40) これらの各「買取態様」の性質に関し，詳細は本章第三節以下に述べるところに譲るが，説明の便宜上卑見の結論を示すと，イは償還義務付きの買取であるから，買取信用状におけるドキュメントの買取には当たらず，ロとハはともに停止条件付き買取であって，条件が成就するまでは買取の効果を生じない。ニとホ（pp ネゴ）はいずれも買取ではなくて取立（collection）の依頼に該当し，negotiation とは異別の取引であると考える。
41) Ward, p. 243.

"consideration" と構成することができるなら，第二銀行がカントリー・リスクと信用状銀行の信用リスクを引き受けたと解して，「対価の支払」に当たらないとは言えないと指摘している[42]。

　ハ　taking document risk

　第二銀行が信用状銀行からの補償金を受領するか，或いはドキュメントの信用状条件不一致以外のなんらかの理由のため補償金を受領できないかどちらかの場合に，受益者に対し信用を供与する（すなわち対価を交付する）方法である。受益者は直ちに対価を手中にすることはできないが，第二銀行がドキュメントの送達に伴う（紛失等の）documentary risk を引き受けたという利益（value）を得たと評されている[43]。しかし第二銀行はカントリー・リスクと信用状銀行の信用リスクを負担していない。

　ニ　payment only when reimbursed

　信用状銀行が第二銀行に補償金を支払った場合にのみ，第二銀行は受益者に対価を交付するに止める方法。ワードは支払約束が単に補償金の受領のみを支払条件とし，補償金だけを支払資金に充当する場合には，第二銀行は自己資金で支払をなすとかドキュメントの提示に伴うリスクを引き受けたものではないから，この場合第二銀行は買取銀行と取立銀行の二つの役割を演じていると言っている[44]。これを買取と称するためには，ドキュメントの単なる検査と信用状銀行に対する発送が対価の付与に当たると解され得ることが必要だから，これは UCP500 の予定している「対価の支払」に当たらず，UCP500 がこれを禁じようとしていることは明白だという見解が紹介されている[45]。

　ホ　いわゆる「pp ネゴ」

　わが国の裁判例には，以下のような買戻条件付きの買取（pp ネゴ《post payment negotiation》と称されている）を買取信用状の「買取」に当たると判示するものがある[46]。

　すなわち，第二銀行は受益者たる買取依頼人から「同銀行が発行銀行から補償金の支払を受けるか（a 条件），又はその支払を受けられないことが確定し

---

42) Ibid.
43) Ibid.
44) Ward, p. 247.
45) Ward, p. 243.
46) 事案の詳細は金法 1706 号 40 頁。

たときに（b条件）買取代金を支払うとの約定で荷為替手形及び船積書類（ドキュメント）を買い取る」[47]（括弧内は筆者）。ただしb条件にはさらに特約が付されていて，第二銀行は発行銀行から補償金の支払を受けられない場合にもb条件によって受益者に対し支払義務を生じるが，同時に受益者は第二銀行からドキュメントを買い戻す義務を生じ，その買戻代金と買取代金とが特約によって相殺されるというものである[48]。東京地裁はa条件とb条件の双方が，ともに§10 b ii UCP500にいうドキュメントの買取（negotiation）に当たると判示した。

しかしa条件の合意は，買取合意による第二銀行の受益者に対する買取代金の支払が発行銀行からの補償金の受領を条件となし，条件成就まで第二銀行はいかなる出捐もしないというのであるから，あえて買取合意の形式をとってはいても，それが受益者に与える利益は取立依頼人としての期待的利益以外のなにものでもない。他方で第二銀行はドキュメントの信用状条件との不一致によるリスク（documentary risk）や受益者の買取請求が詐欺行為であった場合のリスク（詐欺リスク "fraud risk"），さらにドキュメントの偽造のリスクを含め，買取に伴うリスクはなに一つ負担しないことになる[49]。それゆえppネゴの場合，第二銀行の法的地位は買取銀行ではなくて取立銀行そのものと解すべきであろう。

またb条件の合意も，相殺特約と総合すると，現実に買取代金が支払われる可能性が完全に否定されている一方，第二銀行が買取に伴ういかなるリスクも負担しないことはa条件と同様である。受益者が輸出金融を受ける期待的利益すら有しない点を考慮するまでもなく，これも取立依頼そのものであって[50]，買取とはならないものである[51]。そればかりか，第二銀行は受益者に対

---

47) 同上48頁。
48) 同上。
49) ドキュメントの買取に伴うリスク並びに第二銀行から信用状銀行までのドキュメントの送達に関するリスク（送達のリスク）が第二銀行ではなくて信用状銀行に帰属することについては本章第五節第三款1参照。
50) 前掲東京高裁判決は原告が訴外買取銀行に対してなしたドキュメントの買取依頼の法的性質は取立依頼である旨の被告の主張を退けたが，その理由は単に被告主張事実がppネゴたる本件取引を買取と解することと矛盾しないというに止まる。しかし先ずppネゴがnegotiationに当たらないことは上述した。裁判所はそのような消極的論理に逃避することなく，積極的にppネゴが（条件付き与信すらもしていない）形

しては対価の支払債務を履行しないまま，逆に償還の特約によって既に受益者に対する反対債権が生じたかのように相殺を主張し，結局対価の支払義務を免れるのは，公序良俗に反するとすら言うべきであろう。

第三款　買取の成立要件

　ドキュメントの買取の成否が国内法たる民事法に委ねられるとは言っても，この判断を拘束する諸条件が存する。ドキュメントの買取はその所有権移転の原因となる法律行為であるとともに，買取信用状の決済手段に他ならないからである。それゆえ第二銀行の「対価の支払」ないし「支払義務の約束」は同時に「信用状取引の実質を毀損しないもの」でなければならない[52]。

式を買取に装って，実質的には取立そのものであるとの実体を解析すべきであった（参照：Credit Agricole Indosuez v. Banque Nationale de Paris, Court of Appeal, 2001-2 SLR 1 Singapore ; Seng, Deferred Payment LCs Re-Visited, 2002 A.S.L.C.L.P., p. 161)。また多くの銀行が実際には手形又はドキュメントの取立に対応する条件付きの与信以上のことをしていないのに，「買取をした（have negotiated)」と主張していることにつき，Rosenblith, p. 150 は「かかる銀行は単に受益者の手形及び／又はドキュメントを取立ベースで処理することを引き受けたに過ぎない。支払はただ発行銀行から取立金を受理した後になされるだけである。……かかる銀行は実際には取立銀行であるのに，発行銀行に対し手形とドキュメントを信用状に基づいて買い取ったと称して提出している」と非難している。もっとも信用状銀行にとって，自行にドキュメントを提出している第二銀行が取立銀行なのか買取銀行なのかを判別することは容易でなく，ドキュメントに瑕疵もなく詐欺の疑いもない場合に，これを判別することは通常不必要でもある。なお買取かどうかが問題とされた事例として Brentag International Chemicals v. Norddeutsche Landesbank GZ, 1998 U.S. Dist. LEXIS 9142 (S.D.N.Y. 18 June 1998)（「買取」銀行のドキュメントの提示が適時であっても「買取」時点で post date であった場合には支払金の回収はできないなどと判示し，原告による買取がなされたことを否定したもの)。

51)［pp ネゴと後日払い買取の違い］
　pp ネゴは後日払い条件付き買取とも異なるものである。すなわち「後日払い deferred payment」とは一般に，将来の特定日ないし典型的にはドキュメントが提示された日や船積日のような，将来の一定の出来事の発生日から起算して決定される将来の特定の日に現実の支払がなされるものを指す（Gutteridg/Megrah, 1-07, 2-08 ; Seng, Defered payment LCs Re-Visited, 2002 A.S.L.C.L.P., p. 161)。§9 a ii UCP500 も後日払い信用状（deferred payment credit）を「信用状の定めに従って決定される期日に支払われる」ものと定義しており，これによると支払がなされる期日は信用状所

第一目　買取条件が信用状条件と一致すべきこと

先ず第二銀行の支払ないし「支払義務の約束」が基本取引たる売買契約からの独立性を損なわないことが必要である[53]。すなわち第二銀行が支払をなし，或いは給付義務を負担するに至る根拠は，ドキュメントの形式的な信用状条件との一致性の審査のみに依拠したものでなければならない（§14 b UCP500）。

第二目　買取は償還義務免除（without recourse）条件で，かつ対価の支払を伴うこと[54]

A　第一型の場合

イ　信用状銀行は受益者に対し償還義務免除の支払義務を負っており，第二銀行はその履行補助者であるから[55]，特別の授権がない限り，第二銀行もまた償還義務免除で買い取ることが委任事務処理の条件となる[56]。また信用状債務

定の条件に基づき，特定日として客観的・自動的に決まるものでなければならない。これに対し pp ネゴでは支払日は買取銀行が発行銀行から補償金の支払を受ける日か（a 条件），支払を受けられないことが確定した日（b 条件）というのであって，それは信用状条件に基づいて客観的・自動的に特定されるものではない。したがって pp ネゴの支払条件は後日払い条件とも異なるものである。

52）Slongo, S. 100.
53）Slongo, ibid.
54）［償還義務免除条件は買取の成立要件であるか］
　例えば Dolan, LC, §5-03[2], 8-01-6 ; Stapel, S. 127（「留保付き買取は対価の付与に当たらない」「買取 "Negozierung" の概念の重要なメルクマールは常に手形法上の振出責任の排除にある」); Ward, p. 247（ただし対価の支払を広義に解している); Rosenblith, p. 148（「買取には償還免除が必要」); Kozolchyck, The "Best Practices" Approach To The Uniformity of International Commercial Law: The UCP500 and The NAFTA Implementation Experience, 1997, A.S.L.C.L.P., p. 138 などが償還義務免除を買取の必要条件とする。Kozolchyck, op.cit は論拠として，償還条件付き買取を認めると，第二銀行のドキュメント検査は信用状銀行を拘束しないから，検査結果を信用状銀行が拒否すると，受益者はなにものも得ないのに無駄に買取手数料だけを支払わなければならないことになる。買取人がなんのリスクを負担することもなく手数料を稼ぐ一方で，受益者や発行依頼人は引き受けられざるリスクについて手数料を支払う結果となるのは不公平である。それを容認できる程度のものにするためには買取人が現実のリスクを引き受けること，つまり償還免除条件が必要だと論じている。
　これらに対し，第二銀行はもともと買取をなす義務はなかったのだから，受益者に対する償還付き条件で買い取ることもできるとの見解（Maran Road Saw Mill v. Austin Taylor & Co. Ltd., [1975] 1 Loyd's Rep. 156, 161）がある。根拠は示さないが Colleran, p. 11 もこれと同旨と思われる。しかし買取義務の不存在を言うだけでは，

の抽象性のため,支払原因のなかったことが判明した場合の清算は不当利得返還請求によってなされるべきであるから[57] (抽象性の限界[58]),結局,支払の先行性が信用状債務の抽象性からの結論となる。つまり同じく抽象的な債務原因たる銀行保証状と同様に,「先ず支払って,訴訟は後」という法原則[59]が信用状にも妥当する[60]。このようにして買取には償還義務免除で,かつ支払を先行させることが要件となる[61]。

ロ　この原則をそのまま実践することを危惧する実務が本章第二節のような各種の取扱を生んできた。§14 f UCP500 (既に§8 g UCP290) の言及する留保付き (償還特約付き) 支払の考えがそれらの基底に存する。本条には様々な欠陥が指摘されているものの[62],留保付き支払又はギャランティ付きの買取合意自体はやむを得ないものとして受け入れた上,その効果が合意の当事者間に限定されて信用状銀行に及ばない点を確認したものである[63]。しかしこれはなにも UCP の特別な創造物ではなく[64],またあらゆる留保付き支払合意を有効と

　　買取が償還義務付きであって差し支えないとの論拠にはならない。Gutteridge/Megrah, 4-109, 110 は受益者は信用状銀行の「確定的な義務 (definite undertaking) を定めた§9 UCP500 のみに依拠して買取銀行による償還請求を拒否することはできないと言うが,他に格別の根拠は示していない。
55) 定説である。例えば橋本・前掲判例時報 1368 号 3 頁 [本書 11 頁] 以下。
56) Eisemann/Eberth, S. 85 ; Wessely, Rn 1004f. は同旨。
57) Nielsen, Werner 記念, S. 577f.
58) Wessely, Rn 275f.
59) Liesecke, WM 1968, 22, 26. 銀行保証状の法的性質については橋本『銀行保証状論』丸ノ内出版,2000 年,96 頁以下。
60) Eisemann/Schütze, S. 196 (橋本訳 196 頁);Wessely, Rn 275ff. など。
61) Stapel, S. 126 ; Slongo, S. 15f.
62) §14 f UCP500 の多くの不明確性については例えば Slongo, S. 113f. (発行銀行が留保に同意しない場合の受益者と第二銀行の関係,留保合意の形式と内容,第二銀行は確認した瑕疵や留保を発行銀行に通知すべきか。発行銀行は同意について発行依頼人の指示をうるべきか。発行銀行は合意の判断につきドキュメントの検査期間を一方的に設定できるのかなど)。またこれが直接には本章の対象とならない種々の疑問の原因となっていることについて,例えば Gutteridge/Megrah, 6-30-39 や Slongo, S. 127f. を参照。
63) Slongo, S. 121 ; Nielsen, Neue Richtlinien, Rn 113-117 ; Gutteridge/Megrah, 6-20. なお,留保付き支払の合意がその当事者間にのみ効果が及んで信用状銀行に及ばない根拠については従来殆んど指摘されてこなかったが,それは留保付き支払合意が第二銀行に与えられた買取授権の範囲に含まれていないことによる。

したものでもないので，その有効要件が信用状理論に委ねられるのは当然であろう[65]。その有効要件とは，かかる合意が荷為替信用状の基本原則と抵触しないことに求められるべきである[66]。それは具体的にはドキュメントの瑕疵（ディスクレパンシー）を対象とするものに限定されることであり[67]，したがって後述のドキュメンタリー・リスク以外のリスクを留保条件の対象としないこと，瑕疵の種類と程度が重要でないこと[68]が要件とされるべきである。先ず留保の対象がドキュメンタリー・リスクに限定されるため，信用状銀行の支払能力に関するリスクやカントリー・リスク，或いは受益者の詐欺のリスクなどを対象としたものは，信用状の本質と抵触するがゆえに，合意の効力が否定されるべきであり，ドキュメンタリー・リスクとともにこれらのリスクが対象とされているものは，合意の一部無効の理論に従って効力が判断されるべきであろう[69]。次にディスクレパンシーの種類と程度が重要なものか否かの判断は信用状における提供証券厳正の原則[70]に依拠すべきである。

　B　第二型の場合

　第二型について買取に償還免除条件で支払が求められる根拠は第一型と異なる。第二型の場合，第二銀行は信用状銀行の代理人として買取をするのではなく，自らがドキュメントの bona fide holder たらんとして買取をするのである。それゆえ，第二銀行にとって買取条件が bad faith practice と評価されな

---

64) UCP は留保付き支払の概念内容を示していない。Slongo, S. 135 も §8 g UCP290（現 §14 f UCP500）は実質的にほとんど内容がないと指摘している。

65) 償還合意付きの negotiation に関する多くの文献がもはや UCP に言及していないが，UCP がなにか特別の合意を創造したものでない以上，当然であろう。

66) Slongo, S. 126.

67) Slongo, S. 126 ; Gutteridge/Megrah, 6-26 ; Eisemann/Schütze, S. 194f.（橋本訳 193頁以下）§14 f UCP500 も留保付き支払の合意がドキュメントの不一致についてのみなされることを前提としている。

68) Stapel, S. 174 ; Slongo, S. 126 ; Liesecke, WM 1968, 458, 464（「明らかに軽微な」条件不一致）。なお橋本「信用状における償還請求の諸問題」手形研究 494 号 22 頁の合理性基準説を撤回し本文のように改める。

69) 留保付き支払の合意が無効と判断された場合，買取の合意も無効になるかどうかは個別に検討される。例えば本章注 40 参照。

70) §13 UCP500 に基準が示されているが，その解釈はかなり煩雑である。例えば拙稿「荷為替信用状における提供証券の審査に関する諸問題」民商法雑誌 103 巻 2 号 169頁，3 号 333 頁参照。

いことが必要となる。買取が償還免除条件で対価の支払を伴うことは，具体的ケースごとに判断されるべき取引の公平性や誠実性などの商業上の合理性判断の最も重要な要素の一つである。第二型の支払約束の典型文言が本章の注14に示したように，"duly honor"と表現されて，第一型が端的に"without recourse"で支払うと約しているのと異なるのには，相当の根拠があろう。

第三目　買取には対価の現実の支払を要すること

イ　「支払義務の約束」は対価の支払に当たらないこと

ICC は既述のように，買取には「対価の支払」を要するとしつつ，「対価の支払」に「支払義務の約束」も含まれると釈明する一方で，「支払義務の約束」には後日払いの約束と手形の引受は含まれないと指摘している[71]。

しかし，対価の現実の支払がなされていない段階で第二銀行の将来の給付約束自体が「対価の支払」に該当し，既に第二銀行の買取がなされたものと解するなら[72]，受益者は対価の現実の支払に代えて第二銀行に対する訴権を得たに止まるが，第二銀行に対する訴権は信用状による支払ないし信用状銀行に対する訴権に代るものではない[73]。第二銀行は受益者に対し自行に対する将来給付

---

71) ICC Position Paper No. 2 (UCP500 sub-Article 10b1 ii).
72) [negotiation と対価の交付]
　　negotiation には必ずしも対価の現実の支払を要しないとするのは前掲 Flagship Cruises Ltd. v. New England Merchants National Bank of Boston。この判決はその根拠として，UCP400 では payment, acceptance, negotiation の語が各々異なるものとして用いられていること，及び「最後の二つが必ずしも支払を含むと UCP400 に指示されていないことに留意する。一方で『償還』とは支払が既になされていることを意味するとも解されるが，それは支払が既になされているか，或いは買取ないし引受の結果として補償がなされるであろうことと同義に理解される方がより合理的である」と述べている (at 701)。しかしこの判決は，事前の支払なき償還請求の可能性は結局これを消極に解しつつ，どのようにして対価が交付されたかを認定していない点で誤ったと正当に批判されている (Ward, p. 245. なお Dolan, LC, §5.03[2]参照)。また Chinsim Trading (Pte) Ltd. v. Indian Bank, 1993-2 SLR 144 と Indian Bank v. Union Bank of Switzerland, 1994-2 SLR 121 はともに High Court of Singapore の事件であるが，いずれも支払は対価を与えるための唯一の方法ではないと判示した点では Flagship ケースに類する。これらはいずれも信用状銀行の補償があれば支払う旨の合意自体が対価の支払になるとの趣旨であるが，このような条件の「買取」依頼は，判示と異なって，まさに取立の依頼そのものと解すべきであろう (Ward, p. 247)。
73) [訴権と対価]
　　受益者が第二銀行に対して取得する「訴権」は「対価」でないと言うのは Ward, p.

請求の訴権を与えるだけで，受益者からは買取手数料を徴しつつ，信用状銀行に対しては補償給付を請求できるとの結論となって不合理である。

　結局，「対価の支払」が信用状取引の実質を毀損するものであってはならないという本節の視点からすれば，それは ICC が本来指摘してきたように，例えば現金，小切手，清算システムを通じた送金又は口座への貸記[74]のような受益者への現実の対価の支払であるか，既存債権との相殺[75]，債務免除その他対価の現実の交付と同視し得る行為でなくてはならないであろう。

　従って卑見は第二銀行が受益者に与えた将来給付の約束（ICC の言う「支払義務の約束」）は，(a)信用状銀行から補償金を受理したときに支払うとの合意であれば，補償金を受理することは必ずしも成就が確実な条件ではないので，停止条件付き買取がなされたに過ぎず，条件の成就までは買取の効力が発生しないと解する[76]。(b)それが期限の到来を支払条件とするのであれば，期限の到来によって当然に対価が受益者に移動して交付の結果を生じる場合を除き，期

249。彼は「すべての荷為替信用状の受益者が求めているものは支払金の実在 "real source of payment" であって，思惑上の訴権 "speculative right of action" ではない」と言うが，これはドキュメントの一致性に関してサナー卿が述べた「ほとんど同一とか同様に役立つというドキュメントに与えられる場所はない」という著名な格言（Equitable Trust Co. of N.Y. v. Dawson Partners Ltd. 1927, 27 Ll. L. Rep. 49, 52）にも比すべき名言であろう。Dolan, 2002, p. 57 も支払留保付きの買取は「対価」の支払に当たらず，UCP500 が特に反対しているところだという。

74) ICC Position Paper No. 2, Id.
75) ［相殺と放棄］
　　相殺の可否については二つの場合を分別することが求められるであろう。外国向けのドキュメンタリー取立においては特に除外されていない限り基礎となる売買契約中に明示的・黙示的に D/P（ドキュメントの支払渡し），D/A（ドキュメントの引受渡し）条項が含まれていると解されるがゆえに，原則として支払人（買主）は取立依頼人（売主）に対する相殺を含む一切の抗弁権を放棄していると解されているが（詳細は橋本「外国向けドキュメンタリー取立における支払請求権の法的保障」追手門経営論集（追手門学院大学）5 巻 2 号 83 頁以下［本書 203 頁以下］），本節で取り扱う買取は（同じ外国為替取引であっても）買主と受益者（売主）との取引ではなくて第二銀行と受益者との取引であるから，外国向けドキュメンタリー取立と違って，買主の抗弁権の放棄を認めるべき事情は存在しないのである（Canaris, 1100 参照）。
76) First National Bank v. Carmouche, 504 So. 2d 1153 (La. Ct. App) において受益者は信用状の有効期限内にドキュメントを "negotiation" のために提出していたが，裁判所は有効期間経過後であっても発行銀行が "honore"（債権者の満足）を完了するまでは "negotiation" も完結しないと述べている。

限が到来しても対価の現実の交付がなされるとは限らないので，期限に対価が交付されることを停止条件とする停止条件付き買取がなされたに過ぎず，やはり買取合意のみによっては買取の効力は生じないと解する[77]。

　ちなみにドキュメントの提示において受益者が遵守すべき時期の条件は，償還条件その他の留保付き買取や停止条件付き買取などという買取の内容ではなく，第二銀行が指定銀行として買取事務を処理すべき場合に前提として遵守すべき委任事項であるから，買取が例えば停止条件の未成就によって効力を生じなくても，ドキュメントが第二銀行に適時に提示されておれば，既に遵守されたものとなる[78]。また期限付き手形の買取は満期の到来まで買取代金の支払がなされないのではなく，満期までの利息金相当額を控除した代金が買取時に支払われるのであるから，「支払義務の約束」がなされた場合には当たらない。

　ロ　自動回転式信用状（revolving credit）と「支払義務の約束」との矛盾

　留保付き買取や停止条件付き買取が対価の支払に当たるとの理解が信用状のメカニズムと矛盾抵触することは，自動回転式信用状において事例を示すことができる[79]。

　自動回転式信用状とは，必ずしも定型的なものではないが，受益者が一定期間内に信用状給付請求権を全部又は一部行使した結果，信用状銀行に対する信用状債権を全部又は一部費消するのに応じ，直ちに又は所定期間の満了時において[80]，信用状に定める条件のもとで，所定の信用状金額（信用状銀行の債務

---

77) これに対し Chinsim Trading (Pte) Ltd. v. Indian Bank, High Court of Singapore, 1993-2 SLR 144 は補償金で支払うとの合意自体で買取が成立するという。ただし論拠は明らかにされていない。

78) ［買取提示と期間の遵守］
　　買取合意が成立しなくても，受益者が negotiation のため指定銀行にドキュメントを提示したという事実に変わりはない。買取期間内であれば，受益者はドキュメントを買取のためではなくて取立依頼のため指定銀行に提示しても，買取期間に関する信用状条件を遵守したことになるとの見解も存する（参照；Ward, p. 249；Jack, 7.10)。買取依頼と取立依頼とは区別し難い場合もあるが，明らかに取立の申込がなされた場合に買取期間が遵守されたと解することには疑問がある。

79) 前掲東京高裁判決の事案（金法 1714 号 110 頁）はドキュメントの買取と自動回転式信用状をめぐる諸問題に学術的，実務的な解明をもたらすべき千載一遇の機会であっただけに，被告側の法律構成が買取の不成立（それ自体は正当な主張であった）に偏ったのは残念である。

80) Gutteridge/Megrah, 2-12；Jack, 2-35.

額）が自動的に回復することが約された信用状である[81]。長期にわたる輸出契約において複数回にわたり信用状金額を部分的に費消することを予定した取引に用いられることが多く，費消の都度，原信用状金額を自動的に復元させて受益者に一定の信用状残額（unpaid balance）を保持させようとするものである。

　しかし受益者が手形を振り出すたびに，例えば一覧後定期払い手形であって支払期限が到来していないのに手形金だけ信用状債権が費消されて，原信用状金額が「復元」するのではない。その間に受益者は原請求を手形金の異なる請求と差し替えることも可能だからである。

　トードは発行依頼人がその手形金を信用状銀行に補償することが受益者による信用状債権の費消（通常 "exhaust" と称している）の要件だと言うが[82]，この見解は逆に信用状の独立性と両立しない。なぜなら発行依頼人による補償義務は発行依頼人と信用状銀行との間の信用状発行委任契約に原因を有するが，受益者の信用状債権はそれとは別個の契約たる信用状銀行と受益者との間の信用状契約に基づいたものであって，受益者の権利は発行委任契約から独立したものだからである。それでもトードの見解は信用状における信用状金額の帰趨と発行依頼人の補償給付との相関関係を指摘した点において正当であった。なぜなら買取は単に受益者に対する第二銀行の支払原因であるに止まらず，信用状銀行の第二銀行に対する補償金の支払原因でもある上，さらに発行依頼人の信用状銀行に対する補償給付原因であり，これらの各支払債務は履行期が，第二銀行から信用状銀行を経て発行依頼人にいたる，ドキュメントの送達及び各々の段階での書面審査に伴う時間差に応じて多少相違しつつも，一連の同一事実によって基礎付けられたものだからである。

　そうすると，信用状債権が全部又は一部費消された時点とは，受益者が第二銀行から（もとより without recourse 条件で）現実に対価の支払を受けた時点であり，その時点で所定の条件に従って信用状金額が回復すると解される。この時点で第二銀行に対する信用状銀行の without recourse 条件での補償義務が生じるので，信用状銀行が提供する支払担保責任としては，信用状銀行の受益者に対する支払がなされたものと同視しうるからである。第二銀行の「支払義務の約束」は，実際に履行されるまでは，受益者の信用状給付請求権が将

---

81) Dolan, LC, 1-09; Wunnicke/Turner, 3-30; Todd, 2.3.7; Jack, 2-35.
82) Todd, Id.

来満足するとの期待に過ぎず，信用状銀行の債務を"exhaust"させるものとはならない。

　以上のようにして，「対価の支払」に第二銀行の「支払義務の約束」を含むと解することは，自動回転式信用状において第一回目の一部船積に関して振り出された手形・附帯証券の買取申込（先行買取申込）に基づき，第二銀行が将来における給付の約束をしたに止まって未だその決済を了しない時点で既に信用状が一部"exhaust"されたとの解釈をもたらさざるを得ない結果，受益者がドキュメントの差替えをする可能性があって買取が第二銀行によって現実に履行されるか否かも未定である段階や，第二銀行の買取が信用状銀行によって承認されるか否かも未確定な段階（信用状銀行や発行依頼人もまた各自の補償原因が生じたか否かを認識できない段階）において，既にその信用状による後発の手形振出権限を制限するとの不当な結果を生じる。

　それは自動回転式信用状における信用状銀行と発行依頼人の法的地位（補償義務）を極めて不確実なものとし，かつは信用状金額を固定し，上下5％までの過不足を許容の限度と定めて over drawn を防止しようとした§43 b UCP500 に抵触する結果を生じるのである。

第四款　支払無担保文言と手形振出人の責任

　UCP には買取信用状ではドキュメントは発行者及び／又は善意の所持人に対する遡及義務免除で支払われるか買い取られるべきことが定められている（§9 a iv，§9 b iv UCP500）。そこで渉外法上国内法が適用される場合において，国内法上手形振出人による支払無担保文言の記載が有効な場合に[83]，受益者がこの文言を記載して手形を振り出した場合の遡及責任の有無が問われている。

---

83) ［支払無担保文言］
　例えばイギリス手形法（BEA）1882, S 55(1), S 16(1)，アメリカ統一商法典（UCC 2002）§3-414(e) や「国際為替手形及び国際約束手形に関する条約」1988年§38 は為替手形について振出人の支払無担保文言の有効性を認める。なお Gutteridge/Megrah, 4-110 は，仮に信用状条件として無担保振出が許されていても，支払無担保で振り出された手形による免責も手形法上の利益をもたらすだけであるから，手形責任に固執する利益が存するのは手形と附帯証券とが分離されて，手形だけが対価の譲受人の手中に存する場合のみであること，またそのように支払無担保で振り出された手形はだれも買い取らないだろうし，ドキュメントに瑕疵があればその利益も失われざるを得ないなどと実情に言及している。

第四節　買取 (negotiation) とはなにか　131

　これに三説がある。
　その一は国内法説であって，支払無担保文言を有効とする国内法が適用される場合には，これによって受益者は手形法上の遡及責任を免れると解するものである[84]。支払無担保文言の法的効果はUCPに定めるべきものではなく，受益者に適用される国内法としての手形法上の問題であることを根拠としている[85]。
　その二は免責無効説であって，UCPには上記のように遡及義務免除で買い取られるべきことが定められている以上（§9 a iv, §9 b iv UCP500），手形法上の振出人責任の排除が買取概念の重要なメルクマールとなることを根拠とする[86]。
　その三は折衷説であってグターリッジ／メグラーの説くところであり，国内法説の言うように受益者は支払無担保文言によって遡及責任を免れることができるが，受益者が「遡及なし」で振り出すためには，それが信用状条件として許容されていることが必要だと主張する[87]。信用状が取消不能信用状であることは発行銀行が遡及権を行使しないとの約束に等しいが，手形を「遡及なし」で振り出すことを許容したものではないと言う[88]。
　国内法と世界的に統一的であるべき信用状との合理的な調整は折衷説によって最もよく達せられると解される。なぜなら，これによると支払無担保文言は信用状に明示的に許容されていない限り信用状条件違反となり，手形のディスクレパンシーを結果することになると思われる。支払無担保文言のある手形を割り引く者は実際には存在しないため，かかる文言を許容する旨を明記した信用状も通常は存在しないが，そのような特殊例外の場合を除いて，第二銀行が任意に支払無担保文言のある手形を買い取ることは，通常それ自体が信用状条件違反になるであろう。従って第二銀行は受益者に対する償還請求権を留保するためには手形以外の隠れた合意によらざるを得ないものとなるが，隠れた償還合意は信用状銀行にとって第二銀行による補償請求を拒絶する原因とはなら

---

84) Gutteridge/Megrah, 4-109 ; Jack, 7.10 参照。
85) ICC Publication No. 511, p. 28 et seq. なお Nielsen, Neue Rechtlinien, Rn 73 もこの文言の効果は UCP の定め得るところではないと述べている。
86) Stapel, S. 127.
87) Gutteridge/Megrah, 4-109-110.
88) Gutteridge/Megrah, 4-110.

ないにしても，かかる合意によって買取の対価が現実に交付されていない場合には，不交付の事実が補償拒絶の原因になると解される。それゆえこれらによって対価の現実の支払と償還合意の必要性とを現実的に調整することが可能になると思われるのである。

第五節　買取と取立（collection）との区別

第一款　想定されるケース

ローゼンブリスも述べているが[89]，信用状銀行はドキュメントが適正であって，裁判所の支払差止命令（仮処分）がない以上，買取をしたと主張する第二銀行に対し，同行が実際に買取（negotiation）をしたか否かを検討することなく，つまり問題が存することには誰も実際には留意することなく，そのまま支払をなすであろう。しかし事の真偽にかかわらず，ドキュメントの信用状条件との不一致（発行依頼人たる買主が取引から離脱しようとしてドキュメントにクレームをつける場合もある）や詐欺ないしドキュメントの偽造が問題とされたときは別である。その場合，第一型の買取信用状においては，第二銀行が取立ではなくて買取という委任事務を履行したことが信用状銀行の補償金支払の前提となるので，必ず買取と取立とを識別することが裁判所の課題となり，第二型の買取信用状においては，取立目的の所持と区別すべき第二銀行の所持の正当性が裁判所の審査の対象となるはずである。

第二款　ドキュメンタリー取立と後日払い約束

ドキュメントの買取と近似していて全く性質の異なる取引に，取立，殊にドキュメンタリー取立（documentary collection）と後日払い約束が存する。ドキュメンタリー取立とは商業書類を伴う取立であって，金融書類を伴うか否かは個別事情によって異なるが[90]，荷為替信用状における取立は金融書類のみによる取立（クリーン取立）ではなくてドキュメンタリー取立である。後日払い

---

89) Rosenblith, p. 147.
90) 1995年改訂取立統一規則第2条c項d項参照。金融書類とは手形ないし例外的に小切手を指し，商業書類とは送り状，貨物証券，物品処分証券，検査証明書，原産地証明書などを指す。

約束は一覧後定期払い手形の引受などと違って、支払期日を特定・不特定の後日に設定した買取の約束である。

第三款　識別基準としての取引リスク

　第二銀行によるドキュメントの買取は、対価の支払が後日に委ねられたり、あるいは支払に条件を付された場合には、ドキュメンタリー取立と識別することの困難な場合が多い。「買取」合意や買取申込書のカバーレターの文言は多くの場合あいまいであるため、決定的な識別の基準とするのは困難である。そこで第一型と第二型を問わず、これらの識別のため、「買取」によって第二銀行が負担するに至ったリスクを考慮することはどこまで有効なのか[91]。

1　買取人のリスク

　受益者に（without recourse 条件で）対価を支払ってドキュメントを買い取り、その所持人となった者が負担すべきリスクには、瑕疵担保責任や錯誤などの一般的な問題を別にして、ドキュメントが信用状条件と不一致である場合に信用状銀行から支払を拒絶されるリスク（ドキュメント不一致のリスク）、信用状銀行の支払能力欠缺のリスク（ドキュメントの市場価値に関するリスク）、カントリー・リスク、受益者にかかる詐欺のリスクなどがある。これらの点にはほとんど疑問がない[92]。融資者ではないので、与信リスクを負担することはない。

　信用状銀行に対するドキュメントの送達のリスクは検討を要する問題である。すなわち買取人であっても第二銀行は指定銀行として信用状銀行にドキュメントを送達する委任契約上の義務があるので[93]、独立の運送人を使ったとし

---

91) Rosenblith, p. 149-150 がかなり詳細に検討している。なお Kozolchyk, Best Practices, p. 138 も取引リスクに言及している。
92) Rosenblith, p. 149.
93) ドキュメントは民法第646条第2項の「受任者が委任者のために自己の名をもって取得したる権利」に当たり、ドキュメントの送達義務は特定物の持参債務に当たると思われる。
　　ちなみに第二型の買取信用状の場合にも、ドキュメントの買取人たる所持人は信用状銀行にドキュメントを提示（送達）する義務がある。けだし買取人と信用状銀行との間に委任契約が併存することは前述のとおりだからである。それゆえ買取人はドキュメントを信用状銀行に支払呈示（送達）することなく、その所有者として自由に処分することは、担保物として処分できる場合に限定される。

ても，送達の途中の紛失により，信用状銀行に対し債務不履行責任を免れることができず，これが第二銀行のリスクになると解する。

2 仕向銀行としての取立銀行のリスク

取立法上，仕向銀行とは取立依頼人（受益者）に対して事務処理契約関係に立つ銀行であり，仕向銀行の依頼によって取立に挿入される他の銀行は取立銀行と指称されている。取立銀行と取立依頼人との間には契約関係が存在しない[94]。

一般に受益者が「買取」のためにドキュメントを持ち込んだ銀行から，(a)ドキュメントの代金相当額を受け取る場合としては，(a1) 買取がなされて（条件の有無にかかわらず）対価が支払われた場合と，(a2) 実際にはそれが取立取引であったのに仕向銀行（取立銀行）が受益者に対し前払い（輸出金融）をした場合があり，逆に，(b) 代金相当額の受理がない場合としては，(b1) 買取取引なのに支払が直ちにはなされずに後日に留保された場合と，(b2) それが取立取引であって前払いがなされなかった場合が存する。

仕向銀行の負担するリスクは (a2) のケース，つまり取立取引であったのに「買取」銀行が受益者に前払いをした場合と，(b2) のケース，つまり取立取引であったため，前払いがなされなかった場合を分かつべきである。

イ　リスクによる識別が可能な場合

(b2) の場合には，仕向銀行にドキュメント不一致のリスクと詐欺のリスクの存在を否定する見解があるが[95]，正当であろう。仕向銀行はその他にカントリー・リスクも負担しない。ただし送達のリスクは取立依頼人（受益者）に対して負担すべき取立契約上のリスクである。他方，買取銀行は上記のように，これらのすべてを負担するので，これを買取と取立との識別の一つの基準とすることが可能と思われる。

ロ　リスクによる識別が困難な場合

(a2) の場合には，負担するリスクによって買取と取立とを識別することは困難である。すなわち仕向銀行はもともとドキュメントが支払われたり引き受けられることを取立依頼人に請け負うものでも保証するものでもないので，仕向銀行から取立依頼人に対し金銭の支払やそれに代る価値の移転が行われた場

---

94) 橋本・前掲追手門経営論集 99 頁［本書 214 頁］。
95) Rosenblith, p. 149-150.

合には輸出金融が行われたと解するのが通常であろう。その場合，仕向銀行は原則としてドキュメントの（黙示的な）信託的譲渡によって自己の名で行為することを委託されているというのが，現在の実務の基礎的理解である[96]。すなわち仕向銀行は受益者との間で特約があれば当然に，特約がなくても例えばわが国の「外国向為替手形取引約定書」第3条やドイツの「銀行普通契約約款」第19条のような約款があればそれによって，ドキュメントについて質権を取得する。実務的には，取立依頼人は裏書可能なドキュメントを仕向銀行に提出するときは完全裏書ないし白地裏書をするのが原則であるが，ここでは通常，その信託的譲渡が意図されているのである。つまり仕向銀行が取立によって手形を取得するときにおいて，上記のような特約ないし約款がなくても，同行がドキュメントに対して前払いをしたとき，あるいは依頼当時に仕向銀行における依頼人の勘定口座がマイナス残高を示している場合には，手形又はその取立金の基礎となっている債権並びに基本的な取引の現在と将来における一切の権利と担保が仕向銀行に黙示的に譲渡され，それに応じて支払書類や商業書類について仕向銀行が信託的所有権を取得すると解される[97]。

そうすると（a2）の場合（輸出金融を付与した場合），「買取」銀行は仕向銀行であるのに，without recourse 条件の買取銀行と同様に，ドキュメント不一致のリスクと詐欺のリスク，カントリー・リスク，ドキュメントの市場価値に関するリスク及び送達上のリスクを負担するものと解される。従って（a2）の場合には銀行が負担するこれらのリスクを買取と取立とを識別する基準として用いることは困難である。

結局，「買取」銀行が得た利益に貸付手数料やユーザンス期間に対応した利息の有無などの与信利益が含まれているか否かでこの両者を区別せざるを得ないと思われるが，「買取」銀行が信用状銀行に対し買取委任事務を履行したと主張して費用償還請求をする場合，原告銀行は実際には仕向銀行であって「対価の支払」というのは輸出金融を与えたに過ぎないという主張は被告銀行にとって通常は立証困難な抗弁事実となる。

しかし（a2）の場合，償還請求を争う被告銀行が，ドキュメントの不一致その他の信用状条件の不履行に当たる事実を指摘せず，「対価の支払」も認めた

---

96) 橋本・前掲追手門経営論集96, 99頁［本書214頁］。
97) 橋本・前掲追手門経営論集95, 96頁［本書214頁］参照。

訴訟（つまり買取事務が原告銀行によって処理されたと見られるケース）にあって，なおかつ支払われた対価の法的性質を争うのは，支払請求額を争う場合に限定されるであろう。そうすると，委任事務処理費用には手形金額とそれに対する法定利息金並びに事務処理経費が含まれるものの，与信利益は包含されないと思われるので（与信利益に相当する金額の立証責任は原告銀行に属する），リスクの所在に依拠して買取と取立とを識別することが困難であっても，その困難は実際には相当に緩和されるのではなかろうか。

第六節　むすびに代えて（実務的に）

以上のとおり，買取信用状とドキュメントの買取には複雑で難解な，多くのユニークな諸問題が包含されている。実務はかなり不整合であるばかりか，ワードのように信用状統一規則の改訂ぐらいで統一は困難という意見すら存在する。本章は買取合意には(i)償還義務免除条件でかつ(ii)対価の現実の支払が必要であり，(ii)の例外はないが，(i)には留保付き支払（償還条件付き支払）の合意がただドキュメントの軽微な瑕疵（不一致）を対象とする限りで許されるという，諸外国の定説を改めて確認する結果となった。留保付き支払は取引現場の圧力が産んだ信用状の鬼子であって，誰も信用状理論との整合性を十分に説明し得ていないところである。それだけに対象を限定した上，極めて例外的に利用されなければならない。(ii)の点は一層重要である。買取信用状において第二銀行（買取銀行）が信用状銀行から補償を得るまで受益者への対価の支払をあくまで回避しようとする試みの中には，第二銀行が自行のリスクの回避を考えるあまり，顧客（受益者）の不利益に配慮せず，その結果，社会的正義の視点から許容されないもの（コゾルチクの言う「あこぎなやり方」[98]）すら存在している。pp ネゴのように，negotiation とは全く異質の取立取引（collection）なのに買取であると強弁して受益者から charge を徴しつつ，特約に隠れて受益者に一円の対価も支払わないものは存在を否定されるべきであった[99]。第四節でも指摘したように買取信用状と支払信用状の区別が曖昧とするなら，この問題は買取信用状のみでなく支払信用状にも波及し，遂には第二銀行を介した

---

98) Kozolchyk, Best Practices, p. 138
99) 小原三佑嘉・金融法務事情 1713 号 1 頁は卑見と同旨の ICC の見解 DCINSIGHT (april-june 2004) を紹介している。

決済が危殆に瀕するであろう。買取銀行のリスクのカバーは信用状上のnegotiation 取引にとらわれず，別個の取引とすることによって回避されるべきである。例えば advance payment guarantee や payment bond その他のギャランティの併用をもっと考慮すべきであり，それでもカバーできないものは買取の領域を越えるものとして，取立に委ねるべきと考える。受益者としては買取を拒絶した指定銀行その他の者を代理人として信用状銀行に対し直接に取立により支払を請求すれば足りる。

第九章

欧米なみの信用状判決への内憂と外患

第一節　はじめに[1]

第一款　国際的な統一性から遺脱した信用状判決

　わが国の裁判所で信用状に関し欧米なみの粋な判決を得るには依然として重大な内憂と外患が存在する。内憂は裁判所の知識の点にあり，外患はわが国銀行の訴訟態度にある。わが裁判所の信用状の解釈に世界的な統一指向と矛盾するものが散見されることは ICC（国際商業会議所）[2] も再三にわたって指摘してきたが[3]，ここで取り上げた最近時の東京地裁判決（及び東京高裁におけるその和解条項）もきわめて特異である[4]。それは ICC や国連国際商取引法委員

---

1) ［本稿起草の動機］
　　およそ信用状に関して荷為替信用状でもスタンドバイ信用状でもわが国には国内法はなく，ICC（国際商業会議所）作成の UCP（信用状統一規則）やアメリカ「国際銀行法律及び実務協会」作成の ISP98 その他の約款に依存するところが大きい。しかしどれも統一的な法体系をもつものではなく，いずれも一種の標準約款の域を出るものではないため，これらに定められていない事項も多く，解釈の割れる事項も存する。しかし信用状やこれらの約款の背後には既に緻密な法理論の世界が形成されていて，恣意的な解釈の出る幕はほとんどないほどであるが，わが国の裁判ではとかくその間隙が法的手順によることなく，たとえば UCP に規定がないとの一事によって取扱の都合次第の奇異な解釈が主張されたり，その解釈が裁判所で認められるような現実も存在する。本稿はこの現実を憂慮したものである。
2) ICC は 1919 年の創立以来信用状や運送証券を含む広範囲な国際間の商取引のルールづくりに重要な役割を演じつつある NGO の一つである。
3) 例えば ICC インサイト報告（April-June 2012）は UCP600 実施後数年が経っても日本や中国において発行銀行からノミネートされた銀行（指定買取銀行）の negotiation や availability の解釈に誤解と混乱が見られるなどと述べている。
4) 東京地裁民事第 10 部平成 21 年（ワ）第 30522 号債務不存在確認訴訟（垣内正判事

会（UNCITRAL）その他による信用状統一運動を介した信用状の解釈と取扱の世界的な統一への障害となり，予見可能性を著しく損なって取引当事者の法的安定を損なうにとどまらず，この種の国際的な支払担保法制に関するわが裁判所の理解の未熟さを露呈したものとして，一国の訴訟そのものへの信頼にも消極的な影響を与えると危惧される。

第二款　裁判所の誤解

裁判所の今回の誤りは，有り体に言えば，代理人の法的地位を誤解したものである。本章の主要登場人物たる Y 銀行[5]（買取銀行）は Z 銀行（信用状発行銀行）の代理人であり，当然に委任条件（Z 銀行が発行した信用状所定の条件）に拘束される。しかし裁判所は Y 銀行が Z 銀行の代理人なのか否かについて自信が持てないことを告白しつつ，それでも敢えて議論を進め，仮に代理人だとしても Y 銀行は信用状条件に拘束されず自由に独自の条件で行為することができるなどというきわめて理解困難な判決をした。

具体的に言えば裁判所は，（イ）Y 銀行が発行銀行Ｚの代理人なのか否か確信を持てないとしつつ，仮に代理人であっても，（ロ）発行銀行の信用状条件が償還免除条件（without-recourse）付き買取（支払と同義[6]）である場合において償還義務付き（with-recourse）の買取ができるとか，（ハ）確定日払い条件

　ら）；平成 24 年 5 月 11 日請求棄却判決言渡。控訴後平成 24 年 11 月 22 日和解後取下げ。和解調書は東京高裁平成 24 年（ラ）第 1622 号（廣田康士判事）。これらは市販の判例誌には未登載だが，訴訟資料は民事訴訟法 91 条により一般公開されている。
5)「Y 銀行」はわが国の著名なメガバンクの一つである。ここでは敢えてその実名を表示しなかったが，注4のとおり所定の手順を踏めば，たやすく実名とその代理人弁護士の氏名を知ることができる。
6)［買取信用状における支払と買取 negotiation］
　買取信用状の発行銀行は外国居住の受益者に対し支払を約するが，直接に支払うのではなく，受益者居住地のコルレス銀行（指定銀行）にいわば立替払いを委任した後，これに償還給付をなす。まず指定銀行が受益者からドキュメント（手形添付）を善意取得し，受益者に対し割引金額でなくて手形額面金額（face value of the draft）を償還免除条件で交付することが委任の内容であり（Gutteridge/Megrah, 4-105 note 270），買取条件の細目は信用状に定められている。指定銀行のこの行為が negotiation と言われる。邦訳の「買取」は実体に必ずしも符合せず，とかく誤解の一因となってきた。委任事務（negotiation）を処理した指定銀行は手形額面金額に手数料を付加して発行銀行に償還請求する。それによって発行銀行の支払は完結する。融資は買取ではない。

であっても支払期日前の任意の時期に買取ができるなどと言って，訴訟の勝敗を逆立ちさせた。「信用状厳正の原則」まではいざ知らず，「履行補助者の権限は授権の範囲」という一般法原則程度は熟知したはずの裁判所のこの結論は，訴訟の経過を見れば，すべて被告 Y 銀行の意図的な主張，誘導に沿ってなされたもののように見える。

第三款　本章の目的

それゆえ本章の課題はこの裁判に典型的に示された「内憂と外患」を具体的に掲示することにある。具体的には（A）裁判所の論理そのものの瑕疵を指摘し，（B）かかる瑕疵が被告 Y 銀行のいったいどのような主張に依拠してなされたのか，その主張がはたして信用ある有力な外為銀行としての社会的責任を自覚し，信義誠実の原則に則ったものであったかを疑い，（C）裁判所が自らの能力を超過する課題に直面した際に，官僚裁判の独断を回避する義務とはなにか，という諸点を論じようとするものである。

第四款　本章の方法論

方法論としてまず被告 Y 銀行の主張を二つの基準で検討する。その1は純粋に法的視点からの正当性の有無であり（法的視点で根拠のない主張は，専業者であるが故に，そうと知りつつ敢えてなされたものと解されよう），2はその主張が実際にも Y 銀行の実務でそのとおり遵守されているか，というものである。もっとも2は法廷外の事実であってまず証明不能だから，攻守が逆転した場合にも Y 銀行が同じ主張をなすであろうかという基準を設定した（以下 p とは本件判決書中の該当頁，第五準とは Y 銀行の第五準備書面を指す。以下同様）。

第二節　本　　論

本件はありふれた買取信用状の「ネゴ取引」（negotiation 取引）である。

第一款　事実関係

外国の X 社はわが国の造船会社 O との造船契約が成立したので当地の Z 銀行発行の買取信用状2通（UCP600 援用）を受益者 O に提供した。信用状の支

払方法は支払期日を 2009 年 7 月 31 日とする negotiation であり、信用状金額は各 2 億 4400 万日本円、提供すべきドキュメントは本船の造船契約書と手形各 1 通のみであるところ、すべての任意の銀行を買取銀行と指定していた。

O は信用状を接受するや、支払期日の 1 年数ヶ月前の 2008 年 2 月 7 日と同年 4 月 11 日、Y 銀行に造船契約書および信用状金額と同額の 2 億 4400 万日本円の各手形を持ち込んで買取の申込をしたところ、Y 銀行はいずれも即日、2 億 3386 万 3476 円と 2 億 4375 万 4500 円を O に支払った（p2, 3）。

第二款　原告 X の請求の趣旨と請求原因事実

原告 X は Y 銀行を被告として、「被告 Y 銀行は訴外 Z 銀行に対し 4 億 8800 万日本円の費用償還請求権を有しないことを確認する」との判決を求め、その理由として、主位的には「Y 銀行は本件信用状について Z 銀行の履行補助者であるところ、上記「買取」は①（償還免除条件たるべきところ）償還条件付きの融資であって negotiation に該当せず、予備的に、②本件「買取」信用状の確定支払日ではなく、その到来前になされたため、これによっても Y 銀行の「買取」は Z 銀行の委任事務の履行にあたらない（negotiation に該当しない）と主張した（p1, 2）。

第三款　被告 Y 銀行の主張

被告 Y 銀行は原告の請求棄却を求めて、概ね次のように主張した。

（A-1）　Y 銀行の法的地位と償還免除条件の買取について。

1　Y 銀行は発行銀行 Z の本件信用状の履行補助者ではない。なぜなら本件信用状が援用している UCP600 に買取銀行が発行銀行の履行補助者である旨の規定が存在しないからである。

2　仮に Y 銀行が Z 銀行の履行補助者であるとしても、Y 銀行は O に対し償還義務付き（with-recourse）で買取をなすこともできる（with-recourse でも信用状条件違反にならない）（p14, 15）。なぜなら、①§2 UCP600 には買取（negotiation）の定義が存するところ、そこには買取銀行の「買取」が償還免除条件でなければならない旨の規定がない。②§12 UCP600 によると買取銀行は自らが「買取」をするか否かの自由を持つことが明らかであり、かかる自由を有する以上、発行銀行の支払義務が償還免除条件であっても、買取銀行が発行銀行とすべて同様の義務（償還免除条件付き買取義務）を負うことにはなら

ない。③わが国の銀行実務上，償還義務付き買取も negotiation と解されている（p14, 15, 第五準，第六準，第八準）。

（A-2）　原告は本件信用状が確定日払い信用状だと主張するが，確定日払い信用状なるものは実務的に不可能な条件を付したものであり，UCP に存在しない。それ故，仮に本件信用状が確定日払いであっても，買取銀行は支払期日に拘束されないと主張した（p17, 18, 第八準，控訴理由書）。

第四款　Y 銀行の主張の法的検討

はじめに；UCP の法的性質

Y 銀行の主張は以上のようにすべての論拠を UCP に帰するものである。しかし UCP はなんら法としての体系を持つものではなく，信用状取引の，それ自体で完結的な規則を包含するものでもない。UCP の法的性質は難解であるが，本章では取りあえず支配的見解に従ってこれを普通取引約款（一種の標準約款）と解している。信用状には UCP に定められていない事項が多数に存在するが，これらについては信用状自体の法理的な構造の認識を踏まえつつ，国際私法によって確認された国内法を適用して解決されなければならず，このことに異論を呈する者はない[7]。すなわち仮に UCP に規定のない問題については，信用状の実体の法的理解が問われるのである。

1　（A-1）の検討（Y 銀行の法的地位と償還免除条件の買取についての主張）

ⅰ　買取信用状において買取銀行が発行銀行の代理人（履行補助者）であることを明記した UCP600 の規定が存在しないのは K の主張のとおりである。そこで問題は両者の地位に関する法的検討に委ねられるところ，それには多数の考察手法が存在するが，最も簡明なのは Y 銀行がいかなる事務を処理するのかと考えることであろう。Y 銀行自体は受益者 O に対しいかなる支払約束も権限も与えたものではなく，Y 銀行が処理しているのは Z 銀行が O に与えた権限（本件各信用状）に基づき，それゆえに O から持ち込まれた（Z 銀行の）支払事務を履行することである。かかる場合における Z 銀行と Y 銀行の法的関係がいかなるものかは，わざわざ UCP の規定がなくても自明であり（Y 銀行は O に対する Z 銀行の支払約束の履行補助者ないし復受任者），これ

---

[7]　濱田一男「1983 年改訂信用状統一規則の諸問題」法政研究 54 巻 1 号 28 頁以下。

はY銀行自体にも分かり切った話であろう。判決には「履行補助者であるか否かは別として」などと記載されているが, 裁判所がこの点を本当に理解できなかったというのも信じられない話である。

　ii　裁判所はY銀行によってなされた「買取」が償還義務付きであった事実（原告主張に沿う事実）はこれを認定している（一部の買取は償還免除条件であったとも認定した）。そうすると, 本件では買取信用状における償還義務付き買取が信用状条件に適合したものであるか否かが問われるはずである。

　そのためには, (i)受益者に対する信用状発行銀行の支払が償還免除条件なのか否か, (ii)発行銀行の支払が償還免除条件だとして, 買取銀行の買取が償還条件付きであることが許されるのか, というのが課題となるが, Y銀行主張のように, それらを明記したUCP600の規定も存在しない。それらはすべて法理論に課せられてきた問題である。

　まず, (i)発行銀行の支払が償還免除条件たるべきことはUCPが別に付与した法的性質ではない。それは信用状債務（受益者に対する支払債務）の独立抽象性[8]という信用状そのものに本質的な法的性質に由来するものである[9]。信用状債務の独立抽象性に基づく「償還免除条件」は, 発行銀行の「先ず支払って, 訴訟は後」という有名な法格言[10]で示されてきた。すなわち発行銀行は受益者に対価関係（発行依頼人との売買契約）上の支払請求権が発生したから信用状の支払をするのではない。発行銀行は受益者の支払請求の正当性を疑っても, 自ら信用状に定めた条件が成就したとの客観的な一事に基づいて支払をなす（信用状債務の独立抽象性）。その結果の当否は後に受益者を相手とする発行銀行の不当利得返還請求ないし不法行為損害賠償請求（という信用状法律関係以外の請求原因）に委ねられる（主張責任の転換）。それゆえ償還は（信用状法律関係に基づいた）返還条件付きであるべきではない[11]。これは信用状に

---

[8] 信用状債務の抽象性・独立性の法的根拠は, 指図説が去った現在では抽象的第三者のためにする契約説や端的に§780 BGBの抽象的債務約束その他に求められ, コモン・ローではcontract sui generis説が通説と解される。発行銀行の債務の独立・抽象性と償還免除との関連については例えばWessely, 15-31; Canaris, 1004-1025; Jack, 67-5.76が詳しい；橋本『銀行保証状論』丸ノ内出版, 2000年, 128頁以下も参照可能である。

[9] これをどのように法的構成するかは研究者などの理解の問題であってUCPの課題ではない。

[10] Liesecke, WM 1968, 22, 26.

おける「訴訟の置換え機能」と称される最も基本的な法的性質である[12]。§7b UCP600 に"issuing bank is irrevocably bound to honour"と述べられているのはこの事実である。

(ⅱ)次に前述のように，買取銀行は発行銀行の代理人であり，履行補助者として買取をなすため，受任者の権限は授権の範囲内という法の基本的な原則に基づいて，買取銀行の買取は償還免除条件たるべきものとなる。但しここでY銀行は「買取銀行の買取条件が信用状条件と相違しても，§12a UCP600 がそれ（任意条件での買取）を認めていると主張し（p17, 18, 第八準，控訴答弁書），裁判所もこの主張を引用しているが，§12a UCP600 はそのような，代理人は自由に授権の範囲を超過することができるなどという破格の法原則を述べたものではない。平素は人目に触れることもないこの§12a UCP600 は，直訳すれば「指定銀行は確認銀行でない限り，買取を授権されていても買取を義務付けられるものではない。但しその指定銀行が（買取の）義務を負う旨に同意し，かつそれを受益者に通知している場合を除く。」というものである。但書きは本文にいう確認行為を敷衍したものだから，本条は，指定銀行は（発行銀行を連帯保証した）確認銀行でない限り受益者のドキュメントの買取申立に応じる義務はなく，拒否することもできるという代理法上当然のことを述べたものであり，わざわざUCPに一文を挿入する必要すらなかったものである。Y銀行の言うような，買取義務のない銀行が買い取るのだから，買取内容を自由に決定することもできるなどという破格のルールとは全く無縁な存在である。

2 （A-2）の検討（確定日払い信用状の存在を否定する主張など）

ⅰ　確定日払い信用状はUCPに存在しないタイプなのか

確定日払い信用状がいわゆる後日払い信用状（§6b UCP600）の一つであることを疑う者はない。また仮にUCPに規定されてなくてもそれを理由として確定日払い信用状が無効となる理由はなにもない。

ⅱ　確定日払い信用状はY銀行の主張のように実行不能なのか

確定日払い信用状は買取銀行の negotiation（平たく言えば買取）を当日の

---

[11] 発行銀行が対価関係上の原因を理由に受益者に対する償還請求をなし得ないことに対する例外は稀有である（Canaris, Rn 1012-1025; Wessely, Rn 172-180 など）。この両者間の信用状関係自体（例えば受益者の信用状条件違反）や受益者の権利濫用を理由として許される償還請求は対価関係上のものではない。

[12] Canaris, Rn 1017; BGHZ 90, 287, 294.

みになすよう買取銀行を拘束するものであって，受益者の買取申込日（ドキュメントの持込日）を拘束するものではない。期限付き手形の呈示が期限当日に限定されないのと同じである。Y銀行が業務上で手形法上のかかる事実を知らないはずはないから，意図的に誤った主張をしていると解されよう。発行銀行の支払が支払期日の前でなければ，その後でも差し支えないことは論じるまでもない。これらが同一日である必要もなんら存在しない。

　およそ手形法上，確定日払い手形（time draft）の期日前支払は支払人の自己責任とされる（手形法40条2項）。期日前には支払人に支払権限がなかったのである。確定日払い信用状（time letter of credit）についても同様であり，発行銀行は受益者に対し確定日における支払を約しているのであり，第二銀行（買取銀行）は確定日における支払権限を有するのみである。確定日払いとした発行依頼人の決定を買取銀行が独自の判断で変更し，実質的に一覧払い信用状とすることは授権の範囲外である[13]。なお期日前支払の法的性質はnegotiationではなく融資と考えるのが通説である[14]。本件は支払期日の1年数ヶ月前の「買取」であり，かつ手形額面金額ではなく割引金額が支払われたことから，これが融資であって，信用状条件たるnegotiationではなかったことは容易に推定可能と解する。

　iii　信用状厳正の原則

　確定日払い信用状における期日前支払は，さらに信用状に基づく書類点検上の「信用状厳正の原則（strict compliance rule）」[15]からも許されない。

　これは信用状条件の厳格な形式的解釈を求めて実質的解釈を拒否し，信用状条件不一致の場合には，発行銀行に対し受益者や第二銀行による信用状上の権利（信用状給付請求権や補償請求権）の行使を拒否することを発行依頼人に対する信用状発行契約上の義務としたものである。

---

13) Banco Santander v. Bayfern Ltd. [1999] All Er (D) 586 (Queen's Bench Division (Commercial Court)) [England] は確定日払い信用状がただ特定の支払日にのみ支払われるべきものと判示し，前払いの効果を否定している。現在でもリーディングケースとされている。

14) BGH, WM 1987, 977; OLG München, WM 1998, 554; Offshore Enterprises Inc, v. Nordic Bank PLC, IBL, Nov. 1984, 86 など。

15) アメリカ統一商事法典§5-108(a)UCCは明文をおいた。文献としてCanaris, Rn 942, 962; Jack, 8.2 et seq.; OLG München, WM 1996, 2334；橋本・民商法雑誌103巻2号1頁：103巻3号1頁など多数がある。

この厳格解釈も過度なものは排除すべく，国際標準銀行実務を考慮することが§14d UCP600 にうたわれているが，その事例集（ICC の ISBP, 2007）によるも支払期日に関する違反が許容された事例はない。

第五款　裁判所の判断

上記各論点に関する裁判所の見解は，文字通り Y 銀行の主張と同一であった。

ときに無駄な脇道を辿りながら，結果的にすべて Y 銀行の主張に沿って原告の請求を棄却した。反対に Y 銀行の主張を批判する上記原告 X の見解はすべて「独自の見解」として一蹴され，訳文付きで提出された現在の代表的文献も[16]裁判所が一瞥した痕跡は判決文に見当たらない。

第六款　Y 銀行の法廷戦術と審理上の裁判所の問題点

1　以上，第一に Y 銀行の主張（及び結果的に裁判所の見解）はそれに沿う信用状学説が存在せず，世界共通の実務に基礎付けられたとの証拠もなく，要するになんら法的根拠のないものであったことが最大の特徴である（法的根拠のないことを認識の上，故意に主張したとの推定が働く）。

第二の特徴は Y 銀行は立場が違えば決して同じ主張をしないであろうという点にある。例えば，発行銀行を相手方とする訴訟なら，Y 銀行は本件での主張とは逆に「貴行の支払は償還免除だ」と主張するはずであって，償還義務付きだなどと主張（自白）するはずはない。また Y 銀行が発行銀行であって条件違反の買取をした外国の買取銀行から償還請求されたとき，「貴行は吾人の信用状条件に拘束されず自由に買い取ることができる」などと言って請求を認めるであろうか（本件限りの主張と認識の上，結果だけを追求して意図的に手段を選ばなかったとの推定が働く）。

2　買取信用状という複雑な取引も UCP の 62 年改訂規則あたりから順次実務に導入され 74 年規則にはすでに明文化されていた。爾来 40 余年，専門事業者であれば UCP だけがその準則でないことを含め，日々業務上の基準として

---

[16] 原告 X は本章各注に記載した以外にも Gur Corporation v. Trust Bank of Africa, BL July 1986, 24；BGH, WM 1987, 977；OLG München, WM 1998, 554；Byrne, The Official Commentary on the International Standby Practices, 1998, 2.04；ICC, Commentary on UCP600 などを引証している。

きたはずの取引の基礎的な法的構造を知らないはずはなく，少なくとも訴訟代理人ら訴訟担当者においてその認識を有しなかったことはあり得ない。

専業者には白地も同然の裁判所を誘導して堂々と「日の当たる判決」へと導く社会的責任があり，敢えて争点を混乱させたり誤導してまで当面の訴訟を切り抜ければよいものではないと信じる。この点でY銀行の上記主張には判決の騙取とまでは言わないが，社会的責任にもとるものがなかったか。このままではわれわれの裁判所がいつまでも未熟なままで，世界に通用するものとなり得ないのではないかと危惧する。

3　主たる解決策は当然に裁判所の手中にある。本件裁判所はもっぱら被告銀行の主張を中心に判断を組み立てようとしたため，原告の主張を全く理解できなかったものである。その過程で原告のしばしばの上申にもかかわらず鑑定や専門委員の利用を拒否し，自己の知見にこだわって勝敗を逆立ちさせたことは業務上の注意義務に違反するとすら言えないであろうか[17]。現状のままでは通常裁判所が本件程度の訴訟を担うのも無理と解されるところ，商事事件について特別法廷を設ける時期が既に経過しているのではないか。立法論としては，訴訟当事者からの鑑定や専門委員の利用の申立の却下は，裁判所が理由を付した決定をもってするものとし，これに対する異議の申立（さらに即時抗告）を可能とすることが急務であろう。訴訟当事者は弁論に際して裁判所の専門知識の欠如を痛感していることが多いのに，なすすべもないまま終結を迎えざるを得ないのが現状である。

第三節　裁判所のその余の誤りについて

補遺に属するが，訴訟法上の問題点として2つ指摘する。その1はY銀行の訴訟当事者適格の問題である。Y銀行はZ銀行の代理人であって，Xとの

---

[17]　言うまでもないが裁判所も万能ではない。裁判はこのことを自覚すべきであろう。京都大学名誉教授で最高裁判事を務められた奥田昌道先生が「最高裁での審議を通して感じたこと」という先生らしい正直なエッセイを残している。「意外と当該事案の解決に直接役立つ資料や判例・評釈はない。……一審判決，原審判決の段階で速やかに評釈していただき，最高裁判決の形成に有意義な知恵なり指針を示してもらいたい」と（私法判例リマークス29，2004下）。また関西出身の別の最高裁判事が退官後，「ほんとうに分からないことが多かった。退官してホッとした」と述べられたこともある。ともに真摯で誠実な述懐であろう。

間になんらの法的関係も存在せず，XとY銀行間の不法行為の主張も見当たらない。その2は確認の利益の問題である。Y銀行が訴外Z銀行に対し事務処理費用の償還請求権を有するとの判決がY銀行とXとの間で確定しても，Z銀行は依然Y銀行を相手としてY銀行の委任事務処理の瑕疵を主張できる。さらにZ銀行が仮にY銀行の事務処理を適法と認めてXに対し求償しても，XはY銀行のその判断を争い，依然としてY銀行の「買取」が信用状条件違反だと主張することができる。XとZ，ZとYの間の契約関係は連鎖的に成立したが，各々独立した関係に立つからである。

　なお本件は東京高裁においてZ銀行を参加させた和解となり，XはY銀行に対し融資額4億8000万円を（遅延損害金付きで）返還する，Z銀行は本件信用状金額（4億8000万円）をY銀行に支払い，かつXの上記返還債務を連帯保証する旨の合意となった。実はY銀行はXより確定支払日の前にZ銀行に対する償還請求禁止の仮処分を受けており，支払日と本件各信用状の有効期限は同日であって，それは仮処分中に経過していた（そのような仮処分を違法とする見解がある）。§36 UCP600は不可抗力（本件では償還請求禁止仮処分）によって有効期間が経過した信用状は発行銀行において支払をなすことを得ずと定めているので，もはやY銀行の信用状上の義務は消滅していたはずである。この不可抗力規定は古く1933年の最初の統一規則13条から一貫して不変のルールであって，Y銀行がこれを知らなかったと弁解することは許されない。本件では4億8000万円にも及ぶ支払債務についてZ銀行はこの事実を認識していたであろうか。Y銀行にはこれを告知し，それでも和解条件に異論はないかと確認すべき取引上の誠実義務はなかったのであろうか。東京高裁は，私はなにも知らなかったといって後見責任を免れるのだろうか。合意が優先することは争いないにしても，裁判所も各当事者も，だれも取引ルールを知らない合意の効力はどう解すべきであろうか。ただXとZ銀行をかかる合意に追いやったのが，本件第一審判決だったことは間違いないであろう。

第二部

銀行保証状とスタンドバイ信用状における法的諸問題

第一章

銀行保証状とスタンドバイ信用状 （スタンドバイ・クレジット）の現代的課題

第一節　はじめに
――第四世代に移行した銀行保証状と現在における問題状況――

第一款　銀行保証状というタイトル

　ここに銀行保証状などと表題したものは，国際取引において，スタンドバイ・クレジット（Standby Credit），ボンド（surety bond），ギャランティ（guarantie），インデムニティー（indemnity），即時払い銀行保証状（Bankgarantie auf erstes Anfordern）などと，国によって様々に呼称されている銀行の担保約束の一種を意味するものであり，ドイツ法ではこれを，講学上，銀行保証状（Bankgarantie）あるいは単に保証状（Garantie）と称してきたのであった。諸外国においては，既にかかる表現をもって，その概念的把握をなすのに熟しているということができる[1]。

---

1) スタンドバイ・クレジット（スタンドバイ信用状と同じ）について
　（イ）適法性　スタンドバイ・クレジットとは，読んで字のごとく「危急の際にその場ですぐ役に立つもの」という程の意味であるから，この担保約束の趣旨はここに自ずから表れていると言えよう。アメリカ合衆国においては，National Bank（合衆国の法律によって設立された私の銀行）が他人のために保証債務を負担するのはultra viresであるとの解釈により，かかる銀行が保証行為をなすことはできないが，それでも米国統一商法典UCCないし信用状統一規則に則って信用状を発行することは，差し支えないと解されてきた（Cf. Rep. Nat. Bank v. Northwest Nat. Bank, 578 S. W. 2d. 109, 112）。そして，ここではスタンドバイ・クレジットを信用状の延長上の存在として理解し，それに関する制定法上の明示的規定は存在しないものの，それでも信用状に関するUCC §5は信用状という「有益な金融装置の将来における発展を阻害する」趣旨のものではないとして，UCC §5-102(C)に則り，スタンドバイ・クレジットを適法な存在と理解してきたと言われている（ibid. p. 113）。スタンドバイ・クレジットの語はギャランティとともに，各種の信用状を表すために多少とも交換的

わが国においては，私の「銀行保証状 Bankgarantie の法律関係」と題する論稿[2]がこれに関する最初の基礎的な叙述となったが，その後これと課題を共有する研究を見ないため，「銀行保証状」という呼称が，依然として，学術的指向を意図した一つの試みとして残存している[3]。

第二款　概念内容

旧稿以来，私はこれを「必ずしも統一的な概念ではな」いものの，「(外国取引における支払自体に奉仕するものではなくて)，取引が正常に展開しない場合に生じる様々な危険に対する銀行の結果責任を基礎付けるべきいくつかの担保約束が包括的に表現」されたものと指摘してきた[4]。

実際に銀行保証状は，例えば，次のように利用される。シカゴの建築業者

に用いられてきた。いずれにしても，1960 年代以後の歴史しか有しないとされている（v. Westphalen, Bankgarantie, S. 398)。

(ロ) 発行銀行の支払約束の独立抽象性　テキサス州最高裁によると，スタンドバイ・クレジットは「発行者が受益者に対し勘定負担者［発行依頼人］が履行義務を怠ったことを指摘する書類を提出すれば［それのみを条件として］支払う旨を約したものである」(Rep. Nat. Bank v. Northwest Nat. Bank, 578 S.W. 2d. 109, 112)。そして，既に述べたように，スタンドバイ・クレジットは信用状のひとつと解されてきたのであるから，当然，受益者の提出する書類が外見上信用状条件と一致しているように見えることが確認されたときは (UCC §5-109(2))，受益者の支払要求は，商品や書類が基本契約に適合しているか否かにかかわりなく満足されなければならない (UCC §5-114(1)) という，信用状の特性として放棄することのできない発行銀行の支払義務の独立抽象性が承認されている (Getz, p. 203)。

(ハ) 利用条件　信用状との違いについてゲッツは三点を指摘している。第一点は，信用状は基本取引の履行としての支払を意図しているのに対し，スタンドバイ・クレジットは基本取引上の不履行が存する場合に機能するものである。第二点は，信用状とは異なり，スタンドバイ・クレジットにおいては受益者は単に相手方が基本取引の履行を怠った旨を陳述するのみで支払を受けられ，権利証券を提出する必要がなく，それゆえ発行銀行は提供証券によって担保的利益を享受することがない。従ってスタンドバイ・クレジットにおいては商品金融が行われることがない。第三点はスタンドバイ・クレジットにおいて発行銀行により引き受けられるリスクは信用状に比して，より大きいというのである (Getz, p.195-196)。ゲッツの指摘した三点は，ドイツ法の Bankgarantie にもそのまま妥当する。

(ニ) 保証状性　しかし，銀行保証状たるの識別標識とすべきものは，ゲッツの挙げた三つの利用上の特性そのものにあるのではない。(ロ) の支払債務の独立抽象性と，ゲッツの指摘にかかる第二点のうち，受益者が相手方に基本取引の不履行が存

Aとスペインの開発業者Bとの間に数年間にわたる建築について契約が締結され，代金はAを受益者とする信用状に基づいて，定期的に支払われる。しかしBはAの契約不履行の場合の損害賠償並びにその場合における自己の既払額の返還についての保障を求めている。そのためAは取引銀行C（アメリカ）に依頼して，そのコルレス先である銀行D（スペイン）発行の，Bを受益者とする，損害金の支払並びに既払金の返還について各一通のスタンドバイ・クレジットをBに提供する。一方Cは，Aの依頼により，Dのスタンドバイ・クレジットによる支払金の償還を担保するため，Dを受益者とする別の銀行保証状（本章では単に保証状ともいう）を発行する。

第三款　多段階銀行保証状——直接保証状，間接保証状と反対保証状——

銀行保証状に関する法律は，国内法から独立して形成されてきた法領域である。私は，クライナーに従って，ドイツ法圏におけるその形成の過程に三世代

る旨の単なる陳述（保証状所定の事故が発生したとの単なる告知）をなすことによって支払を受けることができること，すなわち受益者の単なる請求（もとより当該スタンドバイ・クレジット所定の条件に従った請求）によって直ちに履行期が到来する点，並びに第一点として主張していた支払義務の補充性に存する（この点については，橋本「銀行保証状 Bankgarantie の法律関係（一）」民商法雑誌79巻4号1頁以下・「同（二）」同5号66頁以下・同（三）同6号47頁以下参照）。

　このように，アメリカ法上のスタンドバイ・クレジットはその生成の基礎が信用状にあって，例えばドイツ法の Bankgarantie が後に本文に示したように，その名のとおり，損害担保契約の利用から発展したのとは異なるものであるにもかかわらず，現在の法的性質はこれを原則として，Bankgarantie と同質のものと称することができる。これに対し，江頭憲治郎「手形保証とスタンドバイ信用状」『現代企業法の展開』有斐閣，1990年，123頁以下がスタンドバイ・クレジットを信用状そのものと解されるのは，正当とは言い難い。

2）橋本・前掲参照。
3）これについて「請求払い保証状」という表現を用いるものがあるが（飯田勝人「請求払保証状（On First Demand Guarantee）の支払差止めをめぐるイギリスの判例」金融法務事情1128号46頁）正当ではない。およそいかなる担保約束も債権者の支払請求なくして支払われるものはあり得ない。しかもこの種の担保約束の法的特徴は，債権者（受益者）の請求あり次第「直ちに」履行期が到来する点に存し，それは背後に発行銀行による主債務関係上の抗弁の放棄と，その程度における保証状の抽象性が存するのであって（橋本・前掲5号67頁以下参照）これを単純に「請求払い」と称するのは，この基本的な性質との整合性に疑問を残したものである。
4）橋本・前掲4号2頁。

にわたる発展があったものと解し，その第三世代としての前述した結果責任的な担保約束に達する前に，第一世代として，銀行保証状の受取人に対する契約促進的機能が強調された Animiergarantie が存することを指摘してきた[5]。

しかし，銀行保証状の利用関係は最近時においてさらに顕著な発展を遂げ，今や第四世代に移行したことが明白である。フォン・メッテンハイムはこの状態における保証状を多段階保証状 mehrstufige Garantie と仮称している[6]。

既に若干イラストレイトしておいたが，まず直接保証状とは，保証状の発行依頼人の請求により，その取引銀行が発行依頼人の外国の取引相手を受益者として直接に発行した保証状であって，発行銀行は発行依頼人と通常住所地を同じくするものである。これに対し間接保証状とは，保証状の発行依頼人の請求により，その取引銀行（第一銀行）が外国の取引銀行（第二銀行）に対し，発行依頼人の外国の取引相手を受益者とする保証状の発行を依頼したことによって，第二銀行により発行された保証状であって，発行銀行は発行依頼人と通常住所地を異にするものである。従って第一銀行が第二銀行に対する発行依頼人となる。第二銀行によって発行された保証状は第二銀行と受益者との関係では直接保証状であるが，第一銀行ないし先の発行依頼人と受益者との関係では間接保証状と言われている。そして，間接保証状の発行については，受益者の保証状による請求によって外国の第二銀行がなすべき支払についての第二銀行の第一銀行に対する償還請求権を担保するための，第二銀行を受益者とする第一銀行の保証状の発行を伴うのが通常であって，それにはギャランティないしインデムニティーの形式をとるものが多い。かかる保証状は，ドイツ法では，Rückgarantie ないし Gegengarantie と言われており，英米法上には特別の呼称を見ないが，本章ではこれを反対保証状と称することとする。この呼称はわが国の実務でも定着していないが，これは信用状取引において，ときに「抱き合わせ信用状」と言われる場合における Back-to-back credit を想起すれば理解し易いであろう[7]。多段階保証状とはこのような複合的保証状関係を総称し

---

5) 橋本・前掲 4 号 4 頁以下参照
6) v. Mettenheim, S. 584f.
7) v. Westphalen, Bankgarantie, S. 203. なおイギリスで用いられている counter indemnity は多段階保証状以外の保証状の支払に基づく償還請求権を担保するものであって，ここにいう反対保証状とは異なる。また Back-to-back credit は本文記載の意味の外に，domestic credit（信用状受益者の有する信用状給付請求権を担保とし

たものである。

　このような複雑な構成がとられる理由の一つには衝突法規の問題があって，保証状による支払請求には，保証状において反対の特約がなされていない限り，発行銀行の住所地の法律が適用されると解されるので[8]，受益者の提起する支払請求訴訟には外国法が適用される結果とならざるを得ない。そのため受益者が自己と住所地を同じくする第一銀行発行の保証状を要求するものと推定される。

　もっとも，スタンドバイ・クレジットその他のドイツ法以外の保証状が，上のような三世代にわたる発展を示してきたものではなく（発生の縁由を異にする），従ってそれら保証状の現状を称して第四世代に移行したというのは，世代数的に正確ではないが，それらが現在正に多段階保証状として現象していることは，海外銀行取引の国際性に基づく法形成の統一性を示すものと言えよう。

第四款　本章の課題

　多段階保証状についてはイラン革命による社会的混乱を契機として法的紛争が多発し，それ以来，諸外国においては，多数の判例と論考とによって一挙に研究が深化したのであった。それは間接保証状と反対保証状という二つの保証状の関連性並びにそれらの受益者（間接保証状の買い主と反対保証状の発行銀行）の権利濫用的請求に対し，発行依頼人がいかにして訴訟手続き上自己の利益を緊急に保全することができるかという問題を中心としたものである。現在のところ，わが国において多段階保証状についての保全命令が申し立てられたとの公刊物による報告に接していないが，決してわが国だけが国際的な銀行取引の例外となって，銀行保証状を知らないのではない。仮の権利保全の問題が多段階保証状に特有のものでないことも明らかである。

　　　て，受益者居住地の銀行により，他の者を受益者として発行された国内信用状）の意味にも用いられている。これにも現在のところ定訳がない。
　　　なお多段階保証状において間接保証状と直接保証状の呼称は逆に用いられることがある。間接保証状は発行依頼人から見て発行が間接的になるので，この呼称が生じたのであって，多数説のとる立場である。しかし保証状自体は直接保証状と異なることがなく，一部有力説は受益者の視点からこれを本文とは逆に，間接保証状と称する。
8) v. Mettenheim, S. 582.

本章は旧稿以来における多段階保証状論その他，銀行保証状論の発展を展望し，殊に発行依頼人の仮の権利保全については，いささかの詳述を試みようとするものである。

第二節　基礎的法理の概要

第一款　銀行保証状の独立抽象性

国際的商取引に用いられる銀行保証状は，発行銀行が特定の抗弁についてこれを留保する意思を表示していない限り，発行銀行において対価関係（主債務関係となる発行依頼人Ａと同人の取引相手方Ｂとの間の，例えばＢのＡに対する前渡金返還の法律関係）並びに原因関係（銀行保証状発行契約）上の一切の抗弁を放棄したものとして，結果的に信用状と同様に，発行銀行の抽象的債務を基礎付けるものである。すなわち保証状もまた信用状，手形，ドイツ民法上の債務約束（§781 BGB）その他の抽象的な支払約束のように「溢れるような安全担保指向（Sicherungstendenz）」によって抜きんでている[9]。発行銀行の抗弁の放棄の結果，原則として，保証状債務は主債務の存否と範囲によって限定されず，発行銀行は主債務上の抗弁を主張することができない。保証状の債務は主債務の存在に従属しないものである[10]。

しかしながら銀行保証状は，信用状などと異なり，その実際の抽象性には個体的な差異が存する。将来統一規則などによってその内容が規定される限りの

---

9) Nielsen, Bankgarantien, S. 106.
10) OLG Köln, WM 1988, S. 21f., 22, BGH, BB 1954, S. 1044, v. Westphalen, Bankgarantie, S. 90f., Auhagen, S. 23f., v. Mettenheim, S. 582, Nielsen, Bankgarantien, S. 24f.

　異論は例えば次のような点にあった。

(1)即時支払う旨の条項が抗弁の放棄を意味するとして，それは発行銀行における抗弁の放棄ではなく，主債務者における抗弁の放棄を意味するのではないか。(2)発行銀行は原則として主債務者の支払不能をカバーするものであり，同行の給付義務は常に消極的に規定されていて，主債務者が給付しなかったとき，その限りにおいてのみ給付をなすことを欲しているのであり，この条項は先訴の抗弁の放棄であるに過ぎず，発行銀行のかかる義務はやはり保証 Bürgschaft であると解している（Bär, S. 64f.）。しかしかかる問題は既に克服されたと言うべきである（前者については v. Caemmerer, S. 295f., 301，後者については Auhagen, S. 31f. 参照）。

ものは格別として[11]、現在銀行保証状の独立抽象性の程度、範囲は依然として個々の保証状についての解釈問題である。フォン・メッテンハイムは視点を変えて次のように強調している。彼は保証状の抽象性を、例えば手形保証の抽象性と同様に解することはできないと言っている。すなわち手形上の債務とは異なり「……保証状の発行は明示的ないし少なくとも「保証状」という表現によって、保証状によって担保された債権と関連しているので、それ［担保された債権］の存在可能性は取引の基礎である。抽象的な保証状の概念はこのような連結性を考慮することを排除するものではない。……それ故、保証状においては［その付従性の程度が］……個別事件ごとに検討されなければならない。……手形保証と違って、そこではさらに依頼人に対するいかなる債権に基づいて支払われるかということが明らかである。保証状が将来の、あるいは条件付き債権について与えられる限りでは、保証状債務は主債務の発生を「前提とする」ということになる」と[12]。

　このような銀行保証状債務の独立抽象性に関し、私は既に、抗弁の放棄が部分的なものに止まる場合には、残存部分については保証法に従って付従的に処置し、放棄された部分については保証法の付従性を否定して独立的に処置すべきであること、並びにこれら抗弁の放棄は保証状受益者（保証状受取人）の「支払請求のあり次第直ちに支払をなす」旨の保証状上の記載の有無を、第一次的な判断のメルクマールとなすのが相当である旨主張してきたものである[13]。

第二款　主張責任の転換の問題
―――いわゆる「即時払い保証」との関連において―――

　このように外国取引に用いられる銀行保証状は、原則として、所定の事由（これをドイツ法では保証状事故と称している）が発生した旨の受益者の単なる主張によって当然履行期が到来する。受益者が実質的に保証状の請求をする

---

11) 銀行保証状に関する国際商業会議所の統一規則の作成は一時期保証状債務の抽象性を認める方向で作業が進行したと思われたが（ICC Doc. No. 40/150-470/230 Tr.）、現行統一規則（ICC, 1978, Pub. No. 325）はその点で大きく後退したものとなった。そのためこれは現実の保証状に適合せず、ほとんど利用されていない（Vgl. v. Bernstorff, S. 990f.）。

12) v. Mettenheim, S. 582-583.

13) 橋本・前掲5号68頁以下。

資格があるかどうかは取るに足りないものとされ,「先ず支払って,訴訟は後」[14]という性質こそがかかる保証状を近代における国際取引に必須の担保手段として発展せしめた。すなわち,これは受益者の実質的な請求権の有無に基づく(不当利得ないし不法行為を理由とする)清算関係は支払の後における基本取引の当事者間の訴訟に留保して,発行銀行には無条件の支払義務を負担せしめ,発行依頼人には発行銀行に対する無条件の償還義務を認めたものである。

ここには訴訟法的には攻撃と防御の交替,主張責任の転換の法理を見ることができる。フォン・メッテンハイムは既にこれを肯定しており[15],1989 年 3 月 9 日の BGH 判決[16]も,近時多用されるようになっている「即時払い保証 Bürgschaft auf erstes Anforderung」という銀行保証状に極めて類似した新たな非典型担保契約につき,興味ある理由によってこれを肯定した。

まず「即時払い保証」とは,銀行保証状と同様に,保証人が債権者と主債務者間の基本関係による抗弁を主張できず,債権者の請求があれば即時に支払うべき債務を負担するが,銀行保証状とは異なり,支払後に債権者の請求資格に瑕疵の存することが明らかになったときには,保証人は債権者に対し給付したものの返還を請求することができると解されているものである[17]。事後の返還請求の可能性の故に,ここでは保証債務の付従性が完全には放棄されていないと解すべきである。この BGH 判決の事例において,主債務者 A は被告に対し一定の設備の提供を引き受けていたが,未だ完全な履行がなされる前に破産した。原告は(判決文からその内容を窺うことはできないが),被告に対しこれによって保証債務の履行請求に及んだ。任意の支払が拒絶されて訴訟となったが,この訴訟では被告と A との間の主債務関係上の抗弁については,当然に,

---

14) Liesecke, WM 1968, S. 22f., 26.
15) v. Mettenheim, S. 581.
16) WM 1989, S. 709f.
17) Bydlinski, S. 1401f., 1402. なお「即時払い保証」については v. Westphalen, Bankgarantie, S. 59-70 参照。ちなみに江頭・前掲 130 頁,145 頁はドイツ法の Garantie auf erstes Anfordern(私の言う即時払い保証状)を「請求あり次第支払われる保証」と訳される。Garantie を「保証」と訳されると,ここに論じている Bürgschaft auf erstes Anfordern(これは正に「保証」である)との間に著しい混乱をもたらす。なお Garantie の語が特別な用いられ方をしてきた点については,橋本・前掲 6 号 60 頁参照。

第二節 基礎的法理の概要　161

吟味されることがなく，原告の敗訴となった。原告は一度支払を余儀なくされた後に，被告に対し，Ａの履行に瑕疵はないので被告には主債務関係上の債権が存在しないとして，その返還請求に及んだものである。

　BGH はこの返還請求訴訟において，原告が自らの返還請求を基礎付ける事実の主張責任を負担するものではなく，主債務者 Ａ に対する被告の「債務不履行による損害賠償」請求権の存在の主張責任が被告に存すると判示した[18]。BGH がその根拠とするところは，要するに，即時払い保証人は支払において被告（債権者）の債権の存在を「承認」したものではないから，通常の保証人より主張責任において不利に取り扱われるべきではないという点にある。しかしこれは，ビヅリンスキーも言うように，窃盗や不当利得返還請求その他，債務者による意図的な出損を伴わない他の場合においても，原則的に，同様に考慮さるべき問題であって，このことは主張責任と立証責任の分配にとって「承認」が決定的に重要な要素ではあり得ないことを示している[19]。ところで「即時払い保証」とは異なり，銀行保証状においては，発行銀行の受益者に対する返還請求権は存在しない。ただ例外として，後に詳述する権利濫用法理の適用により，受益者による保証状の請求が権利濫用にわたる場合にのみ返還請求を承認するのが広く認められている理解であって，その場合にも，決して主債務の存否やその範囲が論じられるものではないのである[20]。

　それに対し「即時払い保証」における保証人の債権者に対する返還請求においては権利濫用のみが問題とされるものではなく，それ故，債権者が保証人から受けた支払の利益を適法に保持することができるか否かは，正に保証法の付従性の決するところと言わなくてはならない。その意味において（即時払い保証の支払請求訴訟ではなく，支払金の返還請求訴訟においては），BGH のいう主張責任の転換を肯定すべき理由はないと言わざるを得ない。

　翻ってこの銀行保証状においても，上に指摘した権利濫用を理由とする発行銀行の受益者に対する返還請求が承認される限りにおいては，あたかも付従性がなお残存しているもののように（抽象性が否定されて存在しないとして）処置すべきである。すなわちまずその点において，メッテンハイムのいう主張責任の転換は肯定され得ない。そして銀行保証状の支払請求訴訟自体において

---

18) WM 1989, S. 710.
19) Bydlinski, S. 1402.
20) Bydlinski, S. 1403.

は，即時払い保証による支払請求訴訟においてもまた同様であるが，原則として，主債務関係上の抗弁は放棄されているので，発行銀行の支払義務の発生は所定の保証状事故が発生したとの受益者（債権者）の主張立証によるべきものであって，これもまた通常の主張責任の分配の結果に従うことをもって足ると解すべきである。

第三款　抽象性の限界としての権利濫用的請求

　上述のように，銀行保証状においては保証状事故が発生した旨の受益者の単なる主張（所定の書類を添付した支払請求）によって直ちに履行期が到来し，それは主債務上の抗弁の放棄を前提とするので，保証状事故が実際に発生したか否かの詮索なしに，支払がなされるべきものである。それでも『明らかな経済的害虫』ともいうべき受益者のいかなる不当な請求に対しても発行銀行，従ってまた発行依頼人は保護せられ得ないものかという問題は早くから取り上げられてきたが，これについてドイツ法の通説は，信義誠実の原則はどのような法律現象をも貫徹するという認識を論拠として，一方卑見は，信義則によることは取り敢えず留保した上で，保証状における主債務関係上の抗弁の放棄は任意のものであることに依拠した発行銀行の通常の意思の解釈を論拠として，いずれにしても，発行銀行は受益者の明らかに根拠のない請求に対して支払を拒絶することのできる場合のあることを承認してきた[21]。もっとも卑見によっても，具体的な支払拒絶義務は，通常の場合，各保証状契約ごとに信義則あるいはそれに依拠した権利濫用の視点（具体的には後述のように詐欺の視点）から解釈によって確定すべきものであって，結果的にはドイツ法の通説と異なることを述べようとしているのではない。

　ところで銀行保証状における信義則違反ないし権利濫用の法理は，保証状の構造との関連において特有の展開を示すので，節を改めて検討を加えることとした。

---

21) 橋本・前掲5号77頁以下。

第三節　権利濫用についての銀行保証状の解釈とスタンドバイ・クレジットの解釈

第一款　総　説

　信義則違反あるいは権利濫用の理解には銀行保証状とスタンドバイ・クレジットとの間において，生成過程の相違を反映して，若干思考過程に差異が存する。

　権利濫用による銀行保証状の抽象性の否定について，ドイツ法は§242 BGBの「債務者は誠実に且つ取引上の慣習に従い給付をなす義務を負う」との一般条項に，その根拠を求める[22]。スイス法も銀行保証状の法的性質については，ドイツ法と共通の理解を示し，その権利濫用についても，権利行使は信義誠実になされなければならないと規定した§2 ZGB に依拠し[23]，フランス法も§1382 CC の一般条項に許されざる権利行使に根拠を求めてきた[24]。なお英法も同様に解して差し支えない。

　それ故，これら大陸法系の銀行保証状においては，許されざる権利行使の抗弁の根拠が受益者の信義則違反あるいは権利濫用の事実に求められ，且つ保証状の抽象性との調和点をば，かかる事実の存在の「明白性」に置く立場と，権利濫用を詐欺の事実と解する立場とが，ともに有力である。

　これに対しスタンドバイ・クレジットは，既に述べたように，アメリカ合衆国において信用状の延長上に理解されており，信用状については米国統一商法典 UCC に規定が存するところから，スタンドバイ・クレジットについても当然信用状に関する§5-114 UCC の適用が認められる。そして§5-114 UCC によると「書類が信用状の条件と外見上一致するが，要求された書類が実際には……偽造されていたり，詐欺的であったり，取引に詐欺が存する場合でない限り」，(a)「発行者は……支払わなければならない」が，(b)そのような場合には手形の正当な所持人でない者による支払請求を満足させることを発行銀行に禁じるための「裁判所の裁量権（court of appropriate jurisdiction）」が認められている。そのためスタンドバイ・クレジットの権利行使の，特に差止命令に関し

---

22) Nielsen, Bankgarantien, S. 111.
23) Kleiner, S. 201f.
24) Nielsen, Bankgarantien, S. 109-110.

て，信義則違反とは言わずに，権利者の詐欺の存在が直接的に問題とされてきた。さらに「詐欺」とはなにか，また「取引における詐欺」とは基本取引における詐欺であるのか，あるいは信用状取引自体における詐欺をいうのかなどが論点とされている。

第二款　銀行保証状と権利濫用

1　総　説

判例と有力な学説は，概して，権利濫用の判断標識につき二つの立場の存在を示している。その第一は，受益者による請求が「明白に許されない」[25]とか，「いかなる資格もない」とか，「明らかに根拠がない」[26]場合でなければならないとの定式に依拠するものである[27]。BGHもまた今日，権利濫用の認定においては「形式的な条件（形式的保証状事故）の存在にもかかわらず，対価関係上の保証状事故（実質的保証状事故）が発生していないことが特にあきらかであることが確実に証明可能である（liquide beweisbar）か否か」[28]を基準としているが，これも同様の判断標識を述べたものである。これに対し第二の立場は権利濫用の内容を直接に限定して，スタンドバイ・クレジットについての論議と同様，これを端的に，受益者に詐欺的行為がある場合となすものである[29]。両者の区別は明白であり，訴訟上も認定の対象を異にする。但し，第二の立場を第一のそれとの連続性において理解するものがあるが[30]，それは詐欺というそれ自体権利濫用に該当する事実の訴訟上の認定には，必然的でないと

---

25) OLG Frankfurt a. M.,WM 1988, S. 1480f.「受益者が保証状の基礎に存する基本的取引上，［仮処分の］申立人に対するなんらの請求権をもたず，通知された支払要求がその契約以外の動機によるものであるが故に，場合によっては権利濫用であるということによっては［権利濫用がある程度疑われることによっては］，結果的に何ものをも変更するものではない」と言っている（S. 1482）。

26) LG Dortmund, WM 1981, S. 280f., 282.

27) 学説上は，例えば，v. Westphalen, Bankgarantie, S. 185f., insbe. 190f., Auhagen, S. 57f., insbe. 59, v. Cemmerer, S. 303f.

28) BGH, WM, S. 689f., 690. これはさらに BGH, WM, 1985, S. 511f., 512, BGH, WM 1986, S. 1429, 1430 に引き継がれている。

29) OLG Frankfurt a. M., WM 1974, S. 956, OLG Saarbrücken, WM 1981, S. 275f. v. Westphalen, Bankgarantie, S. 582f., Kleiner, S. 207f., Nielsen, Bankgarantien, S. 109, Liesecke, WM 1968, S. 27, v. Cemmerer, S. 303.

30) OLG Saarbrücken, a. a. O., Jedzig, S. 1469f., 1473.

しても，通常対価関係上の請求権（例えば，債務不履行による損害賠償請求権）の成否の確認作業を伴うことに基づくものであろう。詐欺は契約関係を超過したものであるが，特定の契約について契約当事者間におかされた詐欺は，なおこれを信義則違反ないし権利濫用の行為ということができる。

2　明白性と証拠の制限説

　第一の立場は，権利濫用の認定において，その重点を権利濫用の事実の明白性とそのための証拠方法の制限（確実に証明可能な証拠方法（liquide Beweise））に置くものであるが[31]，しかし，権利濫用の概念からすれば，事実関係の明白性や証明手段を限定することはそれ自体に意味のあるものではない。思うにこれは，訴訟上，詐欺あるいはその他の権利濫用の事実の証明において必要とされる心証の程度あるいは証拠方法の制限を表現したものと理解すべきものが，それ自体独立した訴訟の目的と誤解されてきたものと言わざるを得ない[32]。すなわち後に詳述するように，受益者の権利濫用的請求に対し，例えば保証状依頼人が，発行銀行を相手方として支払禁止の仮処分を申し立てることの可否が論議されているが，これを認めるとして，申立人の請求権及び仮処分の理由はこれを疎明するをもって足るというのが，わが国と同様（民事保全法13条2項），ドイツ法においても訴訟上の原則とされるところである（§936, 920 II ZPO）。これに対し判例と学説は一致して[33]，権利濫用の事実の単なる疎明（ないし宣誓に代る保証（eidestattliche Versicherung））によって給付の差し止めを認めることは銀行保証状の抽象性に反するとして，その事実の証明，しかも「決定的で疑いもなく確実な証明」[34]を要求するのである。

　しかしかかる明白性と証拠制限とは銀行保証状の抽象性が訴訟にもたらした

---

31) OLG Körn, WM 1988, S. 21f., LG Dortmund, a. a. O., S. 280f., Thietz-Bartram, S. 59f., その他注28掲記の諸判決。

32) R. D. Harbottle (Mercantile) Ltd. v. National Westminster Bank Ltd., [1977] 3 W.L.R. 752, 761., United Trading v. Allied Arab Bank., [1985] 2 Lloyd's Rep. 554, 558, Edward Owen Ltd. v. Barclays Bank(C.A), [1977 E. No. 1065, 764, 765] なども，イギリスのperformance guarantie について詐欺の明白性を要求しているが，これは後に指摘するハーフィールドの「とてつもない詐欺」という程の意味であって，ドイツ法についてここに論じているような，訴訟上の証明度とは無縁なものである。

33) 例えば Kleiner, S. 234 参照。

34) v. Westphalen, Bankgarantie, S. 265, 295, Jedzig, S. 1473, Nielsen, Bankgarantien, S. 110.

帰結ではあり得ても[35]，権利濫用の概念の帰結と解しうるものではない。
　また，保全処分における権利と必要性の立証が疎明で足るとのわが国の民事保全法ないしドイツ民訴法の規定を銀行保証状について覆し，保全裁判でありながら「決定的で疑いもなく確実な証明」が必要であるとなすことは，民事保全法もドイツ民訴法も必要とされる証明の程度について被保全権利に種類の別を立てていないので，訴訟法的な検討課題を提供するものとなる。クライナーはこれについて次のように示唆している。「ドイツ民訴法（§936, 920 Abs. 2 u. 294 ZPO）において基準的である疎明の条件を制限することは保証状の機能と本質からして導き出されることである。すなわちはっきりした疎明の代わりに証明を要するとの当事者の黙示的合意が存在していて，それが許されるのであるか，あるいは正当な法の発展が存するかについては，とりわけ論議されるのである。問題とされるのは，国際的で抽象的な担保手段としての保証状の機能が保持されるべきであるかという点にあって，所定の民訴法（§920 Abs. 2 u. 294 ZPO）が法的課題を適切に解決するというその機能を果たすことができない場合には，疎明についての規定の改正を必要とする」と[36]。しかし，ここで仮に黙示的な証拠制限契約の存在を承認すべきであるとしても[37]，それは当然に裁判官の自由心証を制約する結果となるのを避けられないことを考慮すると，かかる証拠契約が許されるか否かには疑問があると言わざるを得ない。
　また第一の立場には実務的にも疑問があって，これによると権利濫用性とその事実認定の前提となることが多い対価関係上の主債務の存否の認定とが混同せられ，結果的に保証状の抽象性が否定される危険が存するのである[38]。

---

35) Kleiner, S. 235, v. Westphalen, Bankgarantie, S. 294.
36) Kleiner, S. 235. Kleiner はまた，保全裁判において［支払］停止請求権は専ら証明されなければならないが，要は，銀行が権利濫用を証明できるという点にあるから，銀行が権利濫用を証明できることが疎明されるべきであるとの Mülbert の見解を紹介している（Kleiner, S. 234-235）。なおイギリス法における保全命令が疎明 primafacie-evidence によってなされるのが判例法であることについて，P. Arens（石川明他訳）「仮処分命令の付与にあたっての仮処分の被保全権利と利益衡量」法曹時報 30 巻 12 号 1 頁。
37) Nielsen, Bankgarantien, S. 118, v. Westphalen, Bankgarantie, S. 288 などは，ここに黙示的証拠契約の存在を前提としている。
38) LG Dortmund, WM 1981, S. 280 は反対保証状の受益者である M 銀行による請求に対する発行銀行の支払が，間接保証状の受益者 P による請求の権利濫用性を理由として差し止められたものである。すなわち，申立人 K（ドイツ）は P（イラン）に対

3 詐欺説

　第二の立場である詐欺説は，権利濫用を理由とする保証状の支払禁止を，その請求が信義則に対する一般的な禁止以上のものであって，「どのような合理的考慮における正当な視点によっても銀行保証状の支払請求権がな」く，支払請求が「……明らかに随意的，詐欺的ないし加害の意思をもって詐欺的になされ」た[39]ものであり，要するに，刑事法的な行為に等しいときにのみ権利濫用性を肯定するものである[40]。

　この立場については，銀行保証状においても詐欺とは具体的に保証状自体についての詐欺であるか，あるいは基本取引についての詐欺をも含むかが争われているが，保証状債務は主債務に従属せず，それ故，保証状の支払請求に対する発行銀行の抗弁は，フォン・メッテンハイムやクライナーのいうように，本来発行銀行自身の固有の理由をもってするものでなければならないので[41]，理論的には，詐欺とは当然に保証状自体についてのものでなければならないであろう。しかしこの両者を区別することは実際には困難である。そして銀行保証

し機械を供給する義務を負担し，その不履行の場合における損害賠償義務を担保するため，イランのM銀行を発行銀行とし，Pを受益者とする保証状の発行を相手方B（ドイツの金融機関）に依頼した。Bの依頼に従ったM銀行の保証状（間接保証状）が発行された。BはまたKの依頼により，間接保証状によるM銀行の支払を補償するため，M銀行を受益者とする反対保証状を発行した。M銀行は間接保証状の請求を受けたので，Bに対して反対保証状の請求をなし，BはKに対し，仮処分によって禁止されない限りその支払をすると予告した。かかる支払を禁止する旨の仮処分がなされ，これに対して異議が申し立てられた。本件はその異議についての裁判である。論点は多いが，裁判所はPの請求は権利濫用に当たり，それ故M銀行の請求もまた権利濫用として許されないと判示した。すなわち，KのPに対する履行の提供は適正なものとして受け取られ，機械のテストも成功した。これに対する修繕要求もないし，もし瑕疵があれば，PはKの計算において修繕をさせ，その代金を保証状によって請求することができたのにこれをしていない。実際，Pは代金の支払を完了しているのであって，かかる場合［Kの債務不履行を理由とする］保証状の請求は権利の濫用に当たる。「支払禁止はそれ故，絶対に排除されるべきものではない。これはいかなる場合でも，証明された無根拠性と権利濫用の場合に［例外として］肯定されるものである。かかる例外が存することは［本件において］既に証明されている」と言っている（S. 283）。しかし，このように主債務の存否を判定することは，決して保証状発行銀行の任務ではない。

39) Jedzig, S. 1473.
40) Nielsen, Bankgarantien, S. 111.
41) v. Mettenheim, S. 582, Kleiner, S. 229.

状に関しては，それ以上詐欺を具体的に解析する作業はなされておらず，その点ではアメリカのスタンドバイ・クレジットに関する論議が優越すると言わなければならない。

第三款　スタンドバイ・クレジットと権利濫用

1　総　説

スタンドバイ・クレジットにおいては，先に述べたように，UCC §5に書類が偽造されていたり，詐欺的であったり，取引に詐欺が存する場合には支払がなされない旨の規定が存するところから，端的に詐欺の存否が支払請求の結果を左右するとされてきた。しかしUCCにいう詐欺の定義は不明確である。また1957年に追加された「取引における詐欺」とはスタンドバイ・クレジットについてなにを意味するのか。

2　擬制的詐欺説

Dynamics Corp. of America v. Citizens & Southern National bank[42]で裁判所は，衡平法裁判所は「詐欺」の語にいくつかのタイプの違う違法行為を包含させることにより，商取引の変遷に対応してきたのであって，そこでは不実表示（misrepresent）と詐欺（defraud）との違いも明らかにされてきたとは言えないと指摘している[43]。さらに，衡平法裁判所において詐欺は通常，普通法ないし衡平法上の義務，信頼ないし確信に反するすべての作為，不作為及び秘匿並びに良心に反し他人を侵害するように機能するすべての作為と不作為を含むと述べている[44]。これはいわゆる擬制的詐欺（constructive fraud）の概念を述べたものであって，故意の主観的要素の立証に依存することのない，より融通性のある詐欺の基準を呈示したものに他ならない。

本件において，原告Dynamics（アメリカ）はインド［国］に対し国防上の通信施設を提供する契約を締結し，インド大統領を受益者とするスタンドバイ・クレジットの発行を被告Citizensに依頼してその発行を得た。これはDynamicsに本件契約の不履行がある旨のインド大統領の署名ある証明書が提出されれば支払われるものであった。Dynamicsによる一部の履行はなされたが，その後インドとパキスタンの間に紛争が発生したので，アメリカ大統領は

---

42) 356F. Supp. 991 (N.D.Ga. 1973).
43) Ibid. p. 998.
44) Ibid. p. 998-999.

第三節　権利濫用についての銀行保証状の解釈とスタンドバイ・クレジットの解釈　169

この地域に対する武器輸出を禁止した。そのため，Dynamics のその余の履行が不可能となった。インドは Dynamics に不履行があったとして，本件スタンドバイ・クレジットによる支払請求をなす。これに対し裁判所は「詐欺法は静的なものではなく，裁判所はこのところ，これ［詐欺］を我々の社会における変遷する性質の商取引に適用してきた。衡平法の救済を求める訴訟——本件もそうだが——において，原告が訴訟の根拠となる詐欺のすべての要件を呈示することは必要とされていない」[45]。詐欺基準の本件における課題は「インドがその立場による非良心的な利益を得て，実際には絶対に基礎付けられていない仮の陳述書［証明書］によって原告の金員を持ち逃げすることを許さないことを単に保障するだけ」であるとなし，結局，本件スタンドバイ・クレジットによる支払の差止命令を認めた。

しかし，衡平法裁判所の説く擬制的詐欺説はスタンドバイ・クレジットという抽象的債務を伴う取引について，これをその他の通常の商取引と区別し得ていないと言わなければならない。スタンドバイ・クレジットの抽象的債務を破るのに，故意的詐欺のみならず，擬制的詐欺をもってすることもできると解することは，この種の国際的担保取引の基礎を破壊することに他ならない。

3　不法行為説

信用状における支払差止事件のリーディング・ケースと言われている Sztejn v. J. Henry Schroder Banking Corporation[46] の事案において，Schroder は Sztejn の依頼によりインドの受益者 T に対し商業信用状を発行した。T が取立銀行を経由して発行銀行に提出した書類は外見上信用状条件に適合していたが，実際の商品ケースの内容は契約どおりの毛ではなくて牛毛とか塵埃であった。Sztejn は T がそれを真正な商品と偽って自己を欺罔したと主張し，Schroder の支払前にこれを同行に通知した上，同行を相手方として支払差止の訴訟を提起した。裁判所は Sztejn の主張する事実を認め，「これは商品の品質に関する単なる保証（warranty）の違反についての買い主と売り主との間の争いではない。本件の申立については，売り主は買い主によって注文された商品を船積みすることを意図的になさなかったと解されなければならない」と判示し[47]，このことが事前に発行銀行に通知されていた事実にも配慮するとしつ

---

45) Ibid. p. 998.
46) 177 Misc. 719, 31 N.Y. S2d631 (1941).
47) Ibid. p. 634.

つ，支払差止を命じた。

　ゲッツはこの判決を評して，これは故意，虚偽性，表示，信頼及び損害の立証を要件とする普通法上の厳格な詐欺基準の適用を述べたものであり，「……詐欺についての普通法上の不法行為訴訟の提起をもたらすような，履行を故意によってなさないことを要求するもの」であると言っている。Sztejn 事件判決の評価は必ずしも一致せず，売り主の詐欺が事前に通知されていた点に留意して，売り主の詐欺に関する銀行の注意を喚起した側面を指摘する見解も存するが[48]，一般にはゲッツと評価を同じくするものと解してよい。ペンシルバニア州最高裁も Intraworld Industries, Inc. v. Girard Trust Bank[49] において，Sztejn 事件判決を引用の上，「我々は支払を妨げる差止命令を正当化しようとする事情は，受益者の不法行為が取引全体を腐敗させるため，発行者の義務の独立性が持つ適法な目的がもはや役に立たないような詐欺の事情に狭く限定されなければならない」[50] との命題を述べた。この事件において，原告 I（ペンシルバニア）はホテルの賃借人兼信用状（実体はスタンドバイ・クレジット）の発行依頼人であり，被告 G は発行銀行，参加人 C（スイス市民でありイタリアに居住）はホテルの賃借人兼信用状の受益者である。信用状は I が賃料の支払を怠ることを支払の条件とするものであって，二通発行された。I の賃料不払のため，両信用状について支払請求がなされたが，I の申立によりフィラデルフィア民事裁判所は G に対し支払禁止の予備的差止命令をなした。ヒアリングによって裁判所がこれを取り消したので，I が上訴したのが本件である。I と C との賃貸借契約にはイタリア法を適用するとの特約があり，I と C との契約にはペンシルバニア州法の適用がある。信用状には 1962 年信用状統一規則の準拠文言があった。衝突法規の問題について，上訴審は本件差止命令はペンシルバニア UCC によるべきものとし，同法 §5-114 (2) (b) に「……信義則に従って行為する発行者は，顧客から［書類の］詐欺，偽造……について通知がなされても，……支払をすることができるが，裁判所はかかる支払を差し止めることができる」と規定しているのを指摘している。I は，C の支払請求とそのための書類が外見上は信用状条件に適合していても，それは偽造であり詐欺的である。なぜなら，C が I からの賃料の支払がなかったと言っている

---

48) Getz, p. 206.
49) Gutteridge/Megrah, 1984, p. 187.
50) Pa., 336A2d 316 (1975).

1974年5月10日当時，本件賃貸借契約はスイス法に則って解除されていたなどと，予めGに通知しており，その旨裁判所においても主張した。上訴審はこの賃貸借契約が解消されていたとは解さず，結局，受益者Cに詐欺の存することはその証明がないとして，差止命令を取り消していた原審判断を支持した。

賃貸借契約が既に解消されているのに，賃料の支払がなされていない旨の書類を作成して発行銀行に信用状（スタンドバイ・クレジット）による支払を求めることは，それが直ちにゲッツのいう不法行為たる詐欺を構成するものとは言えない。本件は詐欺を否定した事例であるから，右に指摘した裁判所の命題は必ずしも本件訴訟原因に対応したものとは言えないであろう。しかし本件判決が詐欺を「取引全体を腐敗させる不法行為」とした解釈は，Sztejn事件判決に対するゲッツの評釈と帰を一にするのである。

前述のように，理論的には保証状債務の独立抽象性は基本取引による抗弁（対価関係上の抗弁）の提出を許さず，単に発行銀行自身の固有の抗弁を許すのみであるが，右の事例はこの両者を分別することがときとして不可能であることを示している。

4 ゲッツの「保証状の独立性の正当な目的」説と卑見の「故意による良俗違反」説

ゲッツは，スタンドバイ・クレジット，すなわち保証状において受益者が提出すべき書類の種類と内容［保証状条件］の特定は，受益者と発行依頼人が負担すべき危険の分配作業の結果と解されなければならないという。かかる書類について十分の配慮をなすことにより，発行依頼人は受益者の不当な請求から保護されるであろう。従って，「保証状の義務の独立性の正当な目的」は，個別保証状の条件の機能と一致すると言わなければならない。それ故，黙示的条件を含めて各保証状ごとにこれを検討することにより，各当事者に分配され引き受けられたリスクの程度を決定することができる。受益者の行為が発行依頼人の合理的に期待し，保証状があたえられたレベル以下になると，独立契約のルールはもはや機能しない［保証状の抽象性は否定される］。このプロセスは裁判所による主観的な判断を要求するものであるが，結果は保証状条件と関わりのない何らかの理論レベルにおける有責性の強制とはならないであろう。ゲッツは大要このように述べている[51]。

保証状条件によって危険の分配がある程度なされうることは当然であるが，

保証状の独立抽象性を考慮すると，ここで求められている危険の分配は，ゲッツのいうところの発行依頼人と受益者との間におけるものではなくて，発行銀行と発行依頼人との間におけるものでなければならない。発行依頼人と受益者との間の危険の分配は，保証状における清算機能（Liquiditätsfunktion）[52]，すなわち発行銀行が受益者の請求に従って先になした支払が対価関係上の債務関係に適合していない場合（実体的保証状事故の不発生の場合）に，受益者に対する発行依頼人の債務不履行による損害賠償請求権[53]ないし不当利得返還請求権を発生させるため，この両者間の（保証状関係に非ざる）別個の法律関係における事後の調整に委ねられているのである。それは保証状に関連する当然の危険として，各当事者が予め承諾しているところである[54]。保証状債務の独立抽象性が清算機能を保証状の必然にして不可欠な法的特徴たらしめていると解すべきである[55]。そして受益者の請求が権利濫用であるのは，当事者がこのようにして予め承認している危険を超過していて，清算機能に委ねるまでもなく緊急に支払を禁止するのを正当とすべき特殊な事情が存する場合でなければならない。そうすると，かかる事情とは本来，実体的保証状事故が発生していないことを受益者が知っているか否かに必然的にかかわることではないが，一方では受益者の詐欺に限定すべきものでもなく，また他方では詐欺が必ずこれに該当すると解すべきものでもない（ハーフィールドが詐欺をさらに「とてつもない詐欺（egregious fraud）」に限定しているのは参考になる[56]）。それは「国際的取引における生きた血液（life-blood）」[57]である保証状の機能と性質を十分に理解した上で，なおその抽象性を否定して発行依頼人を保護すべき特殊な事情でなければならない。一方この種の国際的取引において，国際的判例の

---

51) Ibid. p. 324.
52) Getz, p. 209-210.
53) v. Westphalen, Bankgarantie, S. 148f., Kleiner, S. 197f., OLG Köln, WM 1988, S. 21, 22.
54) Blau, WM 1988, S. 1474.
55) クライナーは銀行保証状の清算機能について「……事後手続きにおける保証状請求の再審査はすべての当事者によって意図された原則上の出来事であって，それについては，かかる順序への回帰がただ「特別の例外的事例」においてのみ問題となるということについて，一致の存するところである。」と言っている（Kleiner, S. 108-109）。
56) Harfield, 596 (Getz, p. 206).
57) R. D. Harbottle (Mercantile) Ltd. v. National Weatminster Bank Ltd., [1977] 3 W.L.R. 752, 761.

示す枠に適合しない独自の地方的解釈を呈示するのは無意味であろう。そうするとこれをドイツ法的に加害の故意をもってする刑事法的な詐欺と限定的に解すべきものでもなく、重大な過失ある錯誤によるものは含まず、その間において、これを「故意による良俗違反」行為[58]と解するのを相当と解するものである。

但し、保証状の権利濫用的請求の有無（被保全権利の発生原因）が差し当たりは仮処分その他の略式訴訟たる保全訴訟によって審理されることにより、結果的に保証状の抽象性という譲ることのできない法的性質が、簡易略式に侵害される危険が現在においても存在する。また保全訴訟の審理対象をめぐる従来の通説的見解たる、保全訴訟においては被保全権利が審理の対象となり、被保全権利の法的問題については本案訴訟におけるのと同程度の審理を必要とするとの前提が支えられなくて[59]、保全訴訟の審理対象として被保全権利以外の請求権が考案され、その法律関係の審理が本案訴訟におけるよりも緩和される状況となれば、保証状の権利濫用の要件についてはさらに検討が加えられなければならないことになるであろう。

第四節　権利濫用的請求における（支払前の）関係当事者間の法律関係

第一款　総　説

　銀行保証状において発行依頼人と発行銀行との間には、信用状の発行契約と同様、委任契約（ドイツ法の理解としては請負契約類似の事務処理契約、保証状発行契約）が存在し、発行銀行が受益者に対して支払をなせば当然発行依頼人に対する費用償還請求権（民法650条1項、§679, 675 BGB）が発生する関係にある。
　それ故、受益者の権利濫用的請求に対して保護されるべき者はまず発行依頼人であり、その際発行依頼人の正当な権利を防禦すべき局面は、(1)受益者の発

---

[58] この表現については、吉田邦彦「『第三者の債権侵害』に関する基礎的考察（二）」法協102巻11号196頁を参照した。保証状の権利濫用的請求を保証状法律関係という債権関係への侵害行為と捉えることも可能であろう。
[59] 例えば長谷部由紀子「仮の救済における審理の構造（一）」法協101巻1号1頁以下、同（二）同102巻4号75頁以下、同（三）同102巻9号92頁以下参照。

行依頼人に対する支払請求，(2)これに対する発行銀行の受益者に対する支払，及び(3)発行銀行による発行依頼人に対する償還請求の諸関係において存すると言わなければならない。そのため，発行依頼人と受益者との法律関係が検討されるべきものとなる。

　発行銀行の支払前における，権利濫用的請求によって生じている発行依頼人をめぐる法律関係を明らかにすることは，やがて権利濫用的請求に対する発行依頼人の仮の権利保護手段を明らかにするための準備的作業となるのである。

第二款　発行依頼人と発行銀行との法律関係

　この両者の保証状発行契約は受任者としての保証状の発行銀行に対し，原則として，発行依頼人の保証状に関する利益を保全すべきことを義務付けている。すなわちかかる保護義務は，この両者間の保証状発行契約に内在する付随的義務として位置付けられる。委任に従った保証状の発行によって（保証状契約），発行銀行には受益者に対する抽象的な保証状債務が発生し，それ故，本来発行銀行は受益者に対して対価関係上の抗弁を主張できないものであっても，例外的にこれを主張することが認められる場合においては，その主張をなすのが，発行依頼人に対する発行銀行の保証状発行契約に付随する保護義務となる[60]。すなわち，この場合に，(1)発行銀行には受益者に対する権利濫用の抗弁をなすべきことを前提として，既に受益者に対する支払拒絶権（Leistungsverweigerungsrecht）の発生していることを認め［一の(1)の法律関係］，(2)それ故，発行依頼人は発行銀行に対し支払拒絶権の実行を求める権利を有すると解し［一の(2)の法律関係］，(3)発行銀行には受益者に対する支払拒絶義務が存するところから，かかる義務に違反した支払について発行依頼人には発行銀行に対する償還拒絶権があると解するのが［一の(3)の法律関係］通説である[61]。これ

---

60) OLG Frankfurt a. M., WM 1988, S. 1480, 1482, LG Dortmund, WM 1981, S. 280, 282, LG Braunschweiz, WM 1981, S. 278, 280, OLG Saarbrüken, WM 1981, S. 275, 277, Nielsen, Bankgarantien, S. 124-125, v. Mettenheim, S. 585, Thietz-Bartram, S. 76, v. Westphalen, Bankgarantie, S. 288.

61) v. Westphalen, WM 1981, S. 294f, 301, Auhagen, S. 77, v. Caemmerer, S. 303. なお発行銀行には本文(1)の支払拒絶権（義務）ではなく，(3)に対応する発行依頼人に対する償還禁止のみが認められるとの見解が存する（OLG Stuttgart, WM 1981, S. 631, 632; LG München, WM 1981, S. 416f, Nielsen, Bankgarantien, S. 124-125, LG Dortmund, WM 1988, S. 1695）。しかし，発行銀行から見て，受益者に対する支払禁止と発行依

第四節　権利濫用的請求における（支払前の）関係当事者間の法律関係　175

らは上述の保護義務によるものであるから，受益者の権利濫用の事実を発行銀行が知悉していて，且つ銀行実務上容易にこれを証明することができる場合でなければならない。

　以上のような発行依頼人に対する発行銀行の保護義務を認める通説に対しては，異論がなされている。すなわちこれは，発行銀行は発行依頼人と受益者との間において非当事者的立場（中立的立場）を占めなければならないというものである。フォン・メッテンハイムはこれが BGH の視点であると言い[62]，イェドツィヒは「権利濫用となりうる事情の審査と保証状金額の支払についての決定は，ただ保証状発行銀行のなすべきことであって，その際に困難な状況となるのは，同行がその償還請求権への影響も，同行の国際的立場も［ともに］考慮しなければならないことによるのである」と言っている[63]。

　しかし発行銀行の中立義務は，受益者の権利濫用的請求に直面していない，いわば平常時においても承認され得ないものである。すなわち，発行銀行の債務の抽象性は，基本取引の当事者間に存する紛争から独立し，それ故発行銀行がその紛争の是非について判断することを排除して[64]，受益者の請求あり次第直ちに支払うという抽象性の優越したものだからである。発行銀行は発行依頼人との間では保証状発行契約関係にあり，受益者との間では保証状契約関係にあるが，それでも両契約の当事者として均衡を保つことは求められていない。フォン・メッテンハイムも，発行銀行の発行依頼人に対する保護義務と受益者に対する抽象的義務とは論理矛盾の関係にあると解し，発行銀行が一面では抽象的な義務を負担し，他面では抽象的な義務の履行を発行依頼人の同意に従属させることは良俗違反になるというのである[65]。しかも受益者による権利濫用的請求がなされているとの現在の問題状況において，後者（発行銀行と受益者との関係）は権利濫用のため，受益者の発行銀行に対する保証状給付請求権が存在しないか（Innentheorie）[66]，あるいはその権利行使ができない（Außen-

---

　　頼人に対する償還禁止とは当然に択一関係にあるが，発行依頼人の視点からすれば，
　　これらは両存することが可能な法律関係である。
62) BGH BB 1959 S. 13 (v. Mettenheim, S. 585).
63) Jedzig, S. 1471.
64) Nielsen, Bankgarantien, S. 224.
65) v. Mettenheim, S. 586.
66) v. Mettenheim は銀行保証状において即時払い請求がなされることは単なる支払要
　　求以上のものであって，それは発行銀行の債務の前提であり，§158 BGB［停止条件

theorie) 関係にある。そして前者 (発行銀行と発行依頼人との関係) の保証状発行契約における保護義務は, その契約の当事者たる発行依頼人に対する発行銀行の義務であって, その契約当事者に非ざる受益者がこれによって発行銀行の中立義務を主張する根拠となし得るものではない。このようにして卑見は, ドイツ法上の通説に従い, 発行銀行は発行依頼人に対する保護義務を有し, これによって受益者の権利濫用的請求の場合において, (1)発行銀行の受益者に対する支払拒絶義務, (2)発行依頼人の発行銀行に対する, 受益者に対する支払拒絶を実行することを求める権利, 及び(3)発行依頼人の発行銀行に対する償還拒絶権の存在を肯定するのを正当と解するものである。(3)の償還拒絶権は(1)の支払拒絶義務の違反の有無を問わず, 受益者の権利濫用的請求によって直ちに保全されるべき理由があるものである[67]。

第三款　発行依頼人と受益者との法律関係

受益者が保証状請求をすると発行銀行の支払債務は直ちに遅滞に陥り, 発行銀行は支払後直ちに償還請求して発行依頼人の償還義務を発生させるという因果関係にあるので, (対価関係ないし清算関係ではなく) かかる保証状法律関係に基づいて, 受益者の権利濫用的請求が発行依頼人にいかなる権利を生じるかが検討されてきた。(1)まず保証状の権利濫用的請求によって, 義務なき償還を余儀なくされるとの不法行為による損害賠償請求権が認められるべきである[68]。これに対し, 損害賠償請求権説は発行依頼人による受益者の保証状請求

付き法律行為の条件にかかれる効力は条件成就と同時に発生す] の意味における随意条件である。しかし信義違反的に条件を成就させた場合は, 条件の不法成就に関する§162 BGB の趣旨によって, 保証状請求権は未だ存在しないと主張している (v. Mettenheim, S. 583)。

67) 反対は LG Dortmund, WM 1988, S. 1695f. である。発行依頼人は受益者による権利濫用的請求のおそれありとし, 発行銀行を相手方として支払禁止の仮処分の申立をして認められた。異議の申立に対して裁判所は, 仮処分は申立人に財産的危険のあることを前提とするものであるが, この危険は発行銀行の支払によってではなく, 発行依頼人に対する償還請求によって初めて生じるものである。発行依頼人には償還請求をしないように請求する権利はあるが, 支払をしないように請求する権利はない旨判示し, 結局, 申立人には権利保護の利益がないといって仮処分を取り消した (a. a. O., S. 1695)。しかし, 発行銀行にとり支払は単なる償還請求の条件にすぎないものではなく, 発行依頼人の権利保護の利益の視点から見て, 償還請求そのものである。

68) Vgl. Thietz-Bartram, S. 74.

第四節　権利濫用的請求における（支払前の）関係当事者間の法律関係　177

権の仮差押を許容する意図のものであるが，発行銀行による支払前に保証状請求権が仮差押されると発行依頼人に損害が発生し得ない結果となるので，本来それは全く存在し得ない債権である旨の反論が存する[69]。しかし保全裁判と保全執行とは観念的に分別されるものである以上，この否定説が正当であるとは解せられない。しかしこれは，ひっきょう，権利濫用的請求によって条件付けられた損害賠償請求権であって，権利性の希薄な存在と言うべきである。(2)次に発行依頼人は受益者に対し，受益者が保証状に基づく支払請求権を有しないことの確認を求める権利を取得したと解することができる。これは Harbottle Ltd. v. Nat. Westminster Bank (Q.B.D.)[70] で原告が主張した請求権の一つであった。本件は被告の詐欺の証明がないとして棄却の結果となったが，裁判所もこの請求権の存在しうることを否定していない[71]。(3)また発行依頼人には受益者が発行銀行に対する支払請求をしないように求める権利があるとの見解が存する[72]。請求がなされてもそれが権利濫用であった場合には，請求がなされた後においてなお支払請求権の行使が禁止され得るというのは，いわゆる Innentheorie に立って全く理解できないものでもなく，事例も存する。OLG Frankfurt a. M. 12. Fed. 1974[73] の申立人（買い主，発行依頼人）は相手方（売り主，受益者）が発行銀行に対し保証状の支払請求をした後，保証状の基礎に

---

69) Thietz-Bartram, a. a. O.
70) [1977] 3 W.L.R., 752.
71) Ibid. p. 761. なおここで発行依頼人の保証状債務不存在確認請求権を認めることができないのは当然である。この関係で想起されるのは，かつて論議された約束手形の振出人が申立人（債権者）となり，手形受取人を相手方（債務者），支払銀行を第三債務者として，手形受取人には取立を禁じ，支払銀行には支払を禁じる旨の仮処分がなされる際の被保全権利の構成との類似性である。この手形取立禁止・支払禁止仮処分の場合にも，振出人に対して有する人的（物的）抗弁を手形金請求訴訟において主張することを予め免れることが目的とされていたのである。しかし手形取立禁止・支払禁止仮処分の場合には，かかる抗弁によって振出人に手形返還請求権ないし手形債務不存在確認請求権の存在が認められていたが（谷口安平「手形取立禁止・支払禁止仮処分について」金融法務事情1070号6頁，石川明「仮処分による手形の支払禁止をめぐる若干の問題」同1057号6頁），保証状にあってはこれによって債務を負担している者は発行依頼人ではなく発行銀行であり，且つ保証状は手形と異なって有価証券ではないから，発行依頼人からの返還請求権ないし保証状債務不存在確認請求権を想定することができないものである。
72) Thietz-Bartram, a. a. O.
73) WM 1974, S. 956.

ある債務はすべて支払われていると主張して、受益者が発行銀行からの支払を求めることを禁止する仮処分の申立をした。地裁はこの申立を認めた。異議が提起され、和解により終了したが、訴訟費用の負担について申立人が抗告し、相手方が付帯抗告したものである。上級地裁 OLG は受益者に詐欺が存しない場合であるから仮処分をなすべきでなかったといって、受益者に訴訟費用の一部負担を命じた原審判断を違法とした。問題の保証状請求権については「相手方が保証状の請求をする実体的な権利を有するか否かは重要なことではない」と言っている[74]。

なお、発行依頼人と受益者との間には、売買、請負契約その他の保証状発行契約の対価関係たる基本契約が存在するが、それは保証状発行契約ないし保証状契約とは別個独立の存在である。それ故、本件についての受益者の権利濫用的請求に対し、かかる基本契約を根拠として、保証状請求をしないことを求める保証状請求権の不行使請求権（Unterlassungsanspruch）や、保証状に基づく給付金を発行銀行から受け取らないように請求する権利を発行依頼人に認めることはできないであろう。また前述の銀行保証状の清算機能による損害賠償請求権ないし不当利得返還請求権は発行銀行の支払によって発生する権利であって、受益者の権利濫用的請求によって発生する権利ではないから、ここに論じるのは適当でないものである。

第五節　発行依頼人の仮の権利保護

第一款　総　説

既に述べたように、保証状はその発行の態様に応じて直接保証状と間接保証状（多段階保証状）とに分かたれる。受益者の請求が詐欺的であって、明らかに根拠がないことを理由とする発行依頼人のための仮処分その他の仮の権利保護の可否、要件は、保証状のこの二つの態様に応じて検討されなければならない。

多段階保証状においては、間接保証状それ自体の問題とともに、間接保証状と反対保証状との関連性が重要であり、後に詳述するように、ここに取り上げ

---

[74] a. a. O.

ている発行依頼人の保護を考える上では，これと同じ適用法の下にある反対保証状の発行銀行との関係において，間接保証状そのものよりも反対保証状がより重要な存在となる。

第二款　直接保証状と保全処分

第一目　発行銀行を相手方とする仮処分
Ⅰ　支払禁止の仮処分
1　消極説
（イ）OLG Frankfurt a. M. 27. 4. 1987[75]

　発行依頼人は発行銀行を相手方として保証状による支払禁止の仮処分の申立をなすことができないとの見解のうち，保証状債務の抽象性の優越と発行銀行の自己決定権を理由とするのがこの OLG Frankfurt a. M.である。

　本件で発行依頼人である西ドイツの商社は二つの浮きドックと六つの港湾起重機をアラブのあるジョイントベンチャー（受益者）に供給し，ジョイントベンチャーはアラブの港湾当局の依頼によって，そのドックとクレーンを現地の業者に供給すべきものとされた。西ドイツの銀行はこの商社の依頼によって，ジョイントベンチャー宛てに一種の履行保証状を発行した。「供給者（依頼人）が依頼条件を不履行としたときには，保証人（発行銀行）は貴殿の書面による請求によって，供給者側の異議には一切配慮することなく，……指定された銀行の貴殿の口座に振り込んで……支払う。」「この約束は保証人の無留保かつ取り消し不能の義務をなすものである。当該依頼によって履行さるべき役務の依頼条件ないし範囲または種類の変更，貴殿によって認められた期限ないし猶予並びに一切のその余の行為ないし貴殿の不履行であって，これらの規定がなければ保証人の免責となりうるものは，どのようなものでも，ここに保証した義務から保証人を免責しない。」というのが本件保証状の支払約束であった。表現はとりわけ詳細にわたっているが，受益者の請求があれば依頼人の異議に配慮することなく支払うとしているところが重要な一点であり，これによって本件保証状を銀行保証状の通常の支払約束と称することができる。これについて発行依頼人は（判文上詳細は分からないが），受益者は保証状による実質的な請求権をなにも有しない旨主張し，発行銀行を相手方として本件保証状による

---

75) WM 1988, S. 1480f.

支払を禁止するとの仮処分を申し立てた。一審は発行銀行と受益者との間の法律関係［保証状の抽象性］は，場合によっては銀行保証状自体の請求が明らかな権利の濫用を構成するときであっても重要であるとして，これを退けた。上訴に対し，上級地裁は一審の理由を補充し，本件銀行保証状の債務はすなわち抽象的であって，受益者であるジョイントベンチャーの請求があり次第，ジョイントベンチャーと発行依頼人との基本的取引関係を調査することなく支払われるべきものであるといって，右上訴を理由なしとし，権利濫用の基礎となるべき事情の調査並びにそれによって支払が禁止されるか或いは支払がなされるかの決定は専ら発行銀行のなすべきことであり（自己決定権），保証状の請求が明らかに権利の濫用であるときには支払義務がないが，それにも拘らず発行銀行が支払をしたときには，発行銀行は発行依頼人に対して償還請求権を有しないとの見解を付言した[76]。

　本件判旨は二段階の構成となっている。その一は，受益者による保証状の請求が基本契約以外の動機によるものであって，場合により権利の濫用にわたるものであっても，保証状債務の抽象性が優越するが故に，発行依頼人には発行銀行の支払禁止を求める権利がないとするものである。これは発行依頼人に仮処分の方法によって支払を禁止させる可能性を与えるならば，国際的取引における銀行保証状の価値を著しく損なうという利益の考量に基づくものである。その二は，支払禁止を求める発行依頼人の権利は否定されるが，保証状約束による請求にも信義則が妥当するとして，発行銀行は自己責任において支払をなすべきか否かを決定することができるとなし[77]，受益者に対する支払義務が存しない場合であるのに支払をしたときには，発行銀行は発行依頼人に対する事務処理契約上の償還請求権を否定されるとするものである。

　しかし既に詳論したように，受益者の権利濫用の場合，一に関しては，裁判所が優越性を強調している保証状債務の抽象性自体が既に否定されているのであり，二に関しては，受益者の保証状請求権が存在しないかあるいはその行使ができない場合であるから，いずれにしても，この判旨には前提とするところにおいて既に賛成することができない。

---

[76] a. a. O., 1482.
[77] OLG Stuttgart, WM 1981, S. 631 も同旨。

（ロ）第三者の権利侵害説

　発行依頼人が発行銀行を相手方として受益者に対する支払の禁止を求める仮処分は，発行銀行が第三者（受益者）との間で締結した契約の効力を否定し，相手方と第三者との権利関係に干渉するものであることを理由として，これを違法と解する見解がある[78]。

　フォン・メッテンハイムは，かかる支払禁止の仮処分は金銭債権の債権者の手続関与なしに言い渡された裁判であって，それは債権者たる受益者にドイツ基本法103条1項によって認められた法律上の聴聞を受ける権利を侵害したものであるとの見解の存することを指摘し，「……第三債権者の利益は同人の形式的な手続関与なしには考慮［侵害］されないものであり，形式的真実の原則に沿って導かれる民事手続きにおいては，しかし，……保証状受益者は依頼人の陳述を反駁することを証拠方法によって貫徹するための，手続的に許された可能性を有しないのである。」と補足している[79]。

　しかしながら，フォン・ヴェストファーレンのいうように[80]，発行依頼人の求めているものは，受益者の権利濫用を理由として発行銀行自体に発生している前述の支払拒絶権の実行であり，且つ発行銀行の支払拒絶権の実行を求める発行依頼人の権利が存することについても前述したとおりであるから，少なくとも直接保証状に限定すれば，支払禁止の仮処分が被保全権利を欠いて，第三者との権利関係を違法に侵害するものだとは解せられない。多段階保証状においても，詳細は後述するが，間接保証状の発行銀行がその受益者と通謀して支払をなすのを反対保証状の発行銀行が知悉している場合には，同様に解して差し支えない。

　なお英法において，差止命令の救済を与える否かは衡平法裁判所の裁量に属し，何びともその救済を権利として求めることはできないとされてきたが[81]，発行銀行の支払差止を命じることそれ自体を不適法とした事例は見当たらな

---

78) Auhagen, S. 65f., Liesecke, WM 1968, S. 27, Jedzig, S. 1471, v. Caemmerer, S. 304.
79) v. Mettenheim, S. 587.
80) v. Westphalen, WM 1981, S. 294f., 301.
81) 塚本重頼「英法における差止命令と裁判所の裁量権」『手続法の理論と実践（上）』法律文化社，1980年，27頁，P. Arens（石川明他訳）・前掲論文1頁，田中和夫「英米法における injunction」『保全処分の体系（上）』法律文化社，1965年，7頁など参照。

い。スタンドバイ・クレジットの差止命令についても基本的には英法と同様の関係にあるが[82]、ここでは特に§5-114(2) UCC 所定の裁量権が指摘されている[83]。

2 積極説
(イ) 根拠

ドイツ法上の支配的見解は、発行銀行と発行依頼人との間に存する事務処理契約上の、発行銀行の発行依頼人に対する保護義務ないし誠実義務という付随的義務に基づいて、発行依頼人の発行銀行を相手方とする支払禁止仮処分の申立を認める[84]。すなわち、受益者の権利濫用的請求により発行銀行には受益者に対する支払拒絶権が発生し、発行依頼人には発行銀行に対する支払拒絶の実行を求める権利が発生していると解するので、これは正当な結論と言わなければならない。

なお、前述したように、保証状債務の独立抽象性は発行銀行が対価関係上の抗弁を、信用状の場合とは異なり、個別的任意に放棄することによって成立したものであるから、抽象性の判断はかかる個別事情を考慮したものでなければならない。しかし一般的な保護義務による支払拒絶原因以外に個別的に発行銀行に委託された支払拒絶原因についても、それはやはり一般的な保護義務を導いた保証状発行契約の内容をなすものであって、共通の法的原因を構成するものであるから、ここで特別の考慮を要するものではないであろう。

英米法においても、発行銀行の支払禁止の差止命令を求めうることは広く承認されているところである[85]。

---

82) アメリカにおけるインジャンクションの概要については、柳川俊一「インジャンクションと仮処分」判例タイムズ57号28頁、沢栄三「仮の地位の仮処分における保全目的(1)」法曹時報9巻12号1頁、同(2)同10巻1号10頁、田中・前掲論文など参照。
83) Getz, p. 205 et seq.
84) LG Dortmund, WM 1981f., 282, OLG Saarbrücken, WM 1981, S. 275f., 276. 反対は LG München, WM 1981, S. 416f., 317(保証状の抽象性に反するという)。
85) Harbottle Ltd. v. Nat. Westminster Bank (Q.B.D.) [1977] 3 W.L.R. 752(但し詐欺の証明なしとしたもの)、United Trading v. Allied Arab Bank [1985] 3 Lloyd's L. R. 554(二つの訴訟の併合事件であるが、第一訴訟の一つの請求については却下された。前者は後に取り消されたので、原告は両者について上訴した。請求は直接保証状に関するものだが、間接保証状の受益者の請求に詐欺の疑いがあると認定された。それでも詐欺を根拠とする解決は本件について差止命令の補充性に反すると判示された)。Edward Owen Ltd. v. Barclays Bank (C. A.) [1977] 3 W.L.R. 764(多段階保証状の各々

（ロ）通知差止命令 (notice injunction)

通知差止命令とは，発行依頼人に対する事前の通知をなすことなしに支払うと規定したスタンドバイ・クレジットにおいて，発行銀行に対し，通知をなすことなく支払うことを禁じ，あるいは通知後支払前に何日かの期間を留保することを命じる差止命令であって，アメリカに多くの事例が存するものである。保証状とは本来，発行依頼人に対する通知をなすことなく，受益者の「請求あり次第直ちに」支払うことが履行条件となるものであるから，支払禁止仮処分をなすことが認められる場合に禁止条件を緩和し，かかる通知仮処分をなすことは適法であろう。

Harris International Telecommunications, Inc. v. Bank Melli Iran[86]が初期の通知差止命令と言われているが，Harris はイラン国防相と通信施設などを提供する契約を結んだ。Harris は前受金を受け取ったので，その担保として国防省を受益者とする銀行保証状とスタンドバイ・クレジットの発行を被告銀行に依頼して提供した。それらは請求あり次第，Harris に通知することなく支払われるものであったが，Harris は「……支払請求の詐欺性について証拠を準備するため」，支払前に Harris に通知することと支払までに 10 日間の調査期間を設けることを求めた。裁判所は受益者の詐欺の危険が重大なものとなっていて，Harris がイランの法廷に救済を求めることを余儀なくされれば，回復できない損害を蒙るとして，Harris の主張にかかる限定的差止命令を認可した。

これに反し，Harris Corp. v. Bank Melli Iran[87]，Stromberg-Carison Corp. v. Continental Illinois Natinal Bank & Trust Co. of Chicago[88] は一般的に通知差止命令の適法性を否定したものである。ゲッツの要約によると[89]，裁判所が通知

について発行銀行の受益者に対する支払禁止命令が申し立てられ，予備的差止命令がなされた。上訴審では詐欺の立証がないとして，取り消された）。KMW International v. Chase Manhattan Bank, N. A. 606F. 2d10 (1979)（支払禁止の差止命令が出されたが，上訴審でこれが通知差止命令に変更された）。Dynamics Corp. of Amer. v. Citizens & Southern Nat. Bank, 356F. Supp. 991 (1973)（支払禁止の予備的差止命令が認められたもの）。

86) No. 79 Civ. 802 (S.D.N.Y. Feb. 22. 1979).
87) Getz, p. 217 et seq.
88) Ibid.
89) Ibid.

と調査期間を設けることは，民事訴訟の前提となる紛争関係（case or controversy）の欠如の故に，裁判所の司法判断に親しまないというものである。但し裁判所が本件の理由としたところは，申立人は「違法な行為によって結果するところの，差し迫った，あるいは現実の侵害を主張しなければならない」のに，「イラン［受益者］における不安定な［社会的］状況からして，支払のための詐欺的な要求がなされる明らかな危険が存する」というにとどまるのは，なんら実際の侵害ないし直接の危害を主張したことにはならないというのであった[90]。しかし一般に差止命令の内容を制限した限定的差止命令が当然に訴訟の成熟性（ripeness）を無視して違法であるということにはならないであろう。本件においてゲッツの見解を部分的に援用するならば「……支払請求の本物性を疑われるような極端な事情があって，原告がかかる事情のもとにおいて支払が回復不能な損害を惹起する可能性があると主張することができる」場合には，「裁判所は銀行の支払義務を，支払要求の原因を確認するのに必要な期間停止するために，その固有の衡平法上の権限を行使することが許される」[91]と解されるのである。

Ⅱ　償還禁止の仮処分

受益者の請求が権利濫用に当たることを発行銀行が知っていて，これを容易に証明することができる場合には，発行銀行は受益者に対し支払拒絶権を行使することを発行依頼人に対して義務付けられているから，かかる義務に違反したとき，発行依頼人に対する償還請求権を有しないものである。それ故，発行依頼人は発行銀行を相手方として，自己に対する償還禁止の仮処分を申し立てることができる。しかし現在のところ，その事例が公刊物に報告されたことを知らない。

第二目　発行銀行を相手方とする仮差押

Ⅰ　権利濫用を理由とする仮差押

仮差押が，受益者の権利濫用的請求に関し発行銀行に対する発行依頼人の仮の権利保護手段とされ得るかは，疑問とされている[92]。受益者の請求によって発行銀行に対し取得される保証状給付金を目的とするものであるが，実際に

---

90) Ibid. p. 218.
91) Ibid. p. 219.
92) Blau, S. 1474., Thietz-Bartram, S. 76, v. Westphalen, Bankgarantie, S. 307f., insb. 309f., Nielsen, Bankgarantien, S. 119-120.

は，発行依頼人によって主張される請求権は保証状給付金の取立をしないことを目的としたものであって，それは仮差押の被保全権利たる金銭債権ないし金銭債権に代わりうるもの（民事保全法 20 条，§916 ZPO）ではなく，不作為を目的とした個別的債権と解されるからである[93]。しかしこの不作為請求権もまた損害賠償請求権に転化し得るものである。保証状請求権の差押によって金銭債権である損害賠償請求権の発生自体が妨げられるとの見解もあるが[94]，やはり保全裁判と保全執行とが観念的に分別されることを考慮すると，この損害賠償請求権が存在し得ない権利であるとまでは解せられない。しかし実際には，この仮差押は「それが許されるということのドグマティックな理由付けにおいて非常に疑わしくて，実務的にも稀にしか利用されない」と言われている[95]。

Ⅱ　対価関係上の債権による仮差押

発行依頼人は受益者の権利濫用による損害賠償請求権を理由とする仮差押を拒絶されても，対価関係上のその他の請求権（例えば売買代金請求権や受益者に対するなんらかの損害賠償請求権）を有するとき，これによって保証状請求権の仮差押をなすことが許されるか。既にパリ大審裁判所が 1980 年 5 月 13 日にこの問題を取り扱っていた[96]。フランスの X がサウジアラビアの Z とホテルの建築契約を締結し，その履行について Y 銀行の即時払い保証状を提供した。判決の掲載誌上詳細は不明だが，X は未回収である売買代金債権の一部を被保全権利とし，Y 銀行を相手方として Z の保証状請求権の仮差押をした。上訴された X は，即時払い保証状の保証状請求権が第三者の差押の対象とならないものではなく，発行銀行は第三者のなかに発行依頼人を含めないことを約していたものでもないと主張し，他方 Y 銀行は，X は即時払い保証状について一切の異議を主張することを放棄しているのにかかわらず，このような手段で Y 銀行の固有の約束を麻痺させたり，その義務の実行を妨害するのは，異議の放棄に違反すると主張した。これに対し裁判所は「仮差押を実行しても，発行依頼人は結局，理由なく直接というほどに即時払い保証状を発行した同人［発行銀行］を侵害するものではなく，それ［義務の履行］を遅延させるだけであり，それは……かかる保証状の役割を排除するものではない。」[97]と

---

93) Nielsen, a. a. O.
94) v. Westphalen, Bankgarantie, S. 314f., Wessely, S. 74f.
95) Nielsen, Bankgarantien, S. 210.
96) Revue de la Banque, 1980, P. 663 et ss.

いって，発行依頼人の対価関係上の債権による保証状請求権の仮差押を認めた。同様の事例は LG Duisburg, 27. Nov. 1987[98] にも見られるが，裁判所は仮差押を承認している。

しかしブラオが指摘しているが，これには疑問がある。彼は次のように言っている。「銀行保証状の趣旨は，正に契約の履行に障害がある場合に，保証状受益者に対し第三者としての銀行に対する抽象的な債権を提供するところにある。かかる債権は保証状依頼人と保証状受益者との間の履行の瑕疵，反対債権，留置権ないし相殺の意思表示についての紛争から独立して貫徹され得るものである。このことは即時払い銀行保証状の発行についての，保証状受益者に対する保証状依頼人の契約上の義務について常に設備契約［対価関係たる契約］による反対債権との関係で，どのような差押決定をも申し立てることが許されないと理解すべき推定的な約定［が存するとの考え］に有利である」と[99]。結局，対価関係に紛争が存する場合のために発行依頼した保証状の効用を，対価関係上に紛争が存することを理由として自ら予め奪い去ることは背理であり，発行銀行の国際的信用を侵害する不法行為となる。ブラオの消極説に賛意を呈するところである。

第三目　受益者を相手方とする仮処分

I　根拠

権利濫用的請求の場合，発行依頼人は受益者に対し，前述のように，保証状債権（支払請求権）不存在確認請求権と損害賠償請求権とを取得するので，受益者を相手方（債務者）とし，発行銀行を第三債務者として，発行銀行からの支払を受けることを禁止する仮処分を求めることができる。その際，受益者に対しては取立を禁じ，発行銀行に対しては支払を禁じる旨の仮処分がなされることになるであろう。

その例として，前掲 Harbottle Ltd. v. Nat. Westminster Bank (Q. B. D.)[100] の内容を紹介すると，これは三つの訴訟の併合事件であって，いずれの事件についても原告（売り主）は同一人である。被告は第一事件と第三事件が共通であって，いずれも第一被告から第四被告までの四者であり，第二事件において

---

97) Ibid. p. 667
98) WM 1988, S. 1483f.
99) Blau, S. 1475-1476.
100) [1977] 3 W.L.R. 752.

は第一被告から第三被告までの三者である。各事件について原告は第二被告（発行銀行）に依頼して第三被告（買い主）と第四被告とを受益者とする保証状（guarantee，売買契約の履行に伴う損害金の支払を担保するもの）の発行を得た。どの事件でも，第一被告はそれぞれの保証状の確認銀行である[101]。第一事件と第三事件に登場する第四被告は，それぞれ第三被告の代理人として行為した者である。第一事件は豆の，第二事件と第三事件とは石炭の輸出に関するものである。第一事件と第三事件では買い主に当たる第三被告及び第四被告が，代金の支払について原告を受益者とする信用状を提供すべき義務があったのに，その履行を怠った。信用状は第一被告の同一支店で発行される予定だったので，これが発行されなかったことは第一被告の知悉するところである。第二事件では原告の輸出した石炭の品質について争いが存し，かかる場合契約によると，中立的な機関の鑑定によることになっていたが，鑑定機関の選定について意見が一致しなかった。その段階で第三被告及び第四被告が保証状の請求に及んだので，原告は第三被告及び第四被告には正当な支払請求権がないと主張し，同被告らには保証状による支払を受けることを禁止する差止命令，第一被告（確認銀行）と第二被告（発行銀行）に対しては支払禁止の差止命令などを求めた。原告の求めた中間的差止命令がなされた。但し第一被告と第二被告とがその取消を申し立てたのに対して，Queen's Bench は，原告の主張する事実はいずれも契約上の紛争であるにすぎず，被告らに詐欺の存することの証拠はないなどの理由によって，この差止命令を取り消したのである。

Ⅱ　国際裁判管轄

　直接保証状の受益者は発行依頼人から見て外国に住所を有するのが通常であり，発行銀行が通常内国に住所を有するのと対比される。受益者を相手方とする保全裁判では，権利濫用を予定した管轄の合意はなされないので，国際裁判管轄の問題を生じる。

　保証状に関する国際裁判管轄は，財産に関する国際裁判管轄として，原則的に，民訴法の土地管轄に関する規定から解釈によって推定される。それは民訴法8条の財産所在地の裁判籍の規定の解釈に依存するものとなり，日本に住所のない者に対する訴えは被告の財産（債権）所在地の裁判所の管轄に属し，さ

---

[101] v. Westphalen, WM 1981, S. 304 は「保証状の確認というのは聞いたことがない」と言うが，ここでは信用状の確認と同義に，すなわち発行銀行の債務の重畳的債務引受という程度の用いられかたをしているのであろう。

らに民事執行法144条2項によって，債権はその債務者の普通裁判籍の所在地にあるとされるところから，第三債務者の住所地の裁判所が管轄権を有する。これはドイツ法の通説によっても同様に理解されていて，§23 ZPOにより，結局，第三債務者の住所地の裁判所の管轄が指示されると解されている[102]。ここで第三債務者とは発行銀行であるから，それが内国の銀行である通常の場合には，これによって日本の裁判籍が肯定される。発行銀行が仮に内国の銀行ではないとしても，原告である発行依頼人自身が受益者の債務者である場合には，原告の住所地もまた第三債務者の住所地となるが[103]，受益者は原告に対して基本取引上の反対債権（例えば瑕疵担保責任）を有するとして保証状の請求に及んでいるのであるから，原告は常に自己の住所地を請求についての裁判籍とすることができる結果となる[104]。なおここで原告が自己の債務不存在確認を求める訴訟が問題となり得るものでないことは，既に述べたところである。

第三款　多段階保証状と保全処分

第一目　多段階保証状の法律関係

多段階保証状において発行依頼人，第一銀行（間接保証状の発行依頼人，反対保証状の発行銀行），第二銀行（間接保証状の発行銀行，反対保証状の受益者）及び受益者の四者が当事者となる。そして発行依頼人と第一銀行との間及び第一銀行と外国の第二銀行との間には，順次，民法643条の委任契約（ドイツ法の解釈としては§675, 631ff. BGBの意味での請負契約の性質をもった事務処理契約）が存するが，間接保証状の発行依頼人としての第一銀行と受益者との間及び第二銀行と発行依頼人との間には，いずれも契約関係は存在しない。第二銀行は間接保証状の発行に関して第一銀行の履行補助者たるものでもその代理人たるものでもない。この関係は信用状における発行依頼人と発行銀行との関係並びに発行銀行と支払銀行その他の第二銀行との関係と同様である[105]。

反対保証状もまたそれ自体では直接保証状であって，抽象的で異議と抗弁の

---

102) Jedzig, S. 1471, v. Westphalen, Bankgarantie, S. 321f., Nielsen, Bankgarantien, S. 122.
103) Jedzig, S. 1471.
104) a. a. O.
105) 橋本「信用状における第二銀行の法律関係」判例時報1368号3頁［本書11頁］以下参照。

放棄に基づく債務を基礎とするものであるから，第一銀行は発行依頼人の受益者に対する抗弁から独立し，また受益者と第二銀行との契約関係及び直接保証状を支配する一切の反対権から離れて，支払をなすべきものである。

以下においては多段階保証状の特殊性によるもののみを述べることとする。

第二目　第一銀行を相手方とする仮処分

Ⅰ　支払禁止の仮処分

1　適法性

反対保証状において，発行依頼人が仮処分により第一銀行の第二銀行に対する権利関係（抽象的な債務約束）に干渉することができるのか，あるいは発行依頼人は支払禁止ではなくて，第一銀行による償還禁止を申し立てることができるのみであるか否かについて，直接保証状について論じたものと同様の疑問がなされている[106]。

しかし，これらについては直接保証状について前述したところを援用することができる。反対保証状はそれ自体ではやはり発行依頼人の発行依頼による直接保証状以外のなにものでもないからである。

2　権利濫用の基準とすべき者

発行依頼人が反対保証状の発行銀行（第一銀行）を相手方としてその受益者（第二銀行）に対する支払を差し止めようとするとき，前述のような権利濫用行為のあることを証明しなければならないのは，第二銀行の行為についてなのか，それとも第二銀行は間接保証状の発行銀行として間接保証状の受益者（第二受益者）から保証状事故の発生を告知されると直ちに自己の保証状債務が遅滞に陥る関係にあるところから，それは第二受益者の行為についてなのか。

（イ）第二受益者標準説

LG Frankfurt, 11. Dez. 1981[107]は，イランの輸入者（第二受益者）のためのパーフォーマンス・ギャランティ（履行保証状・間接保証状）をドイツの第一銀行の依頼によってイランの銀行協会が発行し，その反対保証状をドイツの第一銀行がイランの銀行協会に対して発行したケースである。いずれにも請求あり次第即時に支払う旨の条項がある。イランの輸入者は輸出者（発行依頼人）によって組み立てられなければならないと主張したが，これが契約と一致した

---

106) Vgl. Nielsen, Bankgarantien, S. 131–132.
107) WM 1981, S. 284.

主張であるかどうかは双方に意見の分かれるところであり，また一部の供給の不足が輸入者の受領遅滞によるものかどうかにも争いがあった。間接保証状の支払請求がなされた後，輸入者は間接保証状を実質的根拠なしに，権利濫用的に請求していると主張し，これを根拠として反対保証状の支払禁止の仮処分の申立をした。裁判所は「その際に決定的であるのは基本的取引自体に基づく抗弁ではなく，却って保証状受益者の行為である」との前提に立ち，第二受益者の態度について審理したが，結局，これとは別の，第一銀行が支払をして輸出者がこれを補償したときに将来輸出者が外国の受益者を相手として償還請求をすることは重大な負担になるなどと判示して，この点によって輸出者（発行依頼人）の申立を認容した。LG Dortmund, 9. Juli 1980[108] は同様のケースで，より明白に「述べてきたところの信ずべき事情に基づくと，この給付＝履行保証状による請求の権利が［第二受益者］にあり得るということについての根拠はなにもなく，それ故に保証状による請求は明らかに権利濫用的態度となるので，［間接］保証状発行銀行は依頼人に対する関係において，受益者に対する支払をなす権利を有しない。依頼人は仮処分の手段によって自己の実行中止の請求を貫徹することができる」と言って[109]，判断の基準は第二受益者の行為であると述べている[110]。

準拠法について，反対保証状には，特別の約定がない限り，発行銀行たる第一銀行の営業所所在地法が適用されるから，これについては通常発行依頼人の国内法が適用され，間接保証状には，同様にして，その発行銀行たる第二銀行の営業所所在地法が適用されるので，発行依頼人からすれば通常の場合，外国法適用の問題が生じる。それ故，この第二受益者標準説によれば，発行依頼人は，第二銀行の住所地法が第二受益者の行為を詐欺的行為と評価し，それによっても第二銀行が支払を禁じられていることを証明すべきものとなる。

(ロ) 第二銀行標準説

これに対し，ドイツ法の通説は，反対保証状の場合，詐欺的，権利濫用的行為はこれを第二銀行の行為のみについて確定すべきものと解している[111]。

---

108) WM 1981, S. 280.
109) a. a. O., S. 283.
110) Harbottle Ltd. v. Nat. Westminster Bank(Q. B. D.)[1977] 3 W.L.R. 752, Edward Owen Ltd. v. Barclays Bank(C. A.)[1977] 3 W.L.R. 764 も第二受益者標準説である。
111) Nielsen, Bankgarantien, S. 132f., v. Westphalen, Bankgarantie, S. 297f., v. Metten-

第二受益者の支払請求は間接保証状によるものであるのに対し，発行依頼人が支払の禁止を求めているのは反対保証状による支払であって，両者は法律関係を異にする。第一銀行の保護義務は間接保証状の契約関係によるものではなく，権利濫用的行為について支払を拒絶するとの抗弁も間接保証状の発行契約におけるものではない。すなわち第二銀行の第一銀行に対する支払請求権は，第二銀行が反対保証状における保証状事故の発生を第一銀行に通知すること自体によって発生するものであって，第二受益者と発行依頼人との関係に依拠するものではない。それ故，発行依頼人は第一銀行に対する仮処分の理由として，第二受益者の請求が間接保証状の詐欺的請求となることをここで主張することはできない。第二受益者が間接保証状によって詐欺的に請求した事実があっても，それが第二銀行による反対保証状の詐欺的請求になるとは限らない[112]。「両保証状の間の機能的共同関係の故に間接保証状の濫用は反対保証状を同時に連動させるとの見解は時代遅れである。」とニールセンは言っている[113]。卑見もこれを正当と解するものである。

　但し，反対保証状と間接保証状とが別個の法律関係だとはいっても，反対保証状による請求は，実質的には，間接保証状による給付についての第二銀行の第一銀行に対する償還請求に当たるので，第二受益者に詐欺的行為があることを立証できる資料があれば，第二銀行は支払の前にこれを第一銀行に通知すべき保護義務があると解すべきである。

　次に第一銀行が，第二銀行の反対保証状の請求が詐欺的であることを証明することができる事実を入手したとき，これを発行依頼人に通知することが第一銀行の義務となるかについては，反対保証状債務の抽象性の例外として第二銀行の支払拒絶義務が承認される事実について，発行依頼人が権利保護手段をとることを可能ならしめるため，第一銀行と発行依頼人との間の事務処理契約の付随的義務に則って，これを肯定すべきであろう[114]。

　なお前述のように，間接保証状には，原則として，第二銀行の住所地法が適用されるので，同法に従って第二受益者の請求が権利濫用的，詐欺的であると

---

heim, S. 584, OLG Stuttgart, WM 1981, S. 631f., OLG Saarbrücken, WM 1981, S. 275f.
112) v. Westphalen, WM 1981, S. 301., Nielsen, Bankgarantien, S. 130.
113) Nielsen, Bankgarantien, S. 132, cf. OLG Stuttgart, a. a. O., S. 635, OLG Saarbrücken, a. a. O., S. 277.
114) v. Westphalen, Bankgarantie, S. 297f.

して支払を拒絶することを第二銀行が第一銀行に対し義務付けられている場合には、第二銀行は反対保証状による請求をなすことができないのは当然である。ここで問題となっているのは第二受益者の行為のみである。それ以外の場合に発行依頼人が反対保証状の支払禁止の理由となしうるのは、ただ反対保証状上の第二銀行の詐欺的行為に限定されることが重要である。

第二受益者と第二銀行との「共謀」の事実は、第二銀行に詐欺的行為があることに帰する。これを第二受益者の第二銀行に対する権利濫用の二段階にわたる「二重の権利濫用」というのは表現の問題であるが[115]、第二銀行が第二受益者の権利濫用を知っていたか、あるいは知るべきであったことは、共謀の事実の証明にはならないのである。

Ⅱ　償還禁止の仮処分

発行依頼人は、直接保証状におけるのと同じく、第一銀行を相手方とし、第二銀行の権利濫用を理由として、反対保証状の償還禁止の仮処分を申し立てることができる。

第三目　第一銀行を相手方とする仮差押

これは反対保証状による第二銀行の第一銀行に対する支払請求権を対象とするものであるが、直接保証状について指摘したように、反対保証状についてもやはり被保全権利の権利性が希薄であるか、あるいは権利性が疑わしいと解されるので、この仮差押の許容性には疑問があると言わざるを得ない。

第四目　第二銀行を相手方とする支払禁止仮処分

発行依頼人と第二銀行との間にはどのような契約関係も存在しない。それ故、発行依頼人の第二銀行を相手方とする支払禁止仮処分が許されるかどうかは、まず発行依頼人が直接に契約関係にある第一銀行との保証状発行契約上の保護義務として、第一銀行に対し、第三者としての第二銀行に対する間接保証状の支払禁止を求めることのできる請求権、すなわち第三者のための保護作用を伴った契約の効力を承認することができるか否かに依存すると解される。その上で債権者代位権の成否が検討されることになるであろう。しかし通常の場合、そのような第三者効を承認することは困難としなくてはならない。仮にその点が認められるとしても、その国際裁判管轄権が第二銀行の住所地国に存すると解される上、第二銀行の行為の権利濫用性が第二銀行の所在地法に従って

---

115) Thietz-Bartram, S. 79., Nielsen, Bankgarantien, S. 129.

判定されなければならないことになるので[116]，第二銀行を相手方とする仮処分は実際に利用することの困難な法的手段である。

第六節　む す び

　国際的な決済は，取引が正常に展開するいわば正の方向においては，通常，信用状によって支払が担保されているのに対して，取引が正常に展開しない負の方向においては，銀行保証状によって支払が担保されるのが通常である。銀行保証状は国際取引のいわば瑕疵担保責任を担ってきた。銀行保証状が用いられる取引は本来長期，多額にわたる巨大取引であって，国家的プロジェクトの当事者が銀行保証状の当事者として登場することが多かった。それは次第に通常の取引についても多用されるに至っている。ここにおいて信用状と組み合わされ，幾つかの保証状が複雑に交差し，衝突法規に配慮した，従来の法律の知らない世界が存在する。

　信用状と銀行保証状とは現在，国際的取引において，発行銀行の抽象的な支払義務を基礎付ける債務約束という旗印の下に参集してはいるが，決して同一なものではない。発生の沿革をまるで異にするのであって，まず信用状についてはA. G. デーヴィスが，現在の信用状の原形を17世紀の記録に明らかに読み取ることができると指摘しており，これが種々の変態発生を繰り返しながら，今日に及んだのである。信用状統一運動と，これと表裏一体となった精緻な信用状理論の発展がそれを支えてきた。これに反し，銀行保証状には共通の歴史がない。ケース・ローはこれを一国の判例の枠のなかで承認し，あるいは信用状の一種と解し，あるいはまた損害担保契約の応用的発展を途中に挟んで理解すべきものとする法域も存する。そのため未だに呼称すら統一されていないのである。そうではあるが，国際的な補充的支払担保約束に関して種々に呼称されている雑多な存在のうち，請求あり次第，基本取引の異議に配慮することなく直ちに支払うとの一点において捉えることが許されるものについては，これを統一的な法的性質のものとして理解することができるばかりでなく，そのようなものとして，共通の法的認識をなさなければならないというのが，旧稿以来，われわれの主張してきたところであった。

---

116)　Nielsen, Bankgarantien, S. 130.

それ以来の旬歳は，多段階保証状という，類似の取引におよそ例を見ない複雑な担保手段を急速に発達せしめ，これが銀行保証状の法的構造を奥深く透視させるものとなった。イラン革命の社会的混乱以来，各地方に多発するに至った法的紛争が世界的に多数の裁判例を生み出し，外国の文献には銀行保証状の多面的な研究が溢れて，応接にゆとりを与えないほどとなった。旧稿以来のこれら研究の進展に合わせ，理論として諸外国における最新の到達点の概略を指示し，併せて今後の課題を呈示しようとしたのが本章の意図ではあるが，それがはたしてどの程度に達せられたかを恐れるものである。

第二章

銀行保証状（バンク・ギャランティ）の識別基準
——ある高裁判決への否定的評論——

第一節　銀行保証状に該当するか否かで争われた事例

　国際取引の上で，ボンドと名付けられた保証状について，それが独立・抽象的な銀行保証状なのか，付従性のある単なる保証契約なのかをめぐって，高裁と地裁とで見解の分かれた裁判例（以下便宜上「高裁事件」という）が報告されている（大阪高裁平成11年2月26日判決〈金融・商事判例1068号45頁〉・原審神戸地裁平成9年11月10日判決〈判例タイムズ984号191頁〉）。事案は単純であった。すなわちわが国の造船会社Tがパナマ法人Xと造船契約を締結して輸送船の建造を請け負い，そのため合計6億3800万円の前払金の支払を受けた（従ってTはXに対して前払金返還債務を負う）。一方わが国のY銀行はXに対しTの前払金返還債務について前払金返還保証状（advance payment bond）を発行した。本章はボンド，ギャランティあるいは保証状などと俗称される債務約束が，ディマンド・ギャランティなどと同類の銀行保証状（Bankguarantee）なのか，そうではなくて通常の保証契約なのかを判別する基準について検討しようとするものである。
　銀行保証状とは国際取引でスタンドバイ信用状，請求払い補償状，ディマンド・ギャランティなどと様々に呼称されている抽象的な支払約束の総称である。銀行保証状の発行依頼人（上記事例のT）とその取引相手方（受益者・X）との間の前払金返還約束や請負契約その他の基本取引契約を対価関係とし，それが正常に展開しない場合（要するにディフォルト）における受益者の損害を所定の限度で補償したり，あるいはそれが正常に展開しないのではないかという事前の危惧感に備えようとするものである。すなわち発行者（Y）は受益者（X）から，発行依頼人（T）の債務不履行ないし危惧されていた所定の事由（これらを保証状事故という）が発生した旨の単純な陳述書を添付した支

払請求がなされると，対価関係ないし保証状発行依頼の原因関係上の抗弁をもって対抗することなく，直ちに受益者に対し所定の金額を支払うことを約するものであり，発行者の受益者に対する対価関係及び原因関係からの非付従的，直接的かつ第一次的な抽象的債務原因をもたらす債務約束を意味する。ただしその抽象性には個別的な差異が存する。

事例として以下に「高裁事件」の「ボンド」の要点を掲げる（［ ］内の記述とX, Y, Tは筆者）。

1 ［ディマンド払い］ 発行者（Y）は，造船者（T）が造船契約に基づいて受益者（X）に支払うべき金員が発生した場合には，受益者の書面による請求がなされた日から21日以内に，前払金のうち造船契約上で定められた方法で計算された金額を受益者に支払う。

2 ［仲裁条項］ ただし，造船者（T）が造船契約に基づき，前払金返還義務に影響を及ぼすべき事項を仲裁に付し，かつ造船者敗訴の最終裁定がなされたのに，裁定がなされてから7日以内に受益者（X）に対して裁定に定められた返還金を支払わない場合には，上記7日が経過してから14日以内に受益者（X）に対して，裁定された返還金をこの保証状の保証限度額内で支払う。

第二節　銀行保証状の基本的性質

銀行保証状の基本的性質がICC（国際商業会議所）の定める「ディマンド・ギャランティに関する統一規則（URDG）」第2条b項や国連の「独立ギャランティとスタンドバイ信用状に関する国連条約（UN Convention）」第3条さらにアメリカ国際銀行法務実務協会の定めるISP98第2条b項などに示されていることには異論がない。それは受益者の発行者に対する支払請求が受益者と発行依頼人との基本契約上の抗弁をもって対抗されないということである。これは荷為替信用状と，法的根拠は異なるが，ほぼ共通した法的性質であって，銀行保証状の抽象性・独立性と称されている。

銀行保証状の抽象性の根拠は必ずしも明確にされてきたとは言えず，原因からの抽象性概念を受け入れないフランス法の理解を機軸として，これを発行者と発行依頼人との発行委任契約の中に求める有益な研究もあるが[1]，卑見はこ

---

1) 柴崎暁「ディマンド・ギャランティーまたはスタンドバイ信用状における"extend

れをドイツ法で非定型契約（sui generis）に数えられている Garantie 契約の中に求めることができると考え，これによって抽象性・独立性の程度が個別に異なり得る銀行保証状の現実に対応した理論構成が可能になると主張してきた[2]。要するに，付従的な保証契約と抽象的で独立的な損害担保契約としての Garantie とを対置した場合，前者において付従性は保証人による主債務者の抗弁の援用権という形で表現されているが，この抗弁権は保証人によって任意に放棄されることができるものである。抗弁の放棄が保証関係の付従性と調和しない結果をもたらす場合には，抗弁権の放棄に制限が付されると解する見解もあるが，Garantie を作り出そうという意図でなされる作為が原則的な契約自由の原則の範囲内で許容されないものではない。そして保証契約は保証人による抗弁権の放棄の程度に応じて順次付従性を失って抽象性・無因性を取得し，遂に理論上は付従性のない抽象的な存在としての「純粋な Garantie」に達しうるが，現実の銀行保証状は当事者の基本契約の目的に適応した程度の抽象性を有すれば十分であり，その結果抗弁権の一部放棄にとどまる場合には，放棄されない残部については付従性をとどめた，Garantie と保証との混合契約として存在すると解している[3]。

第三節　銀行保証状と保証契約の識別

　これは本章の主題でもあるが，ドイツ法上で Garantie と Bürgschaft との識別標識如何という，膨大な法的遺産を残した割には実りのない議論につながる課題である。しかも銀行保証状には国際的に採用されている標準的なモデルは存在せず，各発行者は個別的に独自の文言を使用し，かつ多様な契約要素をこれに混入させるのが通常であるため，特定の銀行保証状について法的性質，ことにその抽象性・独立性の有無・程度を特定するのはときとして相当に困難な作業となる。
　純粋に理論的な識別基準を提示するのは極めて困難なので[4]，ここでは現在

---

　　or pay" における請求と発行委託契約の機能」山形大学法政論叢 19 号 6 頁以下。
  2）　詳細は橋本『銀行保証状論』丸ノ内出版，2000 年，96 頁以下。
  3）　橋本『銀行保証状論』101 頁。
  4）　橋本「銀行保証状（Bankgarantie）の法律関係（一）ないし（三）」民商法雑誌 79 巻 4 号ないし 6 号参照。

の判例と学説によって銀行保証状の積極的なメルクマールと考えられている重要なものを示す。一般にはつぎの1ないし5の諸文言の存在が銀行保証状の有力な徴表であると考えられ，6の文言には特別の配慮が必要とされている。

1 URDG, ISP98, UN Convention の援用文言の存在

これらの統一規則や条約が独立性のある抽象的な債務約束，すなわち銀行保証状を対象とするものであることには異論がない。1993年改訂荷為替信用状に関する統一規則（UCP500）もまた原則としてスタンドバイ信用状に適用されるので（§1 UCP500），これらを援用する保証状もまた原則として，つまり特に異なる文言の存しない限り，銀行保証状である。

2 「請求あり次第直ちに支払う」旨の条項の存在

これは"payment on first demand"，"payment on first request"，"without proof or conditions"などと表現されるのが慣例であって，即時払い条項と称している。これらは支払期日の確定条件を定めた文言ではない。そしてこの条項の趣旨は，異論もあるが（発行者の仮の支払義務説），国際取引に用いられた場合には，発行者が対価関係と原因関係上の抗弁を放棄する旨の標準的な文言であって（抗弁の放棄説），特定の支払約束が付従性のある保証ではなく抽象的・独立的な存在であることを推定させる重要な解釈資料と解すべきであり，このことはドイツ法でも判例と通説の採用する解釈原則となっている[5]。ただしこの文言は BGH, WM 1999, 895, 896 も言うように付従性が最終的には否定されていない「即時払い保証（Bürgschaft auf erstes Anforderung）でも用いられることが多く，また併合的債務引受が原債務に関して不真正連帯債務となった上，主債務者に対する引受人の求償規定がないと解される場合にも即時払いの合意は可能であろう。その結果，即時払い条項の存在は銀行保証状の重要ではあるが，一つの徴表にすぎないと考えなければならない。

3 「一切の抗弁を放棄して支払う」旨の条項の存在

この条項は"notwithstanding any protest or objection"，"payment without objection"などと同義である。これらの文言は即時払い条項と同等ないしそれ以上に強く抽象性を表現するものと解されている。

4 確定証拠条項（conclusive evidence clause）の存在

これは一種の証拠制限契約を表示したものであるが，"...shall be accepted as

---

[5] 詳細は橋本『銀行保証状論』113頁以下参照。

conclusive evidence that...has been effected" などと記載されて、受益者からの支払請求ないし所定の保証状事故が生じた旨の陳述書が提出された場合、それのみを保証状事故発生の証拠として、発行者の支払義務の履行期が到来したものとみなすべき効果を伴うものである。これは銀行保証状において即時払い条項と同義に用いられている。

5　判決書ないし仲裁裁定書の提出を求める条項の存在

受益者勝訴の確定判決書などの提出を求めて主債務の存否と範囲を実体的に確認するのは誰のためであろうか。これを発行者から見て、主債務の存否の確認に目的が存するのなら、この条項は銀行保証状の抽象性と両立しない。しかし確認の利益が発行依頼人に存し、発行者の支払義務をこのような特定の書面が提出されたことの検査のみに関わらせるという意味であれば、これは確定証拠条項と同様に銀行保証状の抽象性とは矛盾しないのである。世界的に見ても判例と有力な学説はこれを発行者の支払約束の抽象的で独立的な性質を損なうものではないと解している[6]。

6　基本取引の引用文言、特に実証条項の存在

銀行保証状の支払条件には、「高裁事件」のボンドのように、発行依頼人と受益者との間の基本契約（造船契約）を引用していることが多く（基本契約の引用）、その上、「造船者が造船契約に基づいて支払うべき金員が発生した場合」というように、支払条件があたかも保証状事故が発生したことの実質的な証明にかかっているかのような表現となっているものがある（実証条項）。実証条項が存在するとそこに指摘された基本取引が銀行保証状の目的となって、銀行保証状の内的抽象性を損なうという有力な見解もあるが[7]、これが支払請求に当たっての発行者の形式的な提供書類検査義務の範囲にとどまっていて、「請求あり次第即時に支払う」との性質が維持されている限りでは、未だ必ずしも銀行保証状の抽象性・独立性と矛盾するものではないと考える[8]。

実証条項は二つの問題を惹起する。（イ）一つは「実証の負担（Substantierungslast）」の問題であり、他は non-documentary conditions と言われる問題である。（イ）の問題とは、実証条項は基本契約その他、実体的な一定の事実の発生ないし不発生を支払請求の条件とするものであるが、そのような事実は

---

6) 橋本『銀行保証状論』120頁以下参照。
7) v. Westphalen, Bankgarantie, S. 98f.
8) 詳細は橋本『銀行保証状論』118頁以下参照。

多様であって銀行保証状の発行時にその具体的態様を予見することができず，あらかじめ銀行保証状の本文に記載することが困難なため，やむなく実証条項という抽象的な文言となって条件化されているのにすぎないと考える。それでも銀行保証状による支払請求がなされる際にはそれらは具体的な結果ないし出来事として特定されているはずであるから，実証条項が銀行保証状の抽象性と両立し得る接点としては，実証条項に定める事実が実際に存在するか否かという実質的な検査ではなくて，より形式的に，その発生が実際にもあり得るものかどうかという程度の検査が発行者に義務付けられていると考えるのが相当である。発行者はこの程度の検査を受益者提出の文書と，そのギャランティに関して自己の業務上知り得る知識に基づいて行わなければならず，これを「実証の負担」と称している[9]。反対論もあるが，これは実際に保証状事故（造船契約上の所定の事実）が発生したか否かの実質的な検査を行うのではなく，その発生が実際にも「あり得る」ことかという形式的検査を，限定された書面の外見上で検査するに過ぎないのであるから，反対論は当たらず，銀行保証状の抽象性と矛盾するものでもないと考える。（ロ）の問題とは，受益者は実証条項のため，支払条件として銀行保証状に記載されている書類（支払請求書）を提出する他に，明確には記載されていないのに別に実証条項記載の事実が発生した旨を記載した陳述書ないし第三者の証明書を提出しなければならず，それが受益者にとって新たな支払請求条件となるかという問題であって，肯定と否定（§13 c UCP500,§5-108 g(10) UCC 参照）の両説が対立している。しかしこれを消極的に解すると，発行者は一方で受益者に対しては陳述書の提出を要求できないが，他方で発行依頼人に対する償還請求のためには実証条項に基づく検査を履行した旨の証明に窮するであろう。私見は実証条項についていかなる書類の提出が必要であるかは保証状条件とされていない以上，発行者は受益者から提出された書類が発行依頼人との委任契約上相当と認める場合にはそれを理由として支払をなすべきであり，このことは新しい保証状条件を創出したことにはならないと考えている[10]。

---

9) Rüßman/Britz, 1825, 1826.
10) 詳細は橋本『銀行保証状論』169 頁以下参照。

第四節　高裁判決の論理とその検討

　高裁はこの保証状を受益者が発行者から原因関係や対価関係上の抗弁の対抗を受けない，抽象性のある銀行保証状と解したが，その論拠は要するにつぎの2点に尽きる。

1　「本件保証状は銀行による前払金返還保証（advance payment bond）であ」ること

　しかしボンドという呼称は今日付従性のある「ギャランティ」の呼称と同義かつ代替的に，法律的な概念内容との正確な対応を吟味しないで用いられてきた。そのため今日では保証状が実体的に advance payment bond であるとの事実はその付従性の有無という法的性質とほとんどなんのかかわりもない事実である。

2　「本件保証状中にオン・ディマンド性を示す文言が含まれて」いること

　高裁が「オン・ディマンド」条項と言っているのは上記即時払い条項のことである。実際にも「高裁事件」のボンドの第2項はそのようなものとして読むこともできる。しかしこのボンドの文言は本章の第三節2に掲げた国際取引上で典型的な文言と対比すると，請求あり次第即時払いの明確性に欠けるものがある。またここには論じないが，高裁判決は理由中で引用したイギリス諸判決の読み方にも問題を残していると言うべきである。

　却って，「高裁事件」のボンドは発行者の支払義務の範囲が「造船契約に基づいて支払うべき金員」や「仲裁裁定に定められた返還金」で決定される旨を定めていて，発行者の支払額が保証状所定の一定額ではなく，対価関係上の事情によって決定されることを示している。これは明らかに発行者が主債務上の一定の抗弁をもって受益者に対抗できることを表していて，銀行保証状の抽象性とは両立しないものである。ちなみに原審は本件保証状を単なる保証契約だと正当に判断したが，仲裁条項の存在することを理由の一つに数えたのは相当と思われない。

第三章

外国向けドキュメンタリー取立における支払請求権の法的保障

第一節　はじめに

第一款　対象の特定

　外国向け取立は，用いられるドキュメント，すなわち売主（取立依頼人）が買主（支払人）から手形の支払もしくは引受又は現金などの支払を受けるのと引き換えに支払人に引き渡すことを依頼して取立銀行に交付する書類によって，クリーン取立（clean collection），すなわち商業書類を伴わない金融書類による取立と，ドキュメンタリー取立（documentary collection），すなわち商業書類を伴う取立とに分かたれ，後者はさらに金融書類を伴う場合とそれを伴わない場合とに分かたれる（1995 年改訂取立統一規則第 2 条 c 項，d 項参照）。

　金融書類（financial documents）とは為替手形，約束手形，小切手その他の金銭の支払を受けるために用いられる手段を意味し，商業書類（commercial documents）とは送り状，運送証券その他の金融書類以外のすべての書類を意味する（1995 年改訂取立統一規則第 2 条 b 項参照）。

　以上のうちクリーン取立がなされるのは比較的稀な事例に属するが，これは売主の代金支払請求権の法的保証システムを内包しないものであるから，本章の考察の対象からは除外される。すなわちこの場合，売主は通常買主の支払能力と誠実さに信頼し，先給付として商品（ドキュメントではない）とともに取立書類を買主に対し，場合によっては運送（取扱）人を介して送達する。買主はこれらを受け取ると，売買代金債務を清算するため，銀行に対し，送達されてきた手形によって支払の委託をなす（Zahlung netto Kasse）。銀行は買主のこの支払委託を受けたときに初めてこの種の取立に関与することになるのである[1]。

このように，クリーン取立においては売主の代金支払請求権はいまだ満足されていないものの，銀行が取立に関与する段階において売主の基本契約上の義務はすべて履行済みであるため，後述のように逆に買主の先履行義務を前提とした売主の代金支払請求権の保障システムを考察する本章の対象とはなり得ないものである。

結局，本章の対象となるのはドキュメンタリー取立[2]であり，それは実際には外国向け為替取立のほとんどすべての場合を網羅するものである。

第二款　問題点の指摘

以上のようにして特定されたドキュメンタリー取立において売主の代金支払請求権[3]は取立銀行（呈示銀行）を介してなされるドキュメント[4]（商品では

---

1) Zahn, 3 Aufl., S. 160.
2) 1995年改訂アメリカ統一商法典第5章はそれまでの documentary draft や documentary demand for payment などに用いられていた「ドキュメンタリー」という表現（U.C.C. §5-103 (1) (b) (1962)）を廃止して，これらを document の定義のみを基準とした取扱に服すべきものとした（U.C.C. §5-108 (e) (1995)）。しかしその結果はやや繁雑な表現を余儀なくさせるものである。本章は ICC（国際商業会議所）の取立統一規則が用いているドキュメンタリー取立などという表現（1995年改訂取立統一規則第2条 d 項）がより一般に慣用されている上，実体関係を表示するにも適合していると考えるものである。
3) ［売主の代金支払請求権と取立金引渡請求権］
　売主の代金支払請求権は，取立後における依頼人（売主）の取立銀行に対する取立金引渡請求権と区別される。
　取立金が仕向銀行（取立依頼人が取立の依頼をした取立銀行）における依頼人の口座に貸方記入された段階で取立はすべて終了するのは当然であるが，支払人の支払後，依頼人の口座への勘定記入前の取立金に対する依頼人の法的地位には問題がある。
　a　取立依頼人の入金記帳請求権
　まず依頼人が仕向銀行に対して入金記帳請求権を取得するのは，取立金が取立銀行から仕向銀行の口座に入金記帳された時であり，仕向銀行は帳簿上の塡補を得た時に初めて依頼人との振替契約の履行としての口座入金記帳の義務を負う（RGZ, 53, 327, 330; BGH, WM 1985, 1057, 1058)。記帳そのものは既に存在する，依頼人に対する取立金の引渡義務の履行に他ならない（Nielsen, Inkasso, S. 42)。その時点で依頼人の債権者もまた取立金の入金記帳を行うことを仕向銀行に対し請求することができる（民法第423条)。しかし取立金については仕向銀行に送金されたときに約款により既に仕向銀行の担保的権利が成立していることが多いので，依頼人の債権者にとってこ

ない）の買主に対する引渡義務の履行と，買主による売主振出手形の支払・引受義務の履行との引き換え給付の機会における，買主による商品の事前検査権，相殺の抗弁権その他一切の抗弁権の放棄という独特のプロセスを介して，可能な限り保護されている。

　その内容に触れる前提として，取立依頼の態様に言及することによって，さらに問題の所在を特定すべきであろう。

1　取立銀行に対する代金債権の信託的譲渡と取立委任の各場合における原則的課題

　一般的に言えば，手形法上，支払人（買主）がいかなる抗弁をもって取立に対抗できるかは，当事者が選択した取立の法的形態によって決まることは当然であり，二つの場合を分かつべきものとなる。

の権利は有益なものとはならないのが通例である。
　b　取立銀行に対する取立依頼人の取立金引渡請求権
　これに対し，取立銀行と依頼人との間には後述のように直接的な法律関係がないので，依頼人は取立銀行に対しては自己固有の直接的な引渡請求権を有しないことについては争いがない（例えば Nielsen, Inkasso, S. 43）。
　問題は事前に依頼人が取立銀行に対して，仕向銀行が取得する引渡請求権を譲渡するように請求する権利があるかどうかにある。取立がなされると仕向銀行が取立銀行（呈示銀行）に対して取立金の引渡請求権を取得し，仕向銀行はさらに自己の事務処理契約に基づき，取立金の引渡請求権を取得し，仕向銀行はさらに自己の事務処理契約に基づき，取立によって取得したすべてのものを依頼人に引き渡さなければならないことについては疑いがないので（民法第 646 条），問題は当然に肯定されるべきもののように見える。しかし否定説の言うように（Menkhaus, S. 1313f.; Liesecke, Fischer 記念, S. 397, 403; BGH DB 1985, 2096 = ZIP 1985, 1126），仕向銀行が取立の完全履行のためには取立銀行に対する引渡請求権をなお必要とする場合があり得るので，仕向銀行の同意がない限り，このような譲渡の可能性は消極的に解すべきであろう。ただしこれによって仕向銀行の担保権が損傷されるおそれを生じるのは，実際には仕向銀行が依頼人に前払いをなすに際して依頼人から基本契約上の輸出代金債権の担保的譲渡を受けていない場合に限定されるが，実務上は比較的に稀なケースであろう。
　c　依頼人の債権者による取立金の差押
　依頼人の債権者による差押の対象は，取立の履行に至るまでは取立に付された書類と商品そのものであるが，これらについては通常，仕向銀行の質権ないし信託的所有権が成立しているので，債権者による差押の実益は事実上排除されている。また取立銀行に送付済みの取立書類や商品は外国に所在するので，これらを差押の対象とすることは実際には困難である。そこで依頼人の債権者が差押の対象とすることが考え

ひとつは取立銀行が取立依頼人（売主）から，同人に与えた輸出金融のための担保として代金債権の信託的譲渡を受けた場合（実際には取立証券のいわゆる隠れた取立委任裏書ないし割引裏書を受けた場合）である[5]。このとき買主は取立銀行に対する自己の法律関係上の抗弁はこれを対抗することができるが，売主との法律関係上のそれは，取立銀行が取立関係証券を抗弁のあることを知らないで取得し，かつは原則として，それらの担保的取得者として自己固有の利益を有する場合，要するに取立関係証券の正当所持人（holder in due course）であれば[6]これを対抗することができないものとなる。

　これに対し取立銀行が取立依頼人の名において，あるいはその取立授権の下に取立行為をする場合には，債務者（支払人）は取立依頼人との法律関係に基づく一切の抗弁をもって対抗することができるのが手形法上の一般原則である。

　　られるのは，取立金の入金後における入金記帳請求権か，あるいは取立銀行（呈示銀行）に対する仕向銀行の取立金引渡請求権のいずれかである。前者はしかし，取立金について仕向銀行に例えば相殺権が成立している場合には，依頼人の債権者の差押は効果を生じないことがあり得るし，後者の可能性は依頼人が取立銀行と直接の法律関係を有しないことを理由として否定されている（Nielsen, Inkasso, S. 43参照）。

4）［ドキュメントについて］
　　ドキュメント，ことに運送書類は，その形式を一瞥して分かるように証明機能や，所持人以外の者による運送品の処分を禁じるとのSperr機能（商法第582条，1998年から施行の改正ドイツ商法第418条第4項）をもつだけの受取ドキュメントから始めて，貨物の引渡請求権を化体したドキュメントや，制定法上の伝統的な指図証券に至るまで非常に異なった法的性質のものから構成されている。しかしこのような概括的な言い方では必ずしも表現できないものが残るとしても，商品はその代金を支払った者のものである。商品の所有権譲渡によって欲せられている経済的効果はドキュメントの受容と，それを通じた代金全額の支払という事実を条件となし，当事者の約定ないしは当事者意思の解釈に基づいて，原則としてはドキュメントの法的性質から独立して達せられる（同旨；Nielsen, Sicherung, S. 2221, 2226）。それ故所有権ないし引渡請求権を化体せず，あるいはSperr機能を消滅させたドキュメントであっても，信用状あるいは本章で指摘するD/P, D/A条項の下での提出に関しては，後述する支払人による貨物の事前検査権の排除を根拠として，売買法上の効果を有するのである（Nielsen, Sicherung, S. 2227）。

5）本章は支払請求権の法的保障を取り扱っているのであるから，呈示銀行によって輸入ユーザンスが与えられた場合における売主の支払請求権上の担保権の成立と帰趨は，直接の課題にならないと解し，論議の対象から除外した。ちなみにこの問題については Nielsen, Sicherung が詳細に論じている。

第一節　はじめに

個別的なケースがこれらのいずれに属するかの判定は銀行取引の慣習に従った当事者の取立委任契約の解釈問題である。ちなみに，これらの分別と特定が特に課題となるのは，取立銀行が取立依頼に付随して取立依頼人の支払人に対する基本契約上の債権を手形その他の支払証券の裏書によって取得する場合，殊に取立の対象が支払人によって引き受けられた手形か，同人の振り出した小切手の場合である。

2　外国向けドキュメンタリー取立の特徴

これに対し，外国向けドキュメンタリー取立と言われるものは，上記一般原則に対して支払人の抗弁の制限ないし放棄によって際立った特色をもつ。

具体的に言えば，国際的な売買契約には明示的・黙示的に，すなわち特に排除されていないかぎり，cash against documents, Kasse gegen Dokumente ないしはこれらと同義の決済条項が含まれているものと解されており，かつこれらの条項には，国際的な商慣習に基づいて，支払人は取立依頼人（売主）に対する抗弁権はこれをすべて放棄するという，全く特殊な意味があると解されているのである。

それゆえ，いわゆる信託的譲渡において取立銀行の法的地位の濫用が認められる（おそらく極めて例外的な）場合は格別として[7]，そうでない通常の場合，支払人は売主に対する抗弁権を放棄したものとして，なんらの抗弁をも対抗することができない地位にある。取立銀行が取立授権を受けたに止まる場合にも当然に，取立銀行には（抗弁放棄の）再抗弁の主張がみとめられ，以上の結果，売主の代金支払請求権は，原則としてあたかも買主の抽象的支払約束がなされた場合のような法的保障を受ける結果となる。

本章は以上のような意味での外国向けドキュメンタリー取立における支払人による抗弁放棄のプロセスを介した代金支払請求権の法的保障の構造を解明することを意図したものである。

---

6) このとき，取立銀行の支払請求が形式上の法的地位を利用した権利の濫用ではないと推定される。

7) ただし BGH, WM Nr. 41 vom 11. Okt. 1980, 1172 は取立のための譲渡を受けた者の訴訟遂行権は，同人自身について経済的利益を有しない場合でも，完全な当事者適格に基づくものであると述べている。本文記載のような取立銀行に権利濫用の事実が存するのは実際には極めて例外の場合であると考えられるので，事実上この判示を承認すべきものとなろう。

第二節　ドキュメンタリー取立の合意

　上記のような外国向けドキュメンタリー取立において，取立が cash against documents, Kasse gegen Dokumente ないしこれらと同義の条項を含む決済方法に依拠することは，理論的にはなお売買契約の特約に属するものであるから，売買契約の当事者間においてその旨あらかじめ合意されていなければならない[8]。

　かかる合意は売買契約上の支払条件を特定するものとして D/P（documents against payment 支払渡し）若しくは D/A（documents against acceptance）又は cash against documents，あるいはこれらと比較すれば国際的な慣用度は多少劣るが，cash on delivery，cash on documents などという用語を用いることによって示されるのが通常である。売買当事者間において ICC（国際商業会議所）作成の 1995 年改訂取立統一規則（ERI '95）を援用する旨を約することも原則としてドキュメンタリー取立によるとの合意に該当すると考える。なぜなら 1995 年改訂取立統一規則には，改訂前の 1978 年版取立統一規則と同様に，ドキュメンタリー取立特有の支払人の抗弁の放棄システムについて直接に言及するところはないが，同規則による取立が D/P 払いないし D/A 払いとなることはこれを明示しているので（1995 年版取立統一規則第 7 条），売買当事者が売買契約において同規則を援用していることは，本章に述べるドキュメンタリー取立のシステムを利用する旨の合意となるからである。ドキュメンタリー取立のシステムを利用する旨の合意の存否は売買当事者間における契約の解釈問題であるから，それは必ずしも明示的なものであることを要しない。

　それゆえ，例えば売主において荷為替信用状の条件を遵守することができず，信用状決済に失敗したため，売買契約の相手方との合意なしに取立銀行との約定のみに基づいて行われる為替取引は，名は取立であっても，本章にいうドキュメンタリー取立とは異なり，上記第一節第二款記載の一般原則に則ってなされる他ないものである[9]。なぜならここで当事者は決済手段として荷為替

---

8) Schwintowski/Schäfer, S. 749.
9) Rudolph Robinson Steel Co. v. Nissho Iwai Hong Kong Corp. Ltd., et. al., 1998-2 HKC 462; 1998 HKC LEXIS 69 (Hong Kong) は荷為替信用状の受益者（原告）がカバーレターにおいて，自己の提供書類には信用状条件との不一致が存するので，その書類に

信用状を用いることを特約していたのであり，それはまた技術的にも法的にもドキュメンタリー取立とは選択的な関係に立つものだからである[10]。

より"collection base"に基づく支払を受けることを希望する旨記載した上，取引銀行を介して発行銀行（被告）に取立呈示したところ，発行銀行が受益者に対し上記信用状との条件不一致を理由にそれを不払とするが，なお受益者の指示待ちとしてその書類を保管している旨を適時に通知したというケースである。これについて裁判所は，たんに"collection base"というだけでは，不一致に基づく権利の放棄（waiver）あるいは失効期限の延長を求める旨の意思表示と解することも可能であって，ひっきょう，取引の内容を特定するに足りないと判示した。ちなみに裁判所は発行銀行が"collection base"にもとづいてこの書類の受理を認めるのであれば，同行は1993年改訂取立統一規則第9条による自己の発行銀行としての支払義務を承認したものであるとも述べている。

　Glencore, Ltd. v. The Chase Manhattan Bank, N. A., 92 Civ. 6214 (JFK), (1998) U. S. Dist. LEXIS 1949 (S. D. N. Y. 1998) も本来は荷為替信用状ベースの決済であったものが，受益者の提供証券に信用状条件との不一致が存したところから，"collection base"の決済へと転換するに際して生じた問題を取り扱ったものである。受益者は通知銀行（発行銀行との共同被告）に上記書類を取立呈示するに際し，不一致がwaiveされて手形の引受がなされるまでは当該書類を発行銀行に対し「書類を"collection base"で送達する」こと，並びに引受の後においては信用状条項にしたがった償還手続がなされることを依頼する旨の書類を送付するに至った。これに対し発行銀行（被告）は「厳密に"collection base"に基づいて」書類を受け取ったことなどを書面で返答した。訴訟では事実関係には争いがないとして summary judgement（一種の略式審理）が開始されたところ，発行銀行は本来は"collection base"であるから信用状法の適用はないと主張したのに対し，受益者は償還が信用状条項に則るべきものである以上，信用状法が適用されるべきであって，取立法の適用はないと主張した。ここでも裁判所は"collection base"という表現はそれ自体では多義的であって，内容を特定することはできないと述べている。

10) Nielsen, Grundlagen, 1989, S. 154 は，信用状条件を履行できない受益者は取立手続きを選択することによって信用状上の権利を喪失すると述べ，これを受益者による明示的な取立手続き選択の意思表示が必要であることの理由としている。しかし，上記選択によって受益者が必然的に信用状上の権利を喪失するという解釈には疑問がある。

第三節　支払人の抗弁権の放棄

第一款　買主の目的物検査権の放棄

1　目的物検査権について

売買契約における給付の受領は，例えば請負契約における仕事の引取と異なり[11]，それが契約適合のものとして提供されたものであることを差し当たり承認するという買主の意思表示を伴うものではなくて，単なる事実行為であると解する。そうではあるが，一般に売買契約において買主は代金債務を履行するに当たり，給付目的物をあらかじめ検査することができる立場に立つがゆえに，このような買主の検査は信義則の支配する売買契約における買主の付随的な義務（商品検査・瑕疵通知義務）を伴うものとなる。商事売買について買主の検査・瑕疵通知義務を定めた商法第526条が，一般民事売買と商事売買とを通じてほぼそのまま妥当するか否か[12]は問題としても[13]，国際的売買においては後述の目的物検査権との均衡に配慮するとき，商人間の売買でなくても，買主の目的物検査権を承認すべきものと考える，しかしこのような買主の目的物検査義務はその不履行が買主の損害賠償請求権を発生させる法的な義務ではなくて，将来目的物の瑕疵・数量不足について売主を問責するための前提たる一種の負担にとどまるものであるところ[14]，国際売買においては買主にかかる目的物の検査義務・通知義務と併存するものとして[15]，さらに支払前の目的物の検査権が承認されるべきであると解されるに至っている[16]。

例えば1988年に発効した「国際物品売買契約に関する国連条約（CISG,

---

11) Vgl. Palandt, §640, Rn 2.
12) 鈴木他編『動産売買法』有斐閣，1976年，117頁以下，五十嵐清「瑕疵担保と比較法」『比較民法学の諸問題』一粒社，1976年，116頁，鈴木竹雄・判民昭和3年度101事件507頁。なお Röhricht/v. Westphalen, §377, Rn 30 は非商人である買主にも商人間の検査義務の存在を認める。
13) Vgl. Reinicke/Tiedtke, Rn 876f.
14) v. Caemmerer/Schlechtriem, §38, Rn 5 ; Brüggemann, §377, Anm. 11, 平出慶道『商行為法』青林書院新社，1980年，234頁。
15) v. Caemmerer/Schlechtriem, a. a. O., Rn 2.
16) Vgl. BGH, WM 1963, 844, 845.

ウィーン売買条約）の第58条第ⅲ項は「買主は物品を検査する機会をもつまでは代金を支払うことを要しない」と規定しているが，これは目的物についての（したがってドキュメントを含まない）[17] 買主の事前検査権を定めたものである。これによって買主は検査のために相当な範囲で目的物を使用し，場合によってはその一部を費消することが許され，その結果，売主の所有権を侵害することもまた許されると解されている[18]。

2 目的物検査権の放棄の合意と推定

しかしこのような目的物検査権はもっぱら買主の売買法上の権利の保護手段として存在するものであるから，買主において随意放棄することが可能である。上記国連条約も買主の支払前における目的物検査権は「当事者間で合意された引渡または支払の手段が買主が物品の検査の機会をもつことと両立しない場合」（CISG §58ⅲ但書）には存在しないと規定している。このように，検査権の放棄はまず売買契約における検査権の存在と矛盾する条項の存在により，「合意による放棄」がなされたものとして立証される。cash against documents, Kasse gegen Dokumente ないしこれらと同義の条項が検査権と矛盾する条項の一つであると解されており[19]，これを否定する見解は存しない。フォン・ケメラーとシュレヒトリームは cash against delivery note, cash on delivery などの用語もまた同様の趣旨の条項であることを指摘している[20]。

さらにこの権利の放棄は，合意によることが立証されなくても，国際取引における商慣習として（つまり前実定法的な実体として），これを留保するとの意思表示の存在が立証されないかぎり，「推定される」と解さなければならない。

およそ国際商取引に用いられるシステムであるか否かという経済的目的の区別が，そのシステムの法的性質の分別上で決定的な基準となるものでないのは当然のことではあるが[21]，それでも特定の法的システムの法的性質がその経済的目的に応じた推定を許されることは国際商取引において他に事例のないこと

---

17) v. Caemmerer/Schlechtriem, a. a. O., Rn 7.
18) Brüggemann, a. a. O., Anm. 12.
19) Canaris, S. 564; Piltz, §4, Rn 157; v. Caemmerer/Schlechtriem, a. a. O.; Schlechtriem, p. 474; BGHZ, 41, 215.
20) v. Caemmerer/Schlechtriem, a. a. O.
21) Kleiner, Bankgarantie, 3. Aufl., S. 123.

ではない。例えば「即時払い条項」を有する銀行保証状 (Bankgarantie „auf erstes Anfordern") による債務約束の独立性・抽象性の程度は，信用状のそれと異なって，各種の保証状の類型ごとに定型化されたものではなく，個々の保証状ごとに異なるものであるから，結局発行者が保証人としてならば有すべかりし抗弁権を随意放棄する程度に応じて個別的に異なると解した上，あとは各保証状ごとの解釈に委ねられると考えるのが合理的であるところ[22]，ここにいう即時払い条項の意味は，国際商取引に用いられる場合，これを原則として一切の抗弁を放棄したものとの推定を許すという解釈が有力である[23]。

第二款 その他一切の抗弁権の放棄

1 国際的商慣習の解釈

ドイツ連邦通常裁判所はD/P，D/Aなどの書類との引換払いという取立条件の意味を一層具体的に特定して，つぎのように述べている。すなわち「買主は自己に提示された書類を，それが整っているかぎり，商品の状態をあらかじめ考慮することなく受領して支払うべきものである。その意味するところは，買主は単に売買代金の支払前に商品を検査することが許されないというのみでなく，商品の所定の場所への到着後においてもそうだということであり，原則として，売買代金の支払請求に対して商品の状態が契約と一致していないことに基づく反対債権ないし抗弁をもって対抗することも禁じられているのである。」[24]

このように書類との引換払いにおいて，買主はまず商品の事前検査権を放棄したものである（合意ないし推定）。すなわち買主の現金支払義務ないし引受義務の履行はただ契約に適合した書類の受領と引き換えにのみなされるのであるから，買主は商品の検査を支払，引受の条件とすることはできない[25]。

つぎに買主のこのような抗弁権の放棄はさらに包括的であって，それは合意

---

22) 橋本「銀行保証状（スタンドバイ・クレジット）における法的諸問題」（上）判例時報1396号5頁［本書153頁］以下。
23) v. Westphalen, Bankgarantie, S. 79 m. w. N.
24) BGH, WM 1987, 503, 505. 他にBGHZ, 14, 61, 62; BGHZ, 23, 131, 136; BGH, WM 1972, 1092, 1093; BGH, WM 1976, 331, 332; Lehr, S. 80; Liesecke, WM 1978, S. 8f.; Zahn, 3 Aufl, S. 155; Nielsen, Inkasso, S. 11. なおフランス裁判所の同旨の解釈について，Liesecke, WM 1968, 174, 181 参照。
25) BGH, NJW 1985, 1270, 1271; Röhricht/v. Westphalen, §346, Rn 94f.; Piltz, a. a. O.

ないしは国際的商慣習による推定として，商品の事前検査権の放棄にとどまらず，留置権[26]，相殺権[27]，その他いっさいの抗弁権[28]の放棄を包含すると解されている。

2 国際的商慣習の合理性の根拠

このような国際的商慣習の合理性の根拠についてドイツ連邦通常裁判所はつぎのような説明を試みている。すなわち「かかる買主の無条件の支払義務は特に海上売買の必要性に適合しているが，けだし輸出者は通常の場合には銀行融資をあてにしているものであるところ，銀行は一般に買主の支払義務を保障するための，書類の形での担保を取得したときにのみ，かかる融資を与えようとするからである」と[29]。

これは概して正当な説明であるが，若干補足すればつぎのとおりである。すなわち取立依頼に伴って取立書類を受領した仕向銀行は依頼人に対し輸出金融として取立金の前払いをすることが多い。その際仕向銀行は依頼人との間に特約があれば当然に，特約がなくても例えばわが国の「外国向為替手形取引約定書」第3条やドイツの「銀行普通契約約款」（Allgemeine Geschäftsbedingungen (Banken), Fass. 1988）第19条のような約款があればそれによって，これらの取立書類について質権を取得する。つぎに，実務的には，依頼人は裏書可能な取立書類を仕向銀行に提出するときは完全裏書ないし白地裏書をするのが原則で

---

26) Canaris, S. 564; Zahn/Eberding/Ehrich, Rn 3/2; Schwintowski/Schäfer, S. 29f.; BGHZ 14, 62.

27) Nielsen, Inkasso, S. 29; Schwintowski/Schäfer, a. a. O.; Canaris, S. 564; Palandt, a. a. O., §433, Rn 32; Zahn/Eberding/Ehrich, a. a. O.; BGH; WM 1964, 476; BGH, WM 1984, 1572（これは cash on delivery, cash on document 条項もまた国際商取引上，相殺禁止の合意を含むと判示した上，「cash = Kasse という概念の意味を考慮すれば」，「個々の分野で異なった商慣習の存することはこれを留保するものの」，Kasse gegen Dokumente, Kasse gegen Faktura, Netto Kasse gegen Rechnung und Verladepapiere のような Kasse 条項における Kasse の語の慣習的な使用と商取引の解釈からして，「金銭給付義務がただ現金の支払もしくは振替又はこのような支払形式と同等の支払小切手の引渡によって履行されなければならず，相殺によってなされるべきではないという結果になるのである」と述べている（a. a. O.））。

28) Zahn/Eberding/Ehrich, a. a. O.; Nielsen, Inkasso, S. 11; Canaris, Rn 1099。本文ではドイツ法上の Einrede と Einwendung の両者を包含して抗弁と称しておいた。ただし通常前者は支払拒絶の原因となる事実の主張であり，後者は権利の不発生又は消滅原因の主張を指すと言われている。

29) BGH, WM 1964, 507, 509.

ある。ここでは通常，その信託的譲渡が意図されているのである。つまり仕向銀行がコレクションによって手形を取得するときにおいて，特約ないし約款がなくても，同行が取立書類に対して前払いをしたとき，あるいはまた依頼当時において仕向銀行における依頼人の「勘定口座がマイナス残高を示している場合には」[30]，手形またはその取立金の基礎となっている債権ならびに基本的な取引の現在と将来における一切の権利と担保とが仕向銀行に譲渡され，それに相応して，書類取立依頼の基礎に存する証券，すなわち手形，小切手及び支払領収書のような支払書類だけではなくて，送り状，貨物証券，物品処分証券その他類似の商業書類が仕向銀行に対して黙示的に譲渡され（商業書類と支払書類の同置性），仕向銀行はこれについて信託的所有権を取得することになる。場合によって仕向銀行は単に取立書類について留置権を取得するだけの場合もある。いずれにしても担保的譲渡は実務上は黙示的になされるのが通常である。

　ところで仕向銀行は取立依頼人の代理人ではなく，原則として書類の信託的譲渡によって自己の名で行為することを委託されているというのが，上記のように，現在の実務の基礎的な理解である。これは仕向銀行と取立銀行との関係ないし取立銀行と呈示銀行（支払人に取立呈示をする取立銀行）との関係に影響する。つまりこのことは取立銀行ないし呈示銀行には，取立請求権ないし取立書類について担保権を取得する必要性も実益もないことを意味するのである。仕向銀行は取立銀行に対し，原則としていかなる権利も譲渡しようとはせず，ことに自ら前払いをしたときには取立書類について依頼人から自己に譲渡された権利と債権の保持者として留まることに利益を有するのである。

　そのため，かかる通常の場合，仕向銀行から取立銀行に書類を転送付する際に問題となるのは，個別的授権と代理権の授与だけである。通常は個別的授権が行われるが，これは復受任者としての後順位銀行の地位[31]と最もよく調和

---

30) Vgl. BGH, WM 1985, 1057, 1058.
31) ［取立依頼人と仕向銀行との法的関係及び各銀行相互の法律関係］
　　まず取立依頼人と仕向銀行との間には取立のための事務処理契約（委任契約）が成立する。取立に関与する銀行は仕向銀行と取立銀行とを問わず，書類が支払われたり引き受けられることを依頼人に対して請け負うものではなく，保証するものでもない。仕向銀行は取立に必要と考える他の第二銀行を随時挿入して取立銀行となし，その銀行もまた同様に他の銀行に対して取立依頼をするが，これらの当事者間にも一種の独立した同様の事務処理契約が成立する。すなわち取立銀行は仕向銀行と事務処理

するものである。そのため取立銀行のための個別的授権は取立書類が白地裏書や完全裏書によって送付されてきた場合と，裏書可能でない商業書類や物品証券が取立の対象となるすべての場合に行われる。裏書可能な支払書類（手形ないし例外的に小切手）が取立依頼の対象である場合，仕向銀行は取立銀行に対し，通常は単なる取立委任裏書のみをなす。

支払人の抗弁権の放棄は，以上のようにして保持される前払い銀行の担保的利益の不可欠な絶対的前提条件である。

3 抽象的支払約束の成立

買主による事前検査権や抗弁権の放棄の諸点は 1995 年改訂取立統一規則に明記されていないが，同規則第 7 条 b 項，c 項に "documents will be released only against payment" とうたわれているのはこれを含意したものと解することができる。

　契約関係をもつが，依頼人との間には法律関係がなく，呈示銀行は取立銀行と事務処理契約関係をもつが，依頼人や仕向銀行との間には法律関係がない。それゆえ依頼人は仕向銀行を除く取立銀行に対し取立事務の処理に関してどのような直接的な指示を与えることもできない（Nielsen, Inkasso, S. 21f.; Zahn, 3 Aufl, S. 153; Canaris, Rn 1090f.）。

　このような第二銀行たる取立銀行（呈示銀行を含む）の仕向銀行に対する関係については解釈上に争いがある。一つは，取立銀行は仕向銀行の履行補助者であって，仕向銀行は単に取立銀行の選択上の過失について責任を負うのみと説く（履行補助者説，Vgl. Schlegelberger/Hefermehl, §346, Rn 270）。これに対し他の見解は，ドキュメンタリー取立における取立銀行の決定的な義務は提出された書類に表面的な（on their face）検査以上のものを実施することなくこれを支払人に呈示し，かつ依頼人に引き渡すべき対価を支払人から受け取る義務であるが，同行はこれらの義務を自己の名と計算で履行するのであって，仕向銀行の代理人として行うものではない（例えば取立呈示に当たり呈示銀行は仕向銀行の代理権授与証明書を必要としない）。それゆえ，仕向銀行は自己の義務として第二銀行を取立銀行ないし呈示銀行として依頼した上で書類をこれに交付したときは，以後取立依頼の履行から離脱するという（復委任説，Nielsen, Inkasso, S. 28; Canaris, a. a. O.）。

　実際に具体的ケースがこのいずれの解釈に親しむかの判定は容易でなく，両者が明確に二律背反の関係に立つとも言えないが（同旨；v. Westphalen, WM 1980, 178, 184），取立は最初に依頼された銀行が取立の全体をやり通すべきものであるとか，その際，自己固有の義務の履行のために他の銀行を利用すると解すべきものではなく，その銀行は単に取立のために適切な手段の選択を委ねられ義務付けられているだけと解し，取立銀行を自己に対する委任銀行の復受任者と解するのが今日の有力説である。

その結果，買主の立場は一種の抽象的支払約束をした者のそれに類似するものとなる[32]。なぜなら，支払約束は債務者が債権者に対抗することができた抗弁権を債権者との明示・黙示の合意によって任意に放棄するか，あるいは国際取引上の商慣習に則って喪失することによって順次抽象性を拡大し，遂に一切の抗弁権を失って抽象的債務約束に達することが可能だからである[33]。カナリスがドキュメンタリー取立と荷為替信用状との類似性を指摘しているのも[34]，このようにして理解することが可能となる。この支払約束は前実定法的存在として，国際的取引のうちに形成された非定型契約（conract sui generis）の一つである。

上記のような買主の抗弁権の放棄は，同人の先給付義務（先払い義務）から導かれるものである[35]。同人の支払義務が書類の提供と引き換えにのみなされるものであることは，商品の瑕疵その他による基本取引上の権利の行使は後の訴訟手続その他に留保した上での[36]先払い義務を認めるものとなり，これがまた外国向けドキュメンタリー取立における買主の抗弁権放棄という構成の基本的な原理を導く。ただし，当然のことながら，買主が先払いすることは，後に基本契約の履行をめぐる訴訟において，受け取った商品に瑕疵があった旨の主張その他の基本取引上の権利行使をすることを妨げるものではない[37]。

第四節　売主の取立権の限界としての権利濫用

第一款　客観的要件（重大な事由）

D/P，D/A 取引における売主の代金支払請求権は買主の先給付義務を基礎として，買主による基本取引上の抗弁権や相殺の抗弁権，目的物の先行検査権の対抗を排除する強力なものであるが，売主の支払請求に明らかな権利濫用が

---

32) 同旨，Nielsen, a. a. O.
33) この点については橋本「銀行保証状 Bankgarantie の法律関係」民商法雑誌第 79 巻 4 号 1 頁以下参照。
34) Canaris, Rn 1088.
35) BGH, WM 1984, 1572, 1573 は同旨。
36) Liesecke, WM 1978, S. 12. 同旨は BGH, WM 1964, 507 ; BGH, WM 1967, 12. 15.
37) Zahn, 3 Aufl, S. 152.; BGH, WM 1958, 222, 224（当然のことながら，買主のみが原告適格者である）。

認められる場合にはその例外となり，買主は受領遅滞に陥るという危険を冒すことなく，書類の受領を拒絶することができる。

しかしこれ自体はいかなる権利も濫用は許されないという一般原則がここに具体化されたものであるにすぎない。

それでも外国向けドキュメンタリー取立における売主の権利がそのような強力なものであって，あたかも買主の抽象的債務約束がなされた場合にも対比すべきものであるため，売主の権利濫用の成立要件は，個別的事件の特別な状況によって売主が買主の先給付義務を援用することが信義誠実に反するものとなる重大な事由に限定されなければならない。ドイツ連邦通常裁判所も「このような権利濫用の主張を正当とするためには重大な理由がなければならないが，けだしそうでなければ書類の提供と引き換えに無条件で支払を受けることができることを——大抵は外国の——売主に保障するというこの条件の趣旨が容易に失われることとなり得るからである。商品に瑕疵ありという単なる疑いがあるだけでは不十分である。そうではなくて，書類の受領の時点で，商品が契約に適合せず，契約違反を理由とする瑕疵担保請求権が買主に存するとの確実性又は大なる蓋然性のあることが必要であり，その立証責任は買主に存する」と指摘している[38]。

この判決の事案はつぎのとおりである。

パキスタンで絨毯の製造業を営んでいる原告は，ドイツの絨毯業者である被告に対し Bokhara という種類の絨毯 235 枚を売却し，支払条件として cash against documents が約された。原告はデュッセルドルフ空港に宛てて航空便で絨毯を送ったが，被告は原告提供の書類を検討したところ現物が契約と一致していないことが分かったので，実際に商品の現物を検査したのちでなければ代金の支払はできないと主張した。原告は書類を作り直して送達し，代金の支払を求めた。その間に空港に保管中の貨物の一部が現実に開放されるという事態が生じるに至ったため，被告がその現物のうち 3 束を専門家に依頼して検査した結果，節の数が節リストに掲げられた 375,000 に足りず，325,000 しかないことが判明した。

原告はこの商品を他に転売した上，被告に対し損害金などの支払請求訴訟を提起した。被告は上記事実と，それまでの原告との過去の取引でも供給に瑕疵

---

38) BGH, WM 1987, 503, 505. なお Vgl. BGH, WM 1964, 507, 509.

があったなどと主張して，請求棄却を求めたものである。

　裁判所は，cash against documents についての国際的商慣習も「商品の状態を考慮することなく売買代金を支払うべしと主張することが（略）権利濫用となる場合」には例外となるが，権利濫用の主張を正当とするためには重大な理由が存しなければならない旨，前記のような前提を述べた上，原告の過去の給付にも瑕疵があったという事実は，それだけでは本件絨毯に瑕疵が存することを推定させるものではなく[39]，本件絨毯の節数が節リストに比して少なかった点も，節リスト自体が 30 年も前の古いものであって，本件のように二重縒糸が使われている場合にはもはや無制限に品質判断の前提となるものではない，本件において 15％までの不一致は絨毯の品質と価格を減少させるものではないので，原告の請求を権利濫用と解することはできないと判示した。

　裁判所が一方で cash against documents という約定された条件に関するかぎりでは商品に瑕疵があるかどうかは問題にならないと言いながら[40]，他方で商品の瑕疵の有無を論じたのは，瑕疵の程度如何によっては権利濫用の主張についての判断を必要としたからであろう。それはともあれ，外国向けドキュメンタリー取立の法的構造を考慮すると，売主の支払請求が権利濫用に当たる旨の支払人の主張は，まず客観的には，売主に重大な契約違反が存するとの事実によって支えられなければならないものとなる。

第二款　主観的要件（故意による良俗違反）

1　荷為替信用状及びスタンドバイ信用状（銀行保証状）との並行関係

　外国向けドキュメンタリー取立における買主の責任は荷為替信用状における発行銀行の責任[41]と法的構成を異にしつつ，なお支払人の抗弁権の放棄とい

---

39) 先行的になされた一部給付に瑕疵が存したことを理由として，Kasse gegen Dokumente 条件での買主が売主の売買代金請求を権利濫用と主張することの可否を，「こけもも」という傷みやすい果物について論じたものに BGH, WM 1963, 844 がある（否定）。

40) BGH, WM 1987, 503, 505.

41) 荷為替信用状発行銀行の受益者に対する法的責任の根拠はこれを抽象的債務約束（§780 BGB）に求めるのが現在におけるドイツの通説と言うべきである（Vgl. Eschmann, S. 46f.）。これに相当する規定はわが民法に存在しないが，わが国でも受益者に対する荷為替信用状発行銀行の責任の根拠はこれと同旨の任意契約（ここでは一種の無名契約）に求めるべきである。かねて荷為替信用状をドイツ法の指図の法律

う点において類似性を有することは既述したところから明らかと考える。スタンドバイ信用状（スタンドバイ・クレジットともいう）もまた，外国向けドキュメンタリー取立や荷為替信用状と各々法的根拠は異なるが，支払人（発行者）の抗弁権の放棄という点においてこれらと同等の存在であると解することができる[42]。

このことは権利濫用の法的構造が原則的に[43]これらの三者間において共通したものと解される根拠を提供するのである。

もっとも荷為替信用状とスタンドバイ信用状は（イ）発行依頼人と発行銀行間並びに（ロ）発行銀行と受益者間の二面的な法的関係であるのに対し[44]，外国向けドキュメンタリー取立は取立依頼人と取立銀行との一面的な法律関係であるから[45]，支払人による抗弁権の放棄の対象には広狭の差異が存する。すなわち，前二者の支払人による抗弁権の放棄の対象には発行依頼人と発行者間の基本契約である対価関係上の抗弁権の他に，発行依頼人と発行者間における，荷為替信用状ないしスタンドバイ信用状の発行委任契約である原因関係上の抗弁権が含まれるのに対し，後者（外国向けドキュメンタリー取立）のそれは取立依頼人に対する支払人の抗弁権のみが放棄の対象となる。それでもこのような事実は支払請求の権利濫用性の主観的要素の判断基準に影響を与えるものではない。

　関係と解する少数説があって，わが国ではこれが有力説となったが（伊沢孝平『商業信用状論』昭和 21 年），この見解は現在においても依然として少数説である（Canaris, Rn. 920f.；Eschmann, S. 41f. 参照）。

42) 橋本「銀行保証状（スタンドバイ・クレジット）における法的諸問題（上）（中）（下）」判例時報第 1396 号 3 頁以下，第 1398 号 3 頁以下，第 1399 号 10 頁以下［本書 153 頁以下］参照。

43) 信用状の発行銀行の責任が現在においてはほぼ定型的であるのに比して，外国向けドキュメンタリー取立における買主の責任は，信用状発行銀行のそれに比して個々の売買契約ごとにいっそう個別的であり得ることを考慮すべきである。

44) 例えば荷為替信用状については Eisemann/Schütze, S. 65f.。スタンドバイ信用状については橋本「銀行保証状（スタンドバイ・クレジット）における法的諸問題（上）」判例時報第 1396 号 3 頁［本書 153 頁］以下参照。

45) 支払人はドキュメンタリー取立の法的意味における当事者ではない。なぜなら支払人と仕向銀行ないし取立銀行との間にはどのような法律関係も存在しないし，基礎付けられていないからである。取立統一規則も正確に同人を「取立依頼書にしたがって呈示を受けることになっている者」と定義している（1995 年改訂取立統一規則「総則」B3）。

2 故意による良俗違反行為

さて，荷為替信用状ないしスタンドバイ信用状における権利濫用の主観的な判断基準に関しては諸説の対立するところであるが[46]，卑見は荷為替信用状ないしスタンドバイ信用状という抽象性の高い法的装置の利用には当然に各種のリスクを伴うものであるから，その利用者が必然的に予想すべき危険（ゲッツのいう危険の分配作業[47]の結果）はこれを当事者が既に承認しているものと考えた上，具体化した危険がその範囲のものであるときはこれを支払後の清算手続きによる解決に委ねるべきであるのに対し，その範囲を超過した危険が具体化して，清算手続きに委ねるまでもなく緊急に支払を停止するのを正当とすべき特殊な事情が存する場合にのみ，当事者の予想すべき範囲を越えた侵害（取引上当事者が認容していない侵害）が行われたものとして，これを権利濫用と構成するものである[48]。

外国向けドキュメンタリー取立においても，その利用には各種のリスクを伴うことは当然である上，その主要なものはやはりカラ売り，書類の偽造その他，ドキュメントの不正使用にかかわるものであるから，上記荷為替信用状ないしスタンドバイ信用状における論議のメトーデはすべてこれを外国向けドキュメンタリー取立についても援用することが可能である。

そうすると，かかる特殊な事情とは，取立依頼人において支払請求権が発生していないことを知っているか否かに必然的にかかわることではないが，一方では取立依頼人の加害の故意をもってする刑事法的な詐欺に限定すべきものでもなく[49]，また他方では詐欺が必ずこれに該当すると解すべきものでもない[50]。

---

46) 荷為替信用状とスタンドバイ信用状の権利濫用に関する諸説について，詳細は橋本「銀行保証状（スタンドバイ・クレジット）における法的諸問題（中）」判例時報第1398号3頁［本書163頁］以下参照。
47) Getz, p. 209 et seq.
48) 橋本「銀行保証状（スタンドバイ・クレジット）における法的諸問題（中）」判例時報第1398号7頁［本書171頁］。
49) ドイツ法では刑事法的な詐欺を当然に権利濫用の事由に含める。例えば OLG Frankfurt a. M., WM 1974, 956；OLG Saarbrücken, WM 1981, 275f. の事例を参照。学説としては Nielsen, Grundlagen, 1989, S. 156；Kleiner, Bankgarantie, 3. Aufl., S. 207f. 参照。
50) Harfield, 596 は信用状について，詐欺のなかでも「とてつもない詐欺」による請求

結局それは刑事法的な詐欺と重複すべきものでもなく，重大な過失ある錯誤によるものは含まず，その間において，これを「故意による良俗違反」行為と解するのを相当と解するものである[51],[52]。

第五節　おわりに

　外国向けドキュメンタリー取立は，これを単なる逆為替の手段を用いた代金取立のプロセスと見るならば，国際決済システムのなかに占める位置に格別なものはなにもないと評することも可能であろう。

　そこには同じ国際決済システムでありながら，荷為替信用状やスタンドバイ信用状などに見られる第三者による支払担保約束もなければ，信用状における書類厳正の原則を中核とした厳格きわまる決済手続きも予定されていない。取立依頼人と仕向銀行以外に第二銀行が介入するとはいっても，それらが取立依頼人から見てせいぜい仕向銀行の履行補助者でしかないのなら，関係銀行の法的地位ごとに詳細な理論構成を試みる必要もさほど存在しないことになろう。

　しかしながらそのような状況は，国際的商慣習が売買契約中の "cash against documents" 条項や D/P, D/A 条項に込めて理解してきた一つの意味を知ることによって一変する。それは，これらの文言が買主による抗弁放棄の趣旨を表すというものであるが，そうだとすると単なる代金取立の逆為替プロセスであったものが，これによってあたかも買主による抽象的で独立した支払約束がなされたかのような，重要なプロセスに変身を遂げるのである。このような取立の法的性質こそは慎重な検討の対象とされなければならない。買主の支払約束がかくして抽象性を帯びることに留意するならば，この外国向けドキュメンタリー取立が荷為替信用状やスタンドバイ信用状などという，典型的に抽象的で独立した債務を保障するシステムとの間に法的な類似性をもつことが認識可能となる。そしてまた，かかる類似性を明確に認識した上でこそ，相互の法的分析を交流させることが必要，不可欠となるのである。結局，外国向

　　が権利濫用になると説く。
51)　詳細は橋本「銀行保証状（スタンドバイ・クレジット）における法的諸問題（中）」判例時報第1398号7頁［本書171頁］に委ねる。
52)　なお権利濫用の判断基準としてドイツで行われている liquide Beweise 論（一種の証拠制限説）を採れない所以についても注51掲記の橋本参照。

けドキュメンタリー取立はそれ自体一つの支払保障システムとしての，独自の目的と体系を具備したものであることを理解すべきである。

　本章は将来における外国向けドキュメンタリー取立の包括的検討のために予備的考察を準備する意図のもとに，表題に掲げた支払請求権の法的保障の枠には厳格にこだわらず，各種の問題点にも若干の言及を試みたものである。

第四章

スタンドバイ信用状とディマンド・ギャランティ及び荷為替信用状における仮処分と仮差押
——いわゆるノー・インジャンクション・ルールの構造——

第一節　保全命令の禁止原則

第一款　はじめに——信用状という呼称について——

　本章において信用状とは，荷為替信用状のほかに，主としてアメリカでスタンドバイ信用状（スタンドバイ・クレジット）と呼ばれ，ヨーロッパ大陸で銀行保証状（Bankgarantie）と呼称されるものはもとより，イギリスなどで独立性のあるギャランティ（independent guarantees）やボンドと呼称され，ICC（国際商業会議所）がディマンド・ギャランティなどと称している国際取引上の抽象的支払約束などを包括した概念である。これらに見られる内的抽象性と外的抽象性という法的性質は，機能上の差異をとどめつつも，基本的に共通の法的処理を可能とすることはつとに指摘されており，私も小著『銀行保証状論』（丸ノ内出版，2000年）において詳述してきたところである。そのため，これらと保全処分をめぐる諸問題には，基本的に共通した認識で対応することが可能である。ただし，特に各種のボンドやシングル・ギャランティその他の比較的類型性の乏しい取引についてどこまで共通の法的処理が可能なのかは，基本的な認識に立った上で，それらの個別的な目的・機能と受益者の支払請求の特定条件などの具体的な検討が必要である。

　仮処分命令は申立人の危険に曝されている個別給付請求権の保護か（民事保全法第23条第1項），あるいは危険によって実現が妨げられている争いのある権利関係について仮の地位を定めることに役立つ（同法第23条第2項）。また仮差押命令は，金銭債権や金銭債権に変わり得る請求権の将来における強制執行を保全しようとするものである（同法第20条）。

　これらの保全命令の発令について民事保全法は，保護されるべき申立人の権

利（被保全権利）と，権利保全の必要性の疎明を求めている。

　信用状の保全命令に適用される特別法はわが国に存在せず，諸外国の法制上も報告されていない。ただ荷為替信用状とスタンドバイ信用状に関して比較的詳細な規定を設けているアメリカ統一商事法典第5節（UCC §5）には，所定の例外を除き，裁判所が発行銀行その他の当事者に対し支払の差止命令を発令し得ることが明記されてきた[1]。

第二款　no injunction rule への道

　しかし保全命令が原則的に許容されるとしても，世界的な取引の支払担保手段としての信用状の性質と機能が正しく保持されなければならないのは当然である。このことが保全命令の許容される範囲を限定する結果，逆に信用状に関しては保全命令が原則として許されないとの外観を呈している。保全命令の可否を左右する信用状の機能について言えば，支払と事後の清算面で「まず支払って，訴訟は後」[2]という格言に示されるような，訴訟の置換え機能[3]が重

---

1) 例えばUCC §5-109 (b) (2002 ed), UCC §5-114(2) (pre-1995 version)。またアメリカのいわゆる injunction がほぼわが国の仮処分に相当することについては，Federal Rules of Civil Procedure (2004-05) ed.の Rule 65-67 や石川正「アメリカにおける民事保全」『民事保全講座I』法律時報社，1996年，173頁以下参照。

2)「先ず支払って，訴訟は後」とは Liesecke, WM 1968, 26 をもって嚆矢とする格言である。これは直接には銀行保証状 (Bankgarantie) について言われたが，パラレルな法的構造をもつ荷為替信用状にも妥当する格言として受け入れられている（スタンドバイ信用状やボンドその他の銀行保証状の法的原理と荷為替信用状のそれが互いに類似的に適用され得ることについては橋本「銀行保証状論」51頁以下; Kleiner, 21.22, 21.25, 22.02 参照）。受益者の実質的な支払請求権の不存在を理由とする（不法行為ないし不当利得による）清算を，発行銀行の支払の後における基本取引の当事者間ないし発行銀行と受益者との間の訴訟に留保して，発行銀行にはとりあえず無条件の支払をなし，発行依頼人には発行銀行に対する無条件の補償を行う義務があるというものである。

3)「訴訟の置換え」と主張責任の転換
　通常の売買契約では売主が原告となり，買主を被告として売買代金支払請求訴訟が提起される。これに対し例えば荷為替信用状においては売主（受益者）の支払請求の根拠に疑問がもたれても，「先ず支払って訴訟は後」の格言どおりに取引がなされた場合，売主は先に信用状の支払を受けているので，売主が基本取引（売買契約）上の代金に相当する金員（信用状給付金）の支払請求をすることはなく，逆に買主（発行依頼人）ないし事情によっては発行銀行が，事後に，売主を相手方として清算請求訴訟（不当利得返還請求訴訟ないし不法行為による損害賠償請求訴訟）を提起する。こ

要なものとなる。これは発行銀行の支払債務が対価関係から独立して抽象的であるため，発行銀行は支払請求が（買主たる発行依頼人の立場からは）基本取引（対価関係）上の正当性を欠く場合であっても，それによる清算を基本取引当事者間の事後の不当利得返還請求ないし不法行為に基づく損害賠償請求に委ねた先行給付義務であることを意味する。次に，発行銀行の信用状債務の履行における形式主義的な委任厳正の原則が，具体的には書類厳正の原則のように[4]，発行銀行の裁量を拘束することも，保全処分に種々の特異性を生じさせている。

その結果，信用状に関する保全命令は，例えば上記 UCC の表現とは逆に，原則として許されないか，許されても例外の場合に限られる。この結果は，アメリカにおいて俗に荷為替信用状とスタンドバイ信用状に関する "no injunction" rule と称されている[5]。そして，例外的に認められる場合とはなにか，どのような保全命令の申立が許されるか，許されるべき場合において保全手続，なかでも保全法の疎明原則が信用状のような抽象性・独立性の高い債務といかにして調和し得るか，保全命令の内容はどのような制約を受けるの

　　れが荷為替信用状における「訴訟の置換え機能」（Canaris, Rn 1017；BGHZ 90, 287, 294）と言われるものである。スタンドバイ信用状でも同様である。
　　　この清算請求訴訟において，訴訟法の原則によれば，原告は自らの請求を基礎付ける事実（被告の重大な権利濫用の事実）の主張責任を負うのに対し，主張責任の転換がなされ，被告に発行銀行に対する信用状給付請求権の存在の主張責任を負担させるとの見解がある（銀行保証状について v. Mettenheim, S. 581. 執行利益も転換する；即時払い保証について BGH, WM 1988, 934, 935；BGH, WM 1989, 709, 710）。(BGH, WM 1989, a. a. O.は，原告たる保証者は主債務の存在を承認（Anerkennung）して支払ったのではないから，主債務は存在しないものとして，債権者たる被告に基本関係上の債権の存在の主張責任があるという。詳細は橋本・前掲書 106 頁以下）。被告の利得ないし加害は信用状による支払を通じてもたらされたものだから，被告はその利益を保持しようとすれば，信用状の支払の正当性を立証すべきであろう。しかし被告の権利濫用の限度で信用状の抽象性の利益が否定（剥奪）されると解するなら，あたかも付従性が残存しているもののように処置されるべきだから，権利濫用の事実はやはり原告の主張・立証責任に属する。
 4) 信用状厳正の原則については，橋本「荷為替信用状における提供証券の審査に関する諸問題」民商法雑誌 103 巻 2 号 169 頁以下，第 3 号 333 頁以下参照。
 5) Official comment 1 to UCC §5-109(b) (2002 ed). もっとも，保全命令は許されるが許容条件は厳しいというか，逆に許容条件が厳しいので実際には許されないと説くかは teleologisch な問題である。

か。これらが論議の主要な対象とされなければならない。

第二節　信用状の保全命令の構成

第一款　被保全権利

　申立人の被保全権利の主要なものは，仮処分については，(A)受益者に対しては(1)信用状に基づく支払請求の停止（差し止め）請求権（ドイツ法にいうUnterlassungsanspruch)[6]と(2)信用状債権（支払請求権）の不存在確認請求権であり，(B)発行銀行に対しては(1)申立人に対する発行銀行の補償金支払請求権の不行使を求める権利（Verzichtsanspruch)[7]と(2)受益者に対する発行銀行の支払義務不存在確認請求権ないし支払禁止請求権[8]である[9]。

---

6) Eisemann/Schütze, S. 229-230（橋本訳229頁）; Canaris, Rn 1025; Nielsen, Grundlagen, 1989, 7.1f.
7) Eschmann, S. 162はこの不作為請求権が売買契約関係に基づくと解するのが通説だと紹介し，Thietz-Bartram, S. 74も発行依頼人は受益者に対し，信用状契約ではなく，基本契約上のUnterlassungsanspruchを有することを指摘している。しかし，ここで問題にしているのは売買契約の当事者間の法律関係ではなく，発行依頼人と発行銀行間のそれだから，この見解には疑問がある。LG Dortmund, WM 1988, 1695も発行依頼人には発行銀行に対する償還請求停止請求権（Anspruch auf Unterlassung des Rückgriffs）が存するのであって，いかなる場合にも，支払停止請求権（Anspruch auf Unterlassung der Auszahlung）が存するのではないと指摘している（Kleiner, 22.04ff. は同旨）。Eschmann, a. a. O.はまた，発行銀行は受益者の権利濫用を認識しても直ちには支払を拒絶せず，自己の国際的信用を考慮した上，敢えて損害を引き受けることもできるし，発行依頼人が法的な保全措置を講じるのを待つこともできるので，発行依頼人の法的地位が確定しない状態が生じ得るところ，これこそが「争い」のある状態であって，それが保全理由になる旨を述べているが，これは受益者の権利濫用が直接にもたらした保全申立人の権利の法的不安定とは異なるものであるから，賛同できない。
8) Canaris, Rn 1025. 反対はOLG Düsseldorf, WM 1978, 359, 360; Nielsen, Grundlagen, 1989, S. 158f.; Wessely, Rn 201.
9) これ以外に，例えば基本取引（売買契約）上の履行請求権あるいは債務不履行や不法行為を原因とする損害賠償請求権ないし不当利得返還請求権などは，荷為替信用状の独立性によって，被保全権利とはならない。本来信用状契約と基本取引とを峻別するのが信用状の抽象性・独立性である。ただし反射的に，信用状発行委任契約を信用状契約とも峻別しなければ信用状の独立性は曖昧となる（反対は濱田「1983年改訂

ただしこれらの権利は，申立人の発行依頼人としての法的地位自体において一般的には常に成立可能であるが，具体的には，後に詳述するように，受益者の権利濫用によって初めて生じる権利だから，申立人が裁判所に疎明すべき被保全権利の成立原因は，受益者による権利濫用的請求の事実である。

　なお発行依頼人の受益者に対する基本取引以外の債権が被保全権利となり得ないことは信用状の独立性から明白であり，基本取引上の債権であっても，信用状条件として構成されていないものは，やはり同じ理由で排除されるべきである。

第二款　保全命令の主文

　信用状は有価証券ではないので，いわゆる占有移転禁止型の仮処分を考慮する必要はない。そこでいわゆる処分禁止型について，(a)受益者を相手方として支払の差し止めを求める仮処分は，例えば荷為替信用状の場合，支払信用状，引受信用状および買取信用状の別に対応して，例えば「債務者は別紙目録記載の荷為替信用状について同信用状記載の書類（ドキュメント）を発行銀行，確認銀行ないし指定銀行（以下第三債務者）に提出して支払（手形引受，買取）を求めてはならない[10]。第三債務者[11]は上記信用状に基づき債務者に対し支払（手形引受，買取）をしてはならない。」となり，(b)信用状銀行を相手方として支払の差し止めを求める仮処分は，例えば「債務者銀行は別紙目録記載の荷為替信用状について受益者が提出する書類（ドキュメント）の支払（手形引受，買取）をしてはならない」というものになろう。スタンドバイ信用状や

　　信用状統一規則の諸問題」法政研究54巻1号11頁以下）。
[10] 信用状において受益者の支払請求はドキュメントを提出してなすことに形式化されているので，ドキュメントの提出は黙示的に支払請求の意思表示を含むが，逆に信用状の支払を求めるとの意思表示は，ドキュメントの提出を伴わない限り，いかなる法的効果を伴うものでもない。
[11] 第三債務者に関する部分は，ドイツでは法文の知らないところだとして反対論が多いが（Canaris, Rn 1025 ; Aden, S. 680）イギリスでは現在，第三債務者も裁判所の命令に違反すると Contempt of Court-Regeln による法廷侮辱の制裁を免れないとして（Z. Ltd. v. A. and Others, [1982] 1 All ER 556(562a)），受け入れられている（Eschmann, S. 218）。わが国では第三債務者は保全命令に従う事例が多いと思われるが，従った場合は，受益者に対する債務不履行責任を免れない場合を生じ得る。ただし権利供託による免責が可能な場合が考えられる（民事保全法50条5項。民事執行法156条）。

ディマンド・ギャランティでもこれに準じられる。

ただし(a)(b)のいずれについても，以下に詳述するように，そのような仮処分の可否自体が論じられなければならない。(a)の第三債務者に対して支払禁止を命じる部分は，仮処分命令の効力を確保するための執行方法として，わが国では慣用されているものである。また(a)は，信用状の支払請求には常に書類（ドキュメント）の提出を伴うので，正確には「ドキュメントの支払提示禁止仮処分」である。

第三款　申　立　人

信用状の保全命令の申立人は，信用状当事者のなかでも，信用状発行依頼人（買主ないし請負契約の発注者など）に限られる。なぜなら受益者（売主ないし受注者など）に対する信用状約束が（正常ないし非正常に）履行された場合の最終的な負担（清算勘定の負担）はすべて発行依頼人に帰するので，権利被害を受けるおそれのある者は信用状発行依頼人に限定されるうえ，その帰属過程の法理が基本的に信用状固有のものだからである。他の当事者の権利関係は，例えば発行銀行や第二銀行の事務処理契約（委任契約）上の補償請求権など，（委任事務が履行されたか否かの判断過程に信用状の法律が介入する場合はあるが）直接には信用状固有のものではなく，一般民事法の問題として，通常の解決に委ねることが可能である。

第三節　保　全　原　因

第一款　権利濫用の「重大性」「明白性」及び「即時性証拠の存在」

発行依頼人は他の信用状当事者である受益者と基本取引契約（信用状契約上の対価関係）で結ばれ，発行銀行とは発行委任契約（信用状契約上の補償関係）で結ばれてはいるが，発行銀行に対する自己の補償義務の根源となるものは，発行依頼人からすると第三者間の契約にあたるところの，発行銀行の受益者に対する信用状契約上の債務の履行である。加えて，信用状契約上の債務は対価関係と補償関係から独立した債務であり，この独立性はそれと一体をなす抽象性とともに，信用状の最も中核的な性質であるため，受益者の支払請求権が信用状契約にとっては第三者にすぎない発行依頼人の申立にかかる保全命令

によって実現を妨げられることは，信用状の本質的な趣旨・目的と両立しないため，本来は許されるべきではない。

そのため，信用状の保全命令には，上記のような信用状の性質を考慮してもなお受益者に対する支払を差し止めるのに十分であって，信用状契約の独立性，抽象性の原理が破れるのもやむを得ないと解されるような，例外的で高度な条件が課せられるものとなる[12]。

ここで例外的に認められるものとは，例えば受益者に基本取引上の刑事法違反があり，そのため信用状支払請求が権利の濫用に当たるような，例外的に信用状債務の独立性，抽象性を維持することができず，受益者の信用状契約上の地位がもはや保護に値しない場合である。受益者に権利濫用の事実が存する場合，一方では発行銀行に対する受益者の信用状支払請求権の存在が否定され，他方でその事実を認識した発行銀行には（信用状発行委任契約上の保護義務として発行依頼人に対する関係で）支払拒絶義務が生じる[13]。このような場合には信用状依頼人と発行銀行は却って受益者の意図から保護されなければならない。

そして信用状における受益者の権利濫用は，上記のように，信用状債務の抽象性・独立性を破ってもなお発行依頼人という第三者を保護すべき程度のものという意味で，軽微なものは含まれず，「重大」な契約違反に限定されると解されていて，この点には異論がない[14]。ヨーロッパとアメリカの主要見解と裁

---

12) Canaris, Rn 1015f.; Kleiner, 22.06; Lienesch, S. 177; その他，異論のないところである。
13) 受益者の権利濫用の場合に発行銀行に支払拒絶義務が生じることについては Eisemann/Schütze, S. 229（橋本訳 229 頁）; Canaris, Rn 1015f.; Eschmann, S. 147; Nielsen, Grundlagen, 1989, S. 150; v. Westphalen, Bankgarantie, S. 270; Pilger, S. 588; その他，異論を見ないところである。この場合，発行銀行は発行依頼人に対する償還請求権を有しないことにも異見を見ない（銀行保証状についても同様であって，例えば Nielsen, Bankgarantien, 7.2.1.1; Canaris, Rn 1140; OLG Stuttgart, WM 1981, 631; OLG Frankfurt a. M., NJW 1981, 914）。なお受益者の請求が権利濫用に当たる場合，発行銀行に支払義務がないことについては以下の文献を参照。Aden, S. 678, 680; Pilger, S. 588f.; Canaris, Rn 1015; Eisemann/Schütze, S. 198（橋本訳 197 頁）; Nielsen, Grundlagen, 1989, S. 150; Gutteridge/Megrah, 4-22; イギリスでも Czarnikow-Rionda Sugar Trading Inc. v. Standard Bank London Ltd [1999] 2 Lloyd's Rep. 187, 203; Deutsche Ruckversicherung AG v. Wallbrook Insurance Co. Ltd [1995] 1 Lloyd's Rep. 153, 163; その他。

判例はさらに「明白性」を権利濫用の判断標識となし[15]、その上権利濫用の事実を即時に証明できる明確な証拠が必要と解し[16]、この即時に取調べ可能な証拠をドイツでは „liquide Beweismittel"[17] と称している。しかし「重大性」と「明白性」及び「即時性証拠」の三者の関係は明らかにされてこなかった[18]。

第二款　「重大性」「明白性」「即時性証拠」の一義性

　以上のように権利濫用が重大で明白な契約違反に限定される結果、これを通常は売買契約であるところの基本取引の次元で言えば、受益者の詐欺その他の信義則に違反した、実体法的に重大な瑕疵ある請求を意味することは明らかである[19]。しかし（重大性を属性とする）権利濫用的な支払請求も必ず信用状給付請求の形を取らざるを得ないため、信用状の決裁取引における厳格な形式主

---

14) 例えば Eiseman/Schütze, S. 198（橋本訳 198 頁）; Gutteridge/Megrah, 4-23-33 ほか。アメリカの UCC §5-109 (b) (2002 ed) も "material fraud" であることを仮処分の発給条件としている。

15) アメリカでも、著名な Ground Air Transfer v. Westate's Airlines, 899 F. 2d 1269, 1272 (1st Cir. 1990), Roman Ceramics Corp. v. People's Nat. Bank, 714 F. 2d 1207 (3rd Cir. 1983) などは、受益者による信用状の支払請求が基本取引上許されないことが "plainly" であるとか、支払請求の根拠が "absolutely no basis" であることを求め、明白性を標榜している。イギリスでも例えば United Trading Corp. v. Allied Arab Bank Ltd., [1985] 2 Lloyd's Rep. 554, 561 (C. A.)（"strong corroborative evidence" が必要）; Bolivinter Oil S. A. v. Chase Manhattan Bank, [1984] 1 Lloyd's Rep. 251 (C.A.) などがこれを明示している。

16) 反対の裁判例はないが、ここで重要なものとして、銀行保証状に関する BGH, WM 1984, 689; BGH, WM 1986, 1429; OLG Köln, WM 1988, 22; OLG Frankfurt a. M., WM 1983, 576; OLG Saarbrücken, WM 1981, 276; LG Dortmund, WM 1981, 281 参照。

17) „liquide Beweismittel" について
　„liquide Beweismittel" は、おおむねわが国の民事保全法第 13 条第 2 項、民事訴訟法第 188 条にいう疎明のための証拠と同義であり、審理の場所に現存して直ちに取調べが可能な証明力の強い証拠を指す。「独立ギャランティ及びスタンドバイ信用状に関する国連条約」(1995 年) が、支払の差し止めの仮処分を認める条件として挙げている "immediately available strong evidence"（同条約 20 条 1 項）もこれとほぼ同義と解される。
　具体的に、一般的な疎明資料としては、わが国でもドイツ法などと同様に、書証を中心に、広く証人や鑑定人の陳述書も含まれると解されているが（山崎・瀬木『注釈民事保全法（上）』民事法情報センター、1999 年、209 頁（畠山稔）; 菊井・村松『仮差押・仮処分』新訂版、青林書院新社、1965 年、54 頁）、信用状に関する疎明資料と

義,とりわけ書類取引性と書類厳正の原則という条件に服さざるを得ない。ここにおいて権利濫用の「重大性」は本来の実体法的概念から,形式主義による修正をまぬがれないものとなる。すなわち「重大性」は形式化されて,「申立人の提供する証拠」の「外見上」で権利濫用が「明白」であること(「明白でなければならないこと」)となり,また保全裁判所と(人証などの取調能力も義務もない)発行銀行がそれを認識し得るように,その「証拠」とは「即時性証拠」でなければならない。「重大性」は権利濫用の実体法的内容であり,「即時性証拠」はその訴訟法的表現として証拠方法の制限となり,また「明白性」は「重大性」の形式的表現でありつつ証拠方法の制限を示して,両者を架橋する結果となる。結局「即時性証拠」は「重大性」とともに権利濫用の内的構成要件の一つと言うことが可能であり[20],確実な証拠によって即座に立証可能な

しては,特にドイツの場合,上記のような一般的な資料の範囲に比して狭義に解され,原則として疎明証拠は書証を意味すると解しつつ(v. Westphalen, Bankgarantie, S. 288; Zahn/Eberding/Ehrlich, Rn 2/361; Eschmann, S. 158.),書証に強く限定すれば角を矯めて牛を殺す結果を避け難いとして,当事者やその従業員などの準当事者を含まないものの,その他の第三者に限って人証を包含するとの見解が多い(Canaris, Rn 1017)。わが国では疎明の代用として保全金の供託と宣誓の制度が認められてきたが,平成8年の新民訴法の施行によって廃止された。しかしアメリカではボンドの提供が許され(comment 7 to §5-109 UCC (2002 ed.)),ドイツ法では類似の法的効果をもつ宣誓に代る担保(eidesstattliche Versicherung)を疎明代用として認めるかが論議されている。

なおドイツにおいて信用状に関する疎明資料を制限する根拠については,「ことの当然の性質(Natur der Sache)」だと説明する者(Canaris, Rn 1065a; Eisemann/Schütze, S. 235(橋本訳235頁))と,基本契約上の信用状条項に黙示的な証拠制限契約が含まれていると解する説(Mülbert, S. 169; v. Westphalen, Bankgarantie, S. 289; Nielsen, Bankgarantien, S. 118f.)が存在する。わが国の保全命令についても同様の見解が存し得ると思われるが,証拠制限契約説は訴訟法上の自由心証主義との両立が困難であろう。

18) 橋本「銀行保証状(スタンドバイ・クレジット)における法的諸問題(中)」判例時報第1398号4頁[本書165頁]参照。
19) Official comment 1 to UCC (2002 ed) もこの点では同じ。
20) 即時性証拠の存在が権利濫用の内的構成要件であることについてはCanaris, Rn. 1017。またCanarisは,実際には受益者に対する長期で膨大な証拠調べを要する訴訟の末に,その無権限が実証されないこともあり得るが,即時明確な立証可能性の要請は,荷為替信用状の機能を保護して,仮処分申立人のそのようなリスクを隠蔽しようとするものであると言う(Canaris, a. a. O.)。

権利濫用こそが重大な権利濫用だと擬制されるものとなる。

明白性と即時性証拠は，権利濫用行為自体の実体法的な重大性や違法性の軽重ではなく，裁判所と発行銀行にとって受益者の請求が権利濫用に当たるか否か，つまりその重大性を判断するための機能概念である。

本来，権利濫用の判断をなすことは発行銀行にとって信用状発行委任契約上の受任事務自体ではなく[21]，発行銀行は基本取引の内容を知らないのが通常であるが，権利濫用の請求に際しては支払を拒絶するのが上記委任契約上の保護義務に属する以上[22]，信用状給付金を供託することによってこの判断を回避することはできない[23]。

ちなみに，受益者による信用状条件の不遵守（ディスクレパンシー）は，信用状条件の履行に仮託した権利行使と異なって，それ自体が支払拒絶原因であり，権利濫用とは異なる概念である。発行銀行による権利濫用の判断は，特別な事情がない限り，受益者から外見上で信用状条件に一致するドキュメントが提出された後における判断である[24]。

第三款　信用状における仮処分命令と疎明

民事保全法によると，被保全債権の存在と保全の必要性は裁判所に疎明されれば足り（民事保全法第13条第2項），必ずしもそれらが証明される必要はない。

---

21) Horn, S. 2157 が「銀行保証状においては付従性がないので，かかる抗弁（註・対価関係上の事由をもってする抗弁）は可能ではないため，被担保債権（註・基本関係上の債権）による抗弁を保証状債権に対抗させる発行銀行の義務は，初めから考えられていない」と言うのは，荷為替信用状にもそのまま妥当する。ただし Thietz-Bartram, S. 188 は，銀行保証状において，イタリア法に関し，発行銀行が受益者の権利濫用に際し発行依頼人を保護するのは真正な義務であって，付随的な義務ではないと指摘している。

22) 権利濫用の判断が発行銀行の「中立性」に基づくとの見解をとれば（例えばHeinsius, S. 229, 238），発行銀行の供託権を肯定する余地を生じる。一般に「中立性」そのものは否定できないが，受益者の権利濫用が「明白」であるときに発行銀行が「中立性」を主張するのは正当と思われない。

23) Eisemann/Schütze, S. 201 (橋本訳 200 頁).

24) UCC §5-109 (b) (2002 ed) も支払差止命令を，UCC §5-109 (a) 所定のように，信用状条件と外見上で厳格に附合するドキュメントが提出された場合を前提として規定している。

しかしこのような疎明原則を信用状のような抽象性の高い債務にかかる保全命令にそのまま適用するのは誤りである[25]。けだし疎明で足りるとすれば、抽象性の原理や権利濫用における明白性の原則という実体法的原理が、疎明という訴訟法的適法性の基準の陰で侵害されるおそれを避けがたいからである[26]。例えば疎明の名の下に対価関係上の抗弁と権利濫用の抗弁の分別を曖昧にすることは信用状の抽象性の許さないところであり、発行銀行が申立人の提示した証拠では明白でないと判断（すべく、実際にもそのように判断）した権利濫用を、裁判所が「確信には至らないが、かなりの確率で」認定すれば足りるものでもないからである。

しかし、疎明原則が保全法に明記されているのにかかわらず、信用状には適用されるべきでなくて、権利濫用についての高度の証明が求められるとするなら、その矛盾はどのようにして解決され得るかが長く論議されてきた。

第四款　疎明原則の下での証明の必要性

訴訟法的に見て、疎明と証明とは裁判官の心証の程度を示すものとして、二者択一の関係にあり、その中間段階は存在しないとの見解もあるが[27]、わが国の実務では一般に疎明の程度に段階的な差異を認め[28]、ドイツ法でも支配的見解は[29]「単なる疎明（blosse Glaubhaftmachung）」と「十分なる疎明（ausreichende Glaubhaftmachung）」とを分かち、裁判例にも、銀行保証状の保全命令について必要なのは「十分なる疎明」だと指摘するものがある[30]。これは当然に荷為替信用状にも妥当する見解である。しかし「単なる疎明」と「十分なる

---

25) 適用例もある。例えば OLG Frankfurt a. M., WM 1981, 284, 286；OLG Dortmund, WM 1981, 280, 282；OLG München, WM 1981, 416.
26) Kleiner, 22.13 は、権利濫用は実体法から丁重に書き換えられた特殊な（実体法上の）調整方法であり、訴訟法が保全命令の発令のために、これを実体法でない別のものとして書き換えることはできないと指摘する。
27) Heinsius, S. 229, 235；Eschmann, S. 158. なお菊井・村松・前掲書、53頁も同旨と思われる。Heinsius, a. a. O.はそれゆえ保全手続で証明を求めるのは法令違背だと言う。
28) 実務上は疎明の程度は一律でなく、ほとんど証明に近い程度の立証を求める場合があるとされている（畠山・前掲稿207頁）。
29) Horn, 2153, 2158；Kleiner, 22.13.
30) LG München, WM 1981, 416, 417（疎明の程度に段階を設けるのはドイツの支配的見解だと付言している）。

疎明」の区別自体が必ずしも明らかではないのみでなく，保全命令に証明に至る程度の心証形成は不要とするなら，疎明に程度の区別を論じる実益はないと言えよう。

結論を先行させれば，ドイツ（§920 Abs. 2 ZPO，§294 ZPO），スイス[31]，イギリス[32]などでも保全法が疎明原則を採用しているにもかかわらず，荷為替信用状や銀行保証状，スタンドバイ信用状などの保全裁判において，権利濫用の事実は，疎明ではなくて，端的に証明を必要と解するのが通説であり，裁判例の多くもこの立場に立っている[33]。

荷為替信用状やボンド，付従性のないギャランティ[34]などにおいて疎明ではなく証明が必要な理由をイギリス判例の多くは発行銀行の支払債務の独立性に求めている。一例として Bolivinter Oil SA v. Chase Manhattan Bank は，荷

---

31) Vgl. Kleiner, 22. 14.
32) イギリス法における保全命令が疎明（primafacie-evidence）によってなされるのが判例法であることについて，P. Arens（石川明他訳）「仮処分命令の付与にあたっての仮処分の被保全権利と利益衡量」法曹時報 30 巻 12 号 1 頁。
33) ドイツでは Heinsius, S. 233, 235（疎明では足りず，証明が必要）；v. Westphalen, Bankgarantie erst Aufl, S. 271（申立人は裁判所が確信を抱くに至るまで受益者が銀行に対して権利濫用的請求をなすとの事実について証明をなすべきである）；銀行保証状に関して Kleiner, 22.14 が引用するスイス・バーゼルシュタット州民事裁判所 27.1.1988 判決（「保証状の抽象性の原則は，権利濫用が明白であること及びそれが証拠によって明白に証明（klar belegen ist）」されることを要求する）；同チューリッヒ州上級裁判所 5.3.1986 判決（受益者が設備の引き取りを違法に妨げたことは証拠によるも明確でない（nicht eindeutig））；さらにドイツの OLG Köln, WM 1988, 22（提出された書類では「権利濫用は疑いなく証明（beweisen）されていない」）；同 OLG Frankfurt a. M., WM 1983, 576（「権利濫用が……証明され得る（belegbar）場合に限定されるべく……」）；同 LG Düisburg, WM 1988, 1483, 1485（申立人が危険を証明したか否かについては疑いが残る）；イギリスの British Imex Industries Ltd. v. Midland Bank Ltd. [1958] 1 QB 542（証明された詐欺は存在しないとして申立を却下）；Edward Owen Engineering Ltd. v. Barclays Bank International Ltd. and Another [1977] W.L.R. 774（ギャランティについて「詐欺の証明」と，それの銀行認識が必要）；United Trading v. Allied Arab Bank, [1985] 2 Lloyd's Rep. 554, 565（詐欺と銀行認識につき "strong corroborative evidence" が必要）；Bolivinter Oil SA v. Chase Manhattan Bank, [1984] 1 All ER 351, 352（詐欺と銀行認識の双方について "evidence must be clear"）；さらに The "Bhoja Trading" [1981] 2 Lloyd's Rep. 256, 257；Edward Owen v. Barclay Bank, [1978] 1 Lloyd's Rep. 166, 174；Jack, 9.32；Gutteridge/Megrah, 4-23-33 も同旨。ただし Schmitthoff, 11-043 は詐欺について厳

為替信用状などの債務の「ユニークな価値は銀行とその顧客（受益者）の間で基本取引の履行についてどのような議論が生じようとも，受益者が完全に満足できる点にあり，銀行は約束に従って支払うことを個別的に約している」，荷為替信用状やボンドなどの支払を差し止める命令の申立をうけた裁判官は，そのような「信用状やボンドあるいはギャランティそのものの有効性への挑戦を受けていると解すべきだ」と述べている[35]。どのような場合にも完全な証明可能性が必要とされるべきか否かは（独立性にも個別に程度の差異を認めざるを得ないので）疑問であるものの[36]，これらの結論は，荷為替信用状やスタンドバイ信用状や独立性のあるボンドのような抽象的で独立性の強い債務にとって，例外の許容がそれ自体の存在を否定するにも等しい事由の立証としては，実体法的にも必然的な帰結であろう。このように「明白性」はこれらの権利濫用の内的構成要件の一つであるが，明白なものは必ずや確実なものであって，確からしいにすぎないものではなく[37]，訴訟法的表現を用いれば，証明されたものに他ならないから，明白性を求める限り，権利濫用の事実は疎明では足りず，証明されなければならない。

　証明に至らず，疎明された権利濫用の事実に基づいて発令された保全命令は，訴訟法上は適法であっても，原則として，実体法には違反する。しかしこの矛盾を訴訟法の次元で解決することは至難であり[38]，管見の限りでは，それ

格な証明が必要だが，それでは実際に裁判所が救済を与えることが不可能となると危惧する。アメリカでも同様に証明を求め，例えば Official comment 1 to UCC op.cit は詐欺の事実が"plainly"であること，或いは"absolutely has basis in fact"であることを求めている。

34) スタンドバイ信用状やボンド，或いはギャランティについては橋本『銀行保証状論』20頁以下参照。
35) [1984] 1 All ER 352.
36) Horn, S. 2158.
37) Kleiner, 22.13 の紹介するジュネーブの 12.9.1985 判決（Fall Miranos, Sem. Jud. 1985, S. 609f.）の表現。
38) ドイツ民事訴訟法においても保全処分には権利と必要性の立証が疎明で足りるというのが基準的な条件なのに（§§936, 920II, 294 ZPO），それを銀行保証状について制限し，証明を求めることについて，それを違法だという見解や（Lienesch, S. 178），これは実体法の問題であり，訴訟法で解決しようとすると，解釈領域を越えた訴訟法的課題を提起するとの批判がある（Kleiner, 22.14）。Eschmann, S. 158 もこの立証の制限問題は結局訴訟法を補充することによってはなされ得ないと指摘している。Pilger, S. 588, 589 は，疎明でありながら強い心証の必要性を設けることは§920II,

に成功した者を知らないところである[39]。疎明の程度にはほとんど確信に近い心証を形成すべき場合が存するにしても，それ自体が裁判所の自由な裁量に属する以上，この問題の解決を統一的な原理に帰することは極めて困難であろう。

そのため，発行依頼人がなすべき受益者による権利濫用の証明を，発行銀行に対する関係と裁判所における保全命令の関係とで区別し，即時性証拠という証拠方法の制限は共通のものとしつつ，前者においては確実性の心証に到達せしめるべきであって，証明がなされるべきであるが，後者においては，「発行銀行に対して証明可能であることが疎明されることを要する」との見解が存する[40]。これは保全裁判所における立証の対象を観念的には受益者の権利濫用の事実（の疎明）から逸らしつつ，あえて比較すれば事後審のように，（実際には発行依頼人は発行銀行に対し支払停止を求める申立を経ていないことが多いが，仮に申立を経ておれば同行に対して）証明可能な証拠が存在することを疎明させようとするものである。これは実際には疎明の名の下に証明を求めるものであり，保全法の疎明原則（発行依頼人の利益）と荷為替信用状のような抽象的債務における権利保護の必要性（受益者の利益）に調和をもたらすと評価すべきものであろう。卑見はこれに賛同する。

---

294 ZPO の法文に違反すると言う。Eisemann/Schütze, S. 235（橋本訳 235 頁）も同旨。私見も一時期，明白性（証明）と証拠方法の制限（疎明）を訴訟法で調和させることは至難と考え，銀行保証状に関し，この問題の統一的な理解を放置してきた（橋本「銀行保証状（スタンドバイ・クレジット）における法的諸問題」（中）判例時報第 1398 号 4 頁［本書 165 頁］）。

39) Kleiner, 22.14 は実務と理論は疎明と証明の間の矛盾を無視していると指摘する。また Lienesch, S. 178f. は，銀行保証状について，疎明と証明の矛盾の統一的な解決をあきらめ，訴訟法上の平面と実体法上の平面とは異なった基準が考慮されて然るべきであり，それは一瞥する限りでは，銀行が一面では（実体法上）支払を義務付けられているのに，他面では（訴訟法上）自己の義務の履行が適法な保全命令によって妨げられ得るという状況が考えられるため，法の発見が困難となるが，銀行と裁判所の見方の違いは実際には大きいものではなく，そのことが実務に影響することは稀であろうと指摘している。

40) Mülbert, S. 137, 146; Lienesch, S. 180.

第四節　各種の保全命令とその要件

第一款　受益者を相手方とする支払請求禁止仮処分

第一目　可否と条件

受益者を相手方とする支払請求禁止仮処分の可否については議論が分かれている。

英米及びドイツの多数説は，発行依頼人の受益者を相手方とする信用状に基づく支払請求の差止命令が，受益者の権利濫用（詐欺的行為）を理由とする限り，原則として許されないものではないと解している[41]。受益者の支払請求権は仮処分申立人である発行依頼人と発行銀行（第三債務者）との間の契約関係から生じるものではなく，発行銀行と受益者間の信用状契約から生じるものだから，この仮処分は申立人からすれば第三者が他者の契約関係に介入する結果となり，本来は許されない。しかし受益者の支払請求権は（信用状の独立性といっても）実質的に発行依頼人との基本契約上の代金などの支払請求権に当たるから，その権利行使は信義誠実の原則に則ってなされるべきであり，受益者は形式上の信用状権利者たる立場を権利濫用的に利用し尽くすことを禁じられるので，支払請求禁止の仮処分も原則として許されるというのが，肯定説の主要な論拠である[42]。

これに対し否定説は，信用状の独立性を理由とするものと，この種の仮処分の実効性を疑うものに分かたれる。

---

[41] イギリスではこの injunction の申立が許されるのは当然のこととして，特に議論の対象とすらされていない。アメリカでは UCC §5-109 に明文がある（"enjoin the issuer from honoring a presentation"）。ドイツでは Canaris, Rn 1065（ただし，根拠は不明確だという）；Liesecke, WM 1976, 258, 268；Nielsen, Grundlagen, 1989, S. 156f；v. Westphalen, Rechtsprobleme, S. 285f.などが，受益者に詐欺的行為が認められることを条件として，この種の仮処分に肯定的である。OLG Frankfurt a. M., WM 1974, 956, 956 はさらに銀行保証状は受益者と発行依頼人の見解の相違にもかかわらず支払われるべきものなので，かかる仮処分は原則として禁止されるべきであり，§13 AGB（当時）にも適合するが，荷為替信用状と同様に，受益者の権利濫用を例外事由として認容されるという。

[42] Eisemann/Schütze, S. 230（橋本訳 230 頁）。

まず前者として R. D. Harbottle (Mercantile) Ltd. v. National Westminster Bank Ltd.[43] において Kerr 判事は荷為替信用状に関し，これは国際商取引における血液に等しいほどに重要なものであると前置きした上，発行銀行の債務の基本取引関係からの独立性を強調し，基本取引に紛争が存するのに銀行が支払っても，それは自己の支払約束を履行したのみであり，紛争を理由として支払を拒絶しても，それは自己の責任を履行しなかっただけである。それゆえに，銀行は裁判所による干渉（支払差止の injunction）から自由に支払うことができると指摘する。ただし Kerr 判事もいわゆる独立性のみに依拠して仮処分の可否を論じることはせず，本件において裁判所の干渉がなくても当事者の損害は回復可能であると付言している[44]。

次にドイツのアデンは，このような仮処分は結果的に受益者への支払を発行銀行に禁じようとするものであるが，かかる仮処分について発行銀行は第三者であって当事者ではないので，仮処分は発行依頼人に対し満足すべき手段を与えるものではないと言う[45]。つまりアデンは，発行銀行が「一種の第三債務者 (eine Art Drittschuldner)」として位置付けられるとの見解[46] を批判し，そのような第三債務者の法的概念は（わが民事保全法第 50 条，民事執行法第 156 条と異なり），ドイツ法文の知らないところであるのみでなく，銀行がその仮処分の存在を認識する手段も保証されていないと述べ[47]，さらに受益者はドキュメントを提出して支払請求することを禁じられるならば，有効期限の経過によって信用状上の権利を喪失するほかないと述べている[48]。

---

43) [1978] QB 146.
44) [1978] QB 146, 155-156.
45) Aden, S. 680.
46) Ulmer, S. 279, Fn. 97.
47) Aden, a. a. O.
48) Aden, a. a. O.
49) ［イギリスのマレバー型インジャンクションについて］
　イギリスでは暫定的差止命令（interlocutory prohibitive injunction）によって本案の審理中に裁判所が被告に対し禁止命令を出しても，1975 年までは，被告は最終的な決定がなされる前に自己の資産に関する自由な処分権を制限されるものではないと解されたので，その間に自己の資産を外国に移転させる危険があった。これを転換させたのが Nippon Yusen v. Karageorgis, [1975] 3 All ER 282 と Mareva Compania v. Int. Bulkcarriers, [1975] 2 Lloyd's Rep. 509 であって，前者がリーディングケースと

仮処分の当事者でない第三債務者を介在させた仮処分命令[49]は，法廷侮辱の制裁をもつイギリスと異なり[50]，わが国やドイツ[51]において，当の第三債務者に対して直接的な拘束力を生じるものではないので，実際には仮処分債務者である受益者に対するドキュメントの提出を禁止する効果しか確保できない。ところが禁止期間が信用状の有効期間を超過する場合だと，事実上，受益者には信用状上の権利を喪失させ[52]，申立人には被保全債権（特に Unterlassungsanspruch）それ自体を満足させる[53]という重大な危険を伴う[54]。禁止期間中に信用状の有効期限が経過して受益者たる仮処分債務者が信用状の権利の喪失を余儀なくされることは明らかに保全の目的を逸脱するので，そのような場合，保全の申立は必要性がないことを理由に，全部ないし一部却下されるべきである[55]。

　　なった。本件において原告はイギリスの裁判管轄外に居住する被告に対しイギリス裁判所に傭船料と契約違反による損害金の支払を請求した。原告は被告がロンドンの複数の銀行に資金を保有しているが，これらの資産を訴訟の終了までに外国に持ち出すおそれがあると主張し，被告のイギリス内の資産の処分ないし移動を禁止する injunction を申し立てた。裁判所は従来の裁判実務を改めて，外国会社（被告）に対する損害賠償請求訴訟の継続中にイギリス裁判所の管轄内にある被告の一切の資産を処分ないし移動させることを禁止する injunction を認容した。これをマレバー型インジャンクションと称している。これによって Supreme Court Act 1981 Sec. 37 (3) がいくつかの条件の下に，外国財産に対する保全命令を許容することになった。
　　イギリスにおいて弁済禁止命令（garnishee order）が，既になされた判決に関し債務者に対する弁済を第三債務者に禁止するのに対し，マレバー型インジャンクションは紛争当事者間で判決がなされる前に認められるものであって，受益者には支払の受領を差し止め，あるいは発行銀行には支払を禁じる。しかし銀行にとってはこれらのいずれであろうとも，命令が解除されるまで銀行の口座は完全にか，あるいは命令に述べられた金額を限度としてか，凍結されるので，効果は同じである。初期のマレバー型インジャンクションでは，被告の資産が管轄内のどこにあろうとも，そのすべてをカバーすることにおいて包括的であったが，これは被告にとって不公平だとされ，実務は最高額を定めたインジャンクションは銀行の手中にあると信じられる資産をその額に達するまで凍結するとの条項を含むと解釈されて，被告に別の資産がないかどうかを調査すべき責任から銀行を解放している。
　　マレバー型インジャンクションにおいて，インジャンクションの存在は原告から銀行に通知される。通知後に受け取られた資金は，命令に定められていない限り，凍結されない（外為とマレバー型インジャンクションの関係については Smart, p. 85, Schmitthoff, 22-030, 031, Jack 9.37-39 参照）。
　　ただしかかる保全命令をわが国にそのまま移転することは困難である（長谷部由起

第二目　小　括

　受益者を相手方とする支払請求禁止仮処分は，前記の疎明条件を満たしていることを前提とした上で，さらに仮処分債権者の真の目的が防禦的な意図を越えず，信用状を失効させるという積極的な意図のないものであり，禁止期間もそれに相応するものである限り許される[56]。しかしそれと受益者の失権効を伴って許されない仮処分を区別することは，専門実務的領域にわたる極めて困難な判断事項であり，場合によっては，裁判所の司法裁量の域を越えたものとなる[57]。

　　子「イギリスにおける民事保全」『民事保全講座1』法律時報社，1996年，199頁以下参照)。
50) 英国においては，第三者としての銀行がインジャンクションを無視した場合，裁判所侮辱 (comtempt) に当たるかは単純な判断ではないが「銀行の不注意ないし無頓着は，それが重要なものではなく，不服従と言ってよいぐらいでなかったことが示されない限り，裁判所侮辱の責任を負わしめるべきでない。銀行が頑固な抵抗者であることが示されない限り，裁判所侮辱に問われる危険を負うべきとするのは望ましいことではない」との見解 (Eveleigh 判事) が紹介されている (Smart, op. cit.)。
51) Canaris, Rn 1025.
52) 荷為替信用状は保全処分による権利行使禁止の間に有効期限を経過すると失効し，後に保全命令が取り消されても，受益者の信用状による請求権は復活しない (Nielsen, Grundlagen, 1989, S. 161 ; Canaris, Rn 1065 ; Eisemann/Schütze, S. 230 (橋本訳230頁以下))。スタンドバイ信用状も同様である。
53) UCC §5-109 (b) (4) (2002 ed) は injunction によって申立人が満足執行の結果とならないことを発令の条件としている。
54) ただし Canaris, Rn 1065 は禁止期間の経過によって受益者が失権するのは例外的な場合に限られると指摘している。
55) v. Westphalen, Bankgarantie, S. 286f. は銀行保証状につき，この理由によって支払請求禁止の仮処分そのものを否定している。
56) Eisemann/Schütze, S. 230 (橋本訳230頁以下)。
57) Eisemann/Schütze, S. 230 (そのため，およそ書類の提出を禁じる仮処分は許されないと言う)。なお Canaris, id. はこの点で，手形の呈示と拒絶証書の作成を仮処分によって妨げることは，そうすることによって通常の場合，手形償還請求権を喪失させることになっても可能だとする見解のあることを紹介している。しかし手形償還請求権の喪失と信用状の失効とでは仮処分債務者の被害回復の困難度が完全に異なるので，この類比は相当でない。

第二款　信用状発行銀行を相手方とする支払禁止仮処分

第一目　可否と条件

信用状発行銀行を相手方とする支払禁止仮処分については問題が多く，国によって思考方法がかなり異なる。

A　アメリカの場合

a　総論

アメリカでは発行依頼人が発行銀行を相手方として受益者に対する信用状の支払を差し止める旨の救済措置を裁判所に求めることは禁じられていないが，認容される要件が比較的厳格なため，ほとんどのケースで事実上この種の救済申立は却下されている。

アメリカでは各州法の差止命令による救済の類型と要件は，おおむね連邦民事訴訟規則（Federal Rules of Civil Procedure）の定める三つのタイプの禁止命令（temporary restraining order, preliminary injunction, permanent injunction）に類似した類型と要件が，UCC §5-109(b)に定められたinjunctionの発令条件の下で信用状にも適用されると指摘されている[58]。UCC §5-109(b)所定の条件とは，主として，(1)発給[59]が発行銀行による引受手形に関する法や延払い債務法と抵触しないこと，(2)反対の利害当事者が，発給による損害に対して相応の保護を得ていること，(3)発給によって申立人の偽造・詐欺の抗弁が満足する結果（満足執行）とならないことなどであった。

本来，発行依頼人甲が発行銀行乙に対し受益者丙への支払の差し止めを求めることは，乙と丙の法的関係に第三者甲が介入する結果となるので，仮に許されるとしても例外的場合に限定される。かかる例外的場合とは，ヨーロッパ大陸では受益者の権利濫用の場合であるとされ，アメリカでは取引上の詐欺の場合と捉えられてきた[60]。

---

58) Wunnicke/Turner, 7.7. アメリカの民事保全処分の種類については石川・前掲173頁以下参照。

59)「発給」と「発令」の違いは単に表現の問題だと思うが，本章ではわが民事保全法による保全命令については「発令」と称し，アメリカとイギリスの保全命令については「発給」の表現を用いることにした（望月礼二郎『英米法』新版，青林書院，1997年，220頁参照）。

60) アメリカにおける取引上の詐欺がドイツ法で権利濫用の概念に包含されることについてはおおむね異論がないが，例えばEschmann, S. 119参照。ちなみにドイツ法に

このUCCの規定は，偽造・詐欺の主張との対決の中で判示された後述するSztejn判決のルールに依拠するだけに，受益者の偽造による，あるいは詐欺的支払請求からの，発行依頼人の救済を意識したものとなっている。

しかし近時の裁判所の傾向には，この種の差止事案における偽造・詐欺の要素が間接的に示されるに過ぎず，少なくとも直接的に示されないケースが目立つ。例えばニューヨーク州最高裁（ニューヨーク・ルール）も最近時，発行依頼人がスタンドバイ信用状による手形の振出を差し止め，発行銀行に対してはその支払の差し止めを命じる preliminary injunction の申立を却下した事案において，これが認容されるためには(1)申立人が勝訴するとの相当の根拠があること，(2)差し止めを命じないと申立人に回復困難な損害（irreparable harm）を生じる危険が明白であるか否かを重要な基準としつつ，(3)申立人と相手方の利益の均衡[61]という三点を指摘した（World-Link, Inc. v. HSBC Bank USA）[62]。これを一般的な balancing test を述べたにとどまると解するか，あるいは個々の事案を精査すれば，多くの裁判例が単なる債務不履行と区別されるべき偽造・詐欺の認定に厳格であるため，この点に留意して（前者であれば injunction による救済申立は却下される），実質的に偽造・詐欺ルールが生きていると解するかどうかが，発行銀行を相手方とするアメリカ法廷の支払差止命令の可否を測る重要な指標になると考える。

b　UCC §5-109 の公式コメント

これについて UCC の公式コメントは，injunction による支払差止の拡大的な利用は信用状の独立性に反するので，裁判所はこれに反対しなければならず（have the hostility），その利用に制限を加えるべきだと指摘している[63]。ここでは信用状における偽造・詐欺という対象事案の具体性と特性が背後に退いて，少なくとも表現上は，UCC に比して，一般的な法理としての信用状の独立性

おける良俗違反とわが国の公序良俗違反とがほぼ同義であって大差がないことについては林幸司「ドイツ法における良俗論と日本法の公序良俗」法律時報 64 巻 12 号 247 頁参照。

61) UCC §5-109 (b) (2) (2002ed) も injunction の発令によって影響を受ける受益者，発行者，指定銀行などが，損害から保護され得ることを発令の条件としている。

62) N. Y. Sup. Ct. 23 May 2000 [U. S. A.]. その他，Joseph v. Solow Building Co., 284 A. D. 2d 214, 726 N. Y. S. 2d 642 (2001) や他の裁判例にも同種のルールを挙げているものは多い。

63) Comment 5 to UCC (2002).

にこの種差止命令の可否判断の重点が移動している点が重要である。
　c　Sztejn ルール
　Sztejn ルールとは，荷為替信用状に関する典型的な詐欺の抗弁事例で示された支払差止命令の認定基準であり，裁判所が受益者の取引上の詐欺を理由に発行依頼人の申立にかかる支払差止命令を認容した事件で示したものである (Sztejn v. J. Henry Schroder Banking Corp.)[64]。すなわち受益者（売主）は商品と偽って牛毛とゴミくずを発送しておきながら，送り状と船荷証券には信用状条件と一致する商品名を記載し，これを添付したまま手形を信用状に基づいて振り出し，発行銀行のコルレス銀行を介して発行銀行に支払呈示した。そこで発行依頼人（買主）が受益者の行為は買主に対する詐欺だと主張して（基本契約の不履行との主張ではない），発行銀行に対し支払差止の injunction を求めたところ，裁判所はかかる場合に支払差止を命じるのは荷為替信用状の独立性と矛盾するから本来は許されないが，受益者の行為は詐欺に当たるので発行依頼人を保護すべき稀な例外に属するとして（fraud exception），この injunction の申立を認容しつつ，認容の要件として以下の四つの条件を示した[65]。すなわち(1)申立人が受益者の詐欺を申立の理由としていること，(2)支払がなされる前に発行銀行に対し受益者の詐欺の事実について十分な通知がなされていること，(3)ドキュメントの提出者がドキュメントの善意取得者ではないこと，(4)発行銀行が，緊急差止命令や暫定差止命令によって，他の当事者の権利と義務が明確にされていない場合には支払をしない意向であることなどがこれである[66]。この Sztejn ルールは直ちに先例的価値を認められて後の決定を指導したが，やがて Itek Corp. v. First Nat'l Bank[67] と KMW International v. Chase Manhattan Bank, N. A.[68] のように，相互に類似した事実関係を対象として，各々が類似の発令条件を掲示しつつ，発令の結果が逆になるケースを生じるに至った。Sztejn ルールの射程距離を測るには，Sztejn 事件において買主が実際に受益者の行為を単なる契約違反ではなくて買主に対する詐欺だと主張していたことと（Sztejn ルールの1），買主が受益者の詐欺の事実関係を詳細にコルレス銀行に

64）177 Misc. 729, 31 N. Y. S. 2d 631 (Sup. Ct. 1941).
65）Cf. McCullough, 2001, §5.04.
66）31 N. Y. S. 2d at 634-635.
67）511 F. Supp. 1341 (D. Mass. 1981).
68）606 F. 2d 10 (2d Cir. 1979).

通知していたこと（Sztejn ルールの 2）が重要であろう（ただしコルレス銀行は発行銀行の代理人であって，善意取得者ではないと正当に判示されている）。

　d　ニューヨーク・ルール

　これに対して先のニューヨーク・ルール（World-Link ルール）は，少なくとも表現上は偽造・詐欺という具体性を掲げることなく，また UCC の公的コメントにいう信用状の独立性という法理に比してさらに一般的な，エクイティ上の balancing test を示すにとどまっている。それはもはや信用状の個性を超過して，通常の injunction の判断基準と化したようにも見える。

　そこで重要なのは，上記のような裁判所ごとに指摘する balancing test 自体の検討ではなくて，裁判所が信用状について重要だと判断して双方の利害の比較衡量をなした基礎的な事実関係にあるという見解を生じた[69]。それでもこの種差止命令の申立理由として，受益者の偽造・詐欺の主張を伴わないものは，当然のことながら（発行依頼人が発行銀行を相手方として支払の差し止めを求める以上，偽造・詐欺（権利濫用）の抗弁に依拠すべきである）報告されていない。そのため問題は，発行銀行を相手方とする支払差止の injunction において信用状の詐欺ルールがどのような形で，どの程度貫徹されているかに存する。

　裁判所が申立人の偽造・詐欺の主張事実を単なる受益者の基本契約の不履行に当たると判断し，詐欺には該当しないと認定した上で申立を却下する限りでは，なお Sztejn ルールが生きていて，injuntion による救済を受益者の偽造・詐欺（権利濫用）を理由とする例外として適切に捉え続けていることを示すと言えよう。例えば近時の Synergy Center, Ltd. v. Lone Star Franchising, Inc.[70]，Kyaerner U. S., Inc. v. Merita Bank PLC[71]，Joseph v. Solow Building Co.[72] などがその事例である。

　しかし一方では裁判所が，以下に示すように，偽造・詐欺ルール（Sztejn ルール）ではなくて（つまり偽造・詐欺の有無を論じることなく），ニュー

---

69) Dolan, LC, 11. 04 [1].
70) 2001 Tex. App. LEXIS 8070.
71) 732 N. Y. S. 2d 215 (N. Y. APP. 2001).（スタンドバイについて基本取引違反は injunction の理由にならないという。）
72) 284 A. D. 2d 214, 726 N. Y. S. 2d 642 (2001).（スタンドバイについて extra-ordinary fraud の不存在を指摘する。）

ヨーク・ルールに依拠して injunction の可否を決定する傾向が強い（もっともどの判決も直接に World-Link 判決自体を援用しているわけではない）。すなわちニューヨーク・ルール(1)の要件を理由とするものには，例えば Kyaerner U. S., Inc. v. Merita Bank PLC[73] があり，ニューヨーク・ルール(2)の要件を理由としては，さらに多くの事例が報告されているが，その殆んどは申立を却下したものである。例えば Sabratek Corp. v. LaSalle Bank, N. A. (In re: Sabratek Corp.)[74]，Jeri-Jo Knitwear, Inc. v. Gulf Garments Industry, W. L. L., WL 93591 (N. Y. A. D. 1Dept.)[75]，Southern Energy Homes, Inc. v. AmSouth Bank of Alabama, et. al.[76]，Fluor Daniel Argentina, Inc. v. ANZ Bank[77]，Lentjes Bischoff GmbH v. Joy Environmental Technologies, Inc.[78]，Pedna PTY Ltd. v. Sitep Society[79] がそれである。

　e　まとめ

　アメリカの裁判所には近時，一般的に injunction の用いられ方の自由度が拡大する傾向も指摘されている上，例えば暫定性の強い temporary injunction（事前差止命令）と本案審理中の permanent injunction（本案的差止命令）とを同じ条件で論じることもできないであろう。それでも，ニューヨーク・ルールは Sztejn ルールに比して受益者の偽造・詐欺を理由とする救済の論理としては非直接的であるとの謗りを免れないとしても，これが厳格に適用される限り，上記のとおり，荷為替信用状の法理との調和を保ち得ないものではない。これは発行依頼人の救済を発行銀行を相手とする injunction に求めるケース

---

73) 732 N. Y. S. 2d 215 (N. Y. App. 2001).（却下；1のみでなく，2の要件の欠缺も指摘する。）
74) 257 Bankr. 732 (B. D. Del. 2001).（2の他に3の要件の欠缺を指摘して却下。）
75) 2の他に1の要件の欠缺を指摘して却下。
76) 709 So, 2d 1180.（2の要件の欠缺を指摘して却下。ただしこの裁判所が irreparable harm の証明がない限り詐欺の主張は無意味だと述べているのは論理が逆であろう。）
77) 13 F. Supp. 2d 562, 1998 U. S. Dist. LEXIS 12995 (S.D.N.Y.).（発行銀行の将来における財務的脆弱化のおそれは injunction の理由とならないとして却下。）
78) 1997 U. S. Dist. LEXIS 17133 (S.D.N.Y. 31 Oct. 1997).（受益者が発行依頼人を相手方として preliminary injunction を申し立てたが却下されたもの。）
79) 1997 NSW LEXIS 492.（支払がなされると発行依頼人が重大な損害を蒙ること及び受益者には基本契約上のいかなる信用状給付権利も存しないことが証明されたとして，受益者は支払を受理してはならないとの preliminary injunction を認容したもの。）

を，正当にも，きわめて限定する結果になるであろう。

有力な学説は発行依頼人が受益者ないし発行銀行に対する金銭的な損害賠償請求が可能な場合には，裁判所は支払差止の injunction の発令を拒否すべきものと言う[80]。金銭的補償が可能な場合には，原則として，「回復困難な損害 (irreparable harm)」が生じていないからであり[81]，この論理をニューヨーク・ルールの2と同旨だと理解する限り，これら有力説では依然として偽造・詐欺ルールとの接点が維持されていると評することは可能である[82]。

ドーランは，荷為替信用状について，発行依頼人の救済は（イ）信用状条件と一致しないドキュメントに発行銀行が支払う場合と（ロ）発行銀行がドキュメントの偽造などのため，将来において問題を生じる支払をなす場合の二つに分かたれるが，発行依頼人（買主）はどちらの支払がなされても，前者においては発行銀行に対する損害賠償請求により，後者においては受益者に対する損害賠償請求によって，被害を回復する手段を有するので，いずれも結果的に，エクィティの救済を受けるのは至難であると指摘している[83]。ドーランは支払差止命令が無差別に発令されると，荷為替信用状の機能を損なうとも指摘していた[84]。Sztejn ルールと irreparable harm の認定が厳格になされる限り，発行依頼人にエクィティの救済が与えられるのは，極めて例外の事例に限定される。

B　イギリスの場合

イギリスでは 1975 年の American Cyanamid Co. v. Ethicon Ltd[85] 判決を契機として，interlocutory injunction（暫定的差止命令）の原告[86]に課せられる訴訟上の負担が緩和された。それまでは裁判所が本案手続でもたらされた結果の合理性を確信したとき初めて原告の権利侵害が証明されたものとされたため，仮の権利保全も事実上本案手続と大差がないと言われた。上記判決におい

---

80) Dolan, LC, 11.04 [1]; Wunnicke/Turner, 7.7; McCullough, 2001, §5.04 [2].
81) Sperry Int'l Trade, Inc. v. Goverment of Isr., 670 F. 2d 8 (2d Cir. 1982; Dolan, LC, 11.04[2][b]).
82) irreparable harm については Dolan, LC, 11.04[2][b]以下参照。
83) Dolan, LC, 11.04.
84) Dolan, id.
85) [1975] 1 All ER 504.
86) イギリスでは保全処分でも申立人を原告（plaintiff）と呼び，相手方を被告（defendant）と呼ぶのが慣例である。

て貴族院は interlocutory injunction の発給について新しい基準を設けたが，それによると原告は実体法的な予備審査を経ることなく，勝訴の確からしさ（real prospect of sucess）を示せば十分とされた。その結果 interlocutory injunction の可否は，主として原告の申立が認められないとしたら蒙るべき損害が原告にとって不相当なものか否かという balance of convenience に従って判断されるに至った[87]。

そのような手続の下でイギリスでは interlocutory injunction の発令は荷為替信用状の趣旨と目的に沿わないものと考えられてきた。すなわちそれは荷為替信用状の独立性と両立せず，僅かな例外は受益者の詐欺（ドイツ法的表現によれば権利濫用）の場合に限られるが，それだけで例外的措置が許容されるものではなく，さらに balance of convenience に配慮すべきものとされている。

文献にはこの種の支払禁止仮処分の基準的な判決として 1957 年の Hamzah Malas v. British Imex Ind を挙げる例が多い[88]。これは原告（発行依頼人）のヨルダン商社がイギリスの被告との間で大量の鉄鋼製品の売買契約をしたが，二度にわたって船積されるべき取引の最初の履行に重大な瑕疵があったとして，原告が第二の信用状による被告に対する支払を妨げるため発行銀行を相手方とする支払差止の injunction を申し立てたものである。この申立は却下されたが，却下理由として，Jenkins 判事が injunction によって支払を妨げるのは荷為替信用状の独立性にとって通常のことではないこと，しかし独立性も絶対のルールではなく，売買当事者間の争いが凍結（freezing）されるべき場合には完全に倒壊すると述べたのを，Sellers 判事がそれは例えば詐欺取引の場合だと補足した。この判決をアメリカの Sztejn 判決とほとんど同列だと指摘する見解があるが[89]，ここでは Sztejn ルールのような詐欺の抗弁を意識した具体的な認定の基準は未だ設定されておらず，一般的な信用状の独立性とその限界としての受益者の詐欺が強調されたにとどまる。前掲の R. D. Harbottle (Mercantile) Ltd. v. National Westminster Bank Ltd. が指摘するところも信用状の独立性と injunction の発令の有無をめぐる当事者の損害回復の難易であり，この判決を援用する Edward Owen Engineering Ltd. v. Barclays Bank International Ltd.[90] もほぼ同見であった（詐欺も存在しないとする）。

---

87) Eschmann, S. 208.
88) 例えば Gutteridge/Megrah, 4-24；Jack, 9.28-42；Eschmann, S. 117.
89) Eschmann, id.

しかし Bolivinter Oil SA v. Chase Manhattan Bak NA[91] においては Hamzah 判決ではなくて Sztejn ルールが強く意識されている。すなわち支払差止の injunction が認容されるのは，明白な詐欺の場合であり（Sztejn ルール 1），かつ詐欺の事実を銀行が認識していることが要件となることを明示しているからである（Sztejn ルール 2）。本判決でも irreparable damage の有無がさらに検討されるべきだと指摘された[92]。United Trading v. Allied Arab Bank[93] も詐欺の明白な証拠が提出されていないとして申立を却下した事例である。

以上のようなイギリスの状況はさまざまに理解されている。例えばアメリカのベルトランは，慎重な表現ながら，イギリスの裁判所は発行銀行を相手方とする支払差止命令に否定的（negative）だと分析し，裁判所のこれらの態度は訴訟原因（cause of action）としての受益者の詐欺を発行銀行が認識しており，それゆえ，支払をなすべからざる義務に違反して支払うという事実自体や，その証拠の評価に依拠したものではなく，原告には他に損害補償の代替手段（銀行に対する損害賠償請求権や受益者に対する不当利得返還請求権ないし不法行為による損害賠償請求権）があるのに，裁判所には差止命令によって発行銀行の抽象的で独立的な支払約束の履行を妨げることについての強い躊躇があると分析する[94]。またアメリカのドーランは，イギリスにおいては irreparable damage の認定もアメリカに比して厳格でないと指摘している[95]。ジャックもイギリスにおいては詐欺が証明されただけで injunction が発令されるのではなく，エクィタブルな balance of convenience が損害の回避可能性として重視されると指摘している[96]。

C　ドイツの場合

ドイツでも信用状依頼人が発行銀行を相手方として支払の差し止めを求めることができるか否か，仮に可能であるとして，いかなる条件の下においてなのかは明確にされておらず，議論は分かれており，根拠と条件についても一致が

---

90) [1978] 1 Lloyd's Rep. 166.
91) [1984] 1 1 Lloyd's Rep. 251.
92) at 257.
93) [1985] 2 Lloyd's Rep. 171.
94) Bertrams, 16.4.
95) Dolan, LC, 11.04[2][b].
96) Jack, 9.28.

ない。
　a　否定説
　a-1　抽象性の優越説
　OLG Frankfurt a. M.[97]は，銀行保証状について，銀行保証状の抽象性は発行銀行の債務が，その債務約束以外の理由，例えば受益者の発行依頼人に対する取引上の権利濫用によって否定されることはなく，かかる場合においても発行銀行は自行の国際的な信用を維持するため，場合によっては損害の補償を帰責されることは甘受した上，あえて支払をなすことができるとして，発行銀行を相手方とする仮処分を否定する。これは権利濫用の場合にも，発行銀行の債務の抽象性が優越するので，発行銀行には支払義務が存することを根拠として，発行銀行に対する支払禁止仮処分を否定するものである。LG Dortmund[98]が，受益者に権利濫用が存する場合，許されない権利行使は受益者に由来するのであって，発行銀行に由来するのではなく，発行銀行に宛てられた仮処分は無益である。かかる場合，発行銀行にとって，受益者に対する支払ではなくて，発行依頼人に対する償還請求が発行依頼人との契約違反となるのだから，発行依頼人には発行銀行に対して，償還請求停止請求権が与えられるが，決して支払停止請求権が与えられるのではないと述べるのも，上記OLG Frankfurt a. M. と同じ見解である。LG München[99]も，かかる仮処分は銀行保証状の抽象性に反するとして，これを否定する。
　a-2　被保全権利の喪失説
　カナリスは荷為替信用状について，受益者がドキュメントを提出した場合，（それが権利濫用であろうと）これによって支払請求は既に少なくとも黙示的になされており，それとは別に発行銀行をして支払をなさしめるための行為はなにも必要とされていないので，発行依頼人はその段階でもはや仮処分のための被保全権利を喪失して保持しないことを根拠として，かかる仮処分の可能性を否定する[100]。
　しかし，ドキュメントが提出されても，発行銀行の支払ないし補償請求以前においても発行依頼人にとって被保全債権とその具体的な危険が存するはずで

---

97) WM 1988, 1480.
98) WM 1988, 1695-1696.
99) WM 1981, 416, 417.
100) Canaris, Rn 1065.

ある。発行依頼人が受益者の権利濫用を理由に発行銀行に対し補償給付請求権の不作為請求をする場合には，同行は受益者に対する支払後にそれを発行依頼人に求償するのだから，発行依頼人にリスクが存するのは明らかであろう。

a-3 支払義務不存在説

アイゼマン/シュッツェは，受益者の支払請求が信用状の権利濫用に当たる場合に，そもそも発行銀行には支払義務が存在しないことを理由として，支払禁止仮処分の可能性を否定する[101]。

確かに発行銀行に支払義務はないが，それでも発行依頼人は信用状が義務なく支払われたことを後の補償請求において争う不利益から免れるため，発行銀行に対し支払禁止請求権を有する。

a-4 第三者の権利侵害説

これはリーゼッケ[102]などの説くところであり，発行銀行を相手方とするこのような仮処分は，発行銀行が第三者（受益者）との間で締結した契約の効力を他者が否定して，発行銀行と第三者との権利関係に干渉するものだから認められないというものである。ベルトラン，アオハーゲン，イェドツィヒ，フォン・ケメラー等が支持していて[103]，否定説の有力な根拠となっている。

これは受益者に対する信用状請求の停止請求権（Unterlassungsanspruch，すなわち信用状給付請求権を行使しないように求める権利）は売買契約から生じるのに，発行銀行はかかる法的関係に対して第三者であるから，発行銀行を相手にいかなる仮処分も許されないとの見解[104]と同列であり，買主たる発行依頼人と発行銀行間の法律関係に「争い」があるのを疑っているのである。

これについては発行銀行が発行依頼人との事務処理契約の範囲内で生じた一般的な保護義務と誠実義務の二面性を考慮すべきである。その一は，発行銀行が受任者として委任者たる発行依頼人に対して負担する義務であり，他は委任者が受任者に対して負担するそれである。

まず前者において，受益者の請求が権利濫用に当たる場合に，発行銀行は受

---

101) Eisemann/Schütze, S. 229（橋本訳 229 頁）；他に間接保証状に関する LG Stuttgart, WM 1981, 633, 634。
102) WM 1968, 22, 27.
103) Bertrams, 16.5; Auhagen, S. 65, 66; Jedzig, S. 1471; v. Caemmerer, S. 304（詳細は橋本『銀行保証状論』266 頁以下参照）．
104) Aden, S. 678, 680; Raith, S. 108.

益者に対しては支払拒絶権を有するが，発行依頼人に対しては支払拒絶義務を生じる。ただしこれを否定して，銀行は受益者の権利濫用の場合であっても事情によって，その信用状につき固有の経済的な利益をもち，保証状発行者としての自己の国際的地位を維持するため，支払ないし支払拒絶義務を履行するかどうかは銀行次第だという見解が銀行保証状に関してなされているが[105]，このような銀行の経済的利益は発行委任契約に伴う反射的利益の一つに過ぎず，これを法的評価に際して保護利益のうちに数えることには疑問があろう。他方後者において，委任者たる発行依頼人も発行銀行に対し発行委任契約上の誠実義務により，受益者の支払請求に関する情報を通知する義務があり，権利濫用の事実に関して自己の知っていることを直ちに発行銀行に通知し，疑わしい支払をしないように妨げることは同人の（権利であるが）義務でもあると解すべきである[106]。以上のように，発行依頼人が発行銀行に対して受益者の権利濫用の事実を通知し，証明した場合には，発行銀行と発行依頼人との間に法的な「争い」が生じ，具体的には発行依頼人に対する補償金支払請求権の不行使を求める権利（Verzichtsanspruch）を生じると解される。

 a-5 その他の理由による却下例

OLG Saarbrücken[107]は間接保証状[108]について，受益者の第二銀行に対する権利濫用の事実が発行銀行に明らかにされていないとして，発行依頼人の申立を却下し，OLG Köln[109]は受益者の権利濫用は明白であるか，或いは書証によって証明された場合にのみ仮処分が可能と判示し，LG Dortmund[110]は権利濫用の証明がなされていないとして却下した。

 b 肯定説

これに対し肯定説もこのような仮処分が常に許されるというのではなくて，それは例外的に許されると解し[111]，その根拠をおおむね発行依頼人が受益者

---

105) OLG Frankfurt a. M., WM 1988, 1480, 1482; OLG Köln, WM 1991, 1751, 1752; Nielsen, Bankgarantie, S. 124.
106) LG Frankfurt a. M., WM 1981, 284, 287; Eschmann, S. 169; v. Westphalen, Bankgarantie erst Aufl, S. 270, 271.
107) WM 1981, 275.
108) 間接保証状（indirect guarantee）については橋本『銀行保証状論』232頁以下。
109) WM 1988, 22.
110) WM 1981, 281.
111) LG Frankfurt a. M., WM 1981, 284, 286; LG Dortmunt, WM 1981, 280, 282; OLG

を相手方として支払請求の差し止めを求める仮処分とパラレルに構成し，例外的に許される条件もこれによって特定されると解している。すなわち受益者を相手方とする仮処分は，上述のように，その根拠を発行依頼人と受益者間の例えば売買契約上の保護義務と誠実義務という付随的義務に求められるが，これと同様に，発行依頼人は発行銀行との間に存する信用状発行契約という事務処理契約上の，発行銀行の発行依頼人に対する付随的義務に基づいて，発行銀行を相手方とする支払禁止仮処分が認められるものとする[112]。つまり発行依頼人は発行銀行に対して受益者への支払について不作為請求権を取得し，発行銀行は，受益者の権利濫用的請求の場合にのみ，支払拒絶を発行依頼人に対して義務付けられていると結論づける。

別に救済の補充的要件として，発行依頼人にとって他の可能な法的救済手段がない例外的・限定的な場合に限られるとの条件を付加する者がある[113]。これが英米法で重視されることは injunction に関して指摘したところであるが，ドイツ法では，受益者に重大な権利濫用の事実が存する場合，発行銀行は受益者に対する支払義務を負わないので，それ以上に補充的要件に配慮する必要がないとの反論が存する[114]。

第二目　小　　括

これを通覧すると，発行依頼人を申立人として発行銀行に対し支払禁止を求める仮処分の発給には，受益者を相手方とする仮処分に比して一段の制限を免れないものとなる。アメリカとイギリスでは信用状債務の独立性が，かかる仮処分の発給を束縛する基本的な原理となっている。そのうち，アメリカでは端的に欺罔の抗弁を意識した Sztejn ルールはもとより，これに比して多少詐欺的要素が背景に退いたニューヨーク・ルールでも，実際には受益者の偽造と詐欺の有無の詮索が先行すべきものとされ，かつ少なくとも injunction が認めら

Saarbrücken, WM 1981, 275, 276 ; OLG Frankfurt a. M., WM 1983, 575 ; LG Stuttgart, WM 1981, 633 ; LG Düsseldorf, RIW 1985, 77 などは「例外的」条件下での発行銀行に対する仮処分の肯定例である。

112) Canaris, Rn 1025. なお発行銀行の発行依頼人に対する保護義務ないし誠実義務の存在を明示してこの種仮処分を肯定するのは LG Frankfurt a. M., WM 1981, 284, 286（「だれにも悪意で振舞う者を支持すべき権利と義務はない」）。他に同様の論理で認容したものに，反対保証状に関する LG Dortmund, WM 1981, 280 がある。

113) Nielsen, Grundlagen, 1989, S. 164f.

114) Eschmann, S. 173 ; Canaris, Rn 1025.

れない場合に申立人が蒙る損害も，それに対する金銭的補償の可能性が，受益者のそれと対比して均衡を得られない限り，申立人の irreparable damage に当たるとは解されていない。イギリスでも詐欺ルールの運用はアメリカと大差がないと解され，irreparable damage の解釈に多少の甘さが残るとしても，各当事者の balance of convenience について厳格に判断される場合が多く，そのためかかる仮処分が認められるのは極めて例外の事例に属している。ドイツでは主として法理論的な考察が優勢であるが，発行銀行を相手方とする仮処分の可能性を否定する見解は存在しても，無条件の肯定説は存在せず，受益者の権利濫用的請求という例外的事例を前にして，仮の権利保全手続であってもその事実の厳格な証明を求めるべきものとされている。

第三款　支払銀行（第二銀行）を相手方とする仮処分

　支払銀行（各種の第二銀行のうち引受銀行と買取銀行については支払銀行に関する考察を基準にすればよいので，ここではもっぱら支払銀行について述べる）は発行銀行の授権申込を承諾した場合にはここに委任契約関係（請負給付を目的とした事務処理契約関係）が成立する。その場合でも支払銀行は発行銀行の履行補助者であって，発行依頼人との間に直接の法律関係が成立するのではなく，受益者に対しても固有の支払義務を負うものではない。受益者の支払請求に応じるか否かは自由な決定に委ねられている。そうすると，発行依頼人は支払銀行に対し保全処分の前提となるいかなる本案請求権を有するかが問われるものとなる。そのような請求権を有しない限り，支払銀行に対する発行依頼人の仮処分の申立は認容されないからである[115]。

　そうすると，発行依頼人が発行銀行の履行補助者としての支払銀行に対し，前述した発行依頼人の被保全権利のうち，受益者を相手方とする各請求権を有しないことは論じるまでもなく，発行銀行を相手方とする各請求権についても当事者適格を欠くことは明らかである。結局，発行依頼人の支払銀行を相手方とする保全処分は，この間の直接の法律関係を根拠とする限り，否定される。

　そこで発行銀行の授権による支払銀行の支払権限の内容が問われるところ，

---

115) Jack, 9.34 は，支払銀行は発行銀行の代理人として行為するのだから，支払差止の injunction は発行銀行と同様に支払銀行による支払をも差し止めるべきだと言う。論旨はやや不明確だが，支払銀行を相手方とする injunction が可能だというのではないと理解すべきであろう。

支払銀行が通知銀行でもある場合、支払銀行はその信用状が自行において支払われ得るものであることを認識した上で通知した以上、支払銀行が相当な理由なしに上記委任を放棄して委任の履行を拒むことはないであろうとの信頼を受益者に生じさせると解される[116]。そしてこの信頼が法的保護に価するものであれば、このような受益者の信頼を（ドキュメントのディスクレパンシーその他の）正当な理由なく破壊することが不法行為を構成する可能性があろう[117]。しかしこれとても受益者の法的地位の保護に役立つものであっても、支払銀行の受益者に対する支払を差し止めようとする発行依頼人の意図とは逆の法的効果を生じるものでしかない。

また支払銀行が支払委託を承諾した場合には発行銀行の履行補助者として発行銀行の指示に従属するので、仮に支払を禁じる旨の仮処分が発行銀行に対して出されたことを通知されて知っておれば、それでも敢えて支払った場合の損害は支払銀行自体の負担になると思われる。しかしこれは発行銀行の履行補助者としての、発行銀行に対する注意義務違反の効果であって、発行依頼人に対するそれではなく、そのため支払承諾を根拠として支払銀行に対する被保全請求権を構成することも困難と思われる。

第四款　確認銀行を相手方とする仮処分

第一目　仮処分請求の可否

確認銀行も第二銀行に含める見解があるが、支払銀行と異なり、確認銀行は発行銀行とともに受益者に対する固有の支払義務を負っている。しかしそれと発行依頼人が確認銀行に対する仮処分のための被保全権利を有するかは別問題である。けだしスタンドバイ信用状[118]や荷為替信用状において第二銀行のなす確認（confirmation）とは、発行銀行の負担する信用状債務につき連帯保証をする旨の単独の債務負担行為であり、発行銀行の委任に基づいてなされる場合には確認銀行と発行銀行との間に事務処理契約関係が成立するが、発行銀行の委任によらない場合も可能であり[119]（サイレント・コンファメーション）、

---

116) Eisemann/Bontoux, p. 41 の言う「類似的保障の機能」。
117) 濱田「1983 年改訂信用状統一規則の諸問題」法政研究 54 巻 1 号 17 頁以下。
118) スタンドバイ信用状の確認（confirmation）につき ISP（International Standby Practices）98 の Rule 1.09 参照。
119) 2007 年 7 月から施行された荷為替信用状統一規則（UCP600）では、スタンドバ

いずれにしても（例外的に発行依頼人の委任による確認でない限り）発行依頼人との間に直接の契約関係は存在しない。そのため，原則として，発行銀行に対する発行依頼人（買主）の法的な保全措置の効果は確認銀行に及ばないので，発行依頼人は信用状の確認については無防備である。

しかし他面では，（例外としてのサイレント・コンファメーションを除き）信用状依頼人から発行銀行を経て確認銀行に至る一連の事務処理契約関係が存在しているので，その各契約上の保護義務に留意すべきである[120]。すなわち，発行銀行に対する発行依頼人の前述の情報告知義務は，その契約相手方である確認銀行にも妥当する。つまり発行銀行には明らかな権利濫用についての情報であって，発行依頼人から証拠をもって示された認識を，確認銀行に即時に通知する事務処理契約上の保護義務がある[121]。

被保全権利は，確認が発行依頼人の委任による場合には上記発行銀行を相手方とする場合のそれと同類である。確認が発行銀行の委任によってなされる通常の場合，発行依頼人と確認銀行の間に直接的な契約関係は存在しないが，その場合でもこのような「一連の連鎖」に基づいて，確認銀行を相手方とする仮処分の根拠が発行依頼人に与えられる。その場合の被保全権利は，(A)受益者を相手方としては(1)確認銀行に対する支払請求の停止請求権と(2)確認銀行に対する信用状債権の不存在確認請求権であり，(B)確認銀行を相手方としては(1)発行銀行への補償金支払請求権の不行使を求める権利と(2)受益者に対する確認銀行の支払義務不存在確認請求権ないし支払禁止請求権である。

いずれも受益者の明白な権利濫用によって生じる権利である。

　イ信用状に関する ISP98 の Rule 1.11 C i と同様に，サイレント・コンファメーションを付した銀行は確認銀行の呼称の対象から除外された。かかる銀行は債務内容を原信用状と同じくする第二の発行銀行である。

120) Jack, 9.34 もかかる保護義務を指摘している。Jack が引用するパーフォーマンス・ボンドに関する United Trading Case [1985] 2 Lloyd's Rep. 554, 560 では多段階保証状（橋本『銀行保証状論』275頁以下参照）において受益者の請求を詐欺的請求と判断した銀行は，連鎖の末端の銀行が支払わないように配慮すべきと言い，正当であるが，Jack はその理由に言及していない。

121) v. Westphalen, Bankgarantie, S. 247; Horn, S. 120; Eschmann, S. 167. 反対に確認銀行も自己の契約相手方たる発行銀行に関する一般的な利益保護義務に基づいて，直接に発行依頼人の利益の保護となるところの，受益者による明白な権利濫用を発行銀行に通知して支払を拒絶させる義務がある（v. Westphalen, id.; Eschmann, id.）。

第二目　準　拠　法

確認銀行に対する保全処分事件には，常に取引と最も関連の強い国の法が適用されると解するなら，通常は特徴的な給付をなす当事者として，確認を付した当の本，支店の住所が連結点とされる。

確認銀行は確認により事務処理契約上の特徴的な給付をなすが，受益者に対する固有の義務を発行銀行の義務からは独立して引き受けているのである。確認銀行は通常，その住所地を受益者の自国に有し，発行依頼人からは外国に居住するので，外国法が適用されるものとなる。

その結果，確認銀行に対する仮処分については，当該外国の法秩序が，信用状の権利濫用による請求について支払約束の抽象性が貫徹されないという原則を知っているか否かが決定的に重要となる。

第五款　仮　差　押

受益者の信用状給付請求権ないし代り金に対する発行依頼人による仮差押の可否については争いが存在し，これを否定するのが今日国際的に支配的な見解である。

否定説は，発行依頼人が意図しているのは，受益者をして信用状給付請求権を行使させないようにすることであるが，そのような発行依頼人の請求権は金銭債権ではなく，不作為を目的とする個別的債権であるから仮差押ではなくて，仮処分の対象でしかない。受益者が保証状給付金の取立をしないように，その不作為を求める発行依頼人の権利が金銭債権である損害賠償請求権に転化しうることは否定できないが，それは不作為請求権の保命令に吸収されると解される。その上，そもそも発行依頼人の不作為請求権はすでに受益者による信用状の請求によって失われていると説かれる[122]。或いは，受益者の発行銀行に対する支払請求権が仮差押によって支払が妨げられるので，損害賠償請求権の成立が概念的に排除されることを理由としている[123]。仮差押の理由[124]は

---

122) Canaris, Rn 1065（すなわちカナリスは，銀行保証状について，担保されるべき金銭債権の発生が仮差押によって初めて妨げられるというのは正しくない，けだし銀行保証状の請求自体によってすでに受益者は発行依頼人の Verzichtsanspruch を侵害しており，そのため既にこの時点で損害賠償請求権が成立している，発行依頼人が即時性証拠によって受益者の権利濫用的請求を証明したときでも，受益者は支払請求をなし得ると言う）；Heinze, S. 196 も同旨。

あるが仮差押請求権はないというのである。

これに対し肯定説は，受益者がドキュメントを発行銀行に提出することによって，発行依頼人に対する発行銀行の補償請求権が発生し，それとともに発行依頼人の消極資産が増加するので，発行依頼人に，その契約相手方すなわち受益者に対する金銭債権又は金銭債権に変わることができる請求権が発生する。かかる請求権は発行依頼人にとって発行銀行に対する受益者の不法な請求を恐れているときにおいて仮差押の理由ともなり得るものである。つまり仮差押の理由は，仮差押されるべく，それによって仮差押が可能となるところの，当の請求権と同時に成立すると説く[125]。また否定説は仮差押の手続とその執行とを分別していない形式論である[126]，受益者の権利濫用的請求による発行依頼人の損害賠償請求権は既に受益者によるドキュメントの提出（支払請求）の時点で成立し，仮差押命令の前に少なくとも条件付きで存在するという[127]。

しかし肯定説のいう条件付き損害賠償請求権は，受益者の支払請求権が仮差押されることによって条件が成就し得なくなる存在である。本案訴訟において特定不能な損害を対象とした仮差押請求権は余りにも形式的な存在であり，それは条件付きの請求権でもないと解される[128]。

それゆえ，発行依頼人による，受益者の権利濫用的請求を理由とする受益者の信用状支払請求権の仮差押は，支配的見解どおり，否定されるべきであろう。

対価関係上の債権，例えば売買代金債権による仮差押については，銀行保証

---

123) Pleyer, S. 24 ; v. Westphalen, Bankgarantie, S. 307f. ; Wessely, S. 74f.
124) ドイツにおける，仮差押の理由の存在を推定した§917ⅱZPO（判決を外国で執行しなければならないときに仮差押の理由ありとする）が信用状の場合にも適用されるか否かについて両論があることについて，例えばEschmann, S. 184f.参照。
125) Kleiner, 22.20-25 が紹介している。
126) Heinze, a. a. O., S. 253, 261.
127) Eisemann/Schütze, S. 231（橋本訳231頁）; Nielsen, Bankgarantien, S. 167. さらにドイツでは上記§917ⅱZPOが肯定説の根拠とされている。
128) v. Westphalen, Bankgarantie, S. 308 ; Thietz-Bartram, S. 75. そのためNielsen, a. a. O., S. 120 は荷為替信用状について，発行依頼人の仮差押を肯定するには十分な根拠が疑わしく，実際にも用いられることは稀だと指摘している。Kleiner, 22.24 によると，発行依頼人による仮差押は自らが発行を依頼した銀行保証状について，その給付金が受益者に移行するのを妨げる試みとなって，権利濫用的だとの見解も存する。

状についてこれを肯定する裁判例が存するが[129]，荷為替信用状に関しては，発行依頼人は基本取引上の債務者であるから，対価関係上の理由による仮差押は，原則として，あり得ない。荷為替信用状が分割船積可能条件であって，一部が先行船積されるべきところ，その部分について発行依頼人に履行遅滞による損害賠償請求権が発生したり，或いは先行履行分について瑕疵担保による損害賠償請求権などが発生した場合に，後行部分に関する信用状給付請求権を仮差押することはこれを妨げる理由がないであろう。ただし，発行依頼人は後行部分について受益者の請求が権利濫用的であることを証明しなければならない。

ちなみに発行依頼人でない第三者が受益者のドキュメント提出を停止条件とする信用状給付請求権を仮差押することは可能だが，仮差押債権者と受益者間の本案訴訟の経過次第では発行銀行の償還請求権の行使を不可能とすることも考えられる。その場合の賠償責任は仮差押債権者に帰するであろう。

第五節　ま と め

信用状，ことにスタンドバイ信用状や荷為替信用状は世界的に共通して用いられる支払担保手段であるから，その実体法的解釈と適用は信用状統一規則やUCC，ISP98，「独立ギャランティとスタンドバイ信用状に関する国連条約1995」など[130]を含めて可能な限り世界的に統一されることが期待されている。ICC（国際商業会議所）の信用状統一運動などはそのための長い努力に他ならない。そのため保全手続法が各国で千差万別であり，準拠法としてどの国

---

129) Revue de la Banque, 1980, p. 663 et ss. 掲載のパリ大審裁判所判決やLG Duisburg, WM 1988, 1483（AG Duisburg が先に工事請負契約の履行遅滞を理由に，パーフォーマンス・ボンドや即時払い銀行保証状の発行依頼人による保証状上の受益者の支払請求権の仮差押を認容したのを受けて，後に第三債務者たる発行銀行が§1281 BGB（わが民法第367条第2項に相当）による供託をなしたところ，裁判所が供託を理由として仮差押を取り消した事案。本件につき Blau, S. 1474～6 は，そもそもかかる仮差押は銀行保証状の性質に反するとともに，基本契約上の反対債権による差押は許さないという当事者間の推定的合意にも反するので，認容されるべきでなかったと批判している）；OLG Hamburg, BB 1977, 78, 63.

130) ISP98や「独立ギャランティ及びスタンドバイ信用状に関する国連条約1995」については橋本『銀行保証状論』29頁以下参照。

第五節　まとめ　259

の保全手続法によるにしても[131]，英米及びドイツ（他に詳述することができなかったフランス，イタリア，カナダ及びスイスなどでもほとんど差異がない[132]）などの諸国においてほぼ同一のルールが自ずから形成されてきたことにも配慮して，可能な限り統一的な処理が求められるべきであろう。

　具体的には，まず発行依頼人の受益者に対する保全処分も発行銀行に対するそれも，原則としては許されないとの前提が受け入れられるべきである。その上で特に，例外的にこれが認められるのは受益者に（それ自体必ずしも一元的な概念ではないにしても）刑事法的な偽造・詐欺のごとき重大な権利濫用行為が存する場合において，その事実が，発行銀行に対し一見明白に認識可能なものとしての証拠をもって提示され，裁判所においても即時性のある証拠により，単なる疎明ではなくて，証明されることが必要とされ，さらに裁判所においては保全処分がなされないことによる，あるいはなされたことに基因する，信用状の失効その他，損害の回復可能性の有無と程度が比較検討されるべきことを本章では指摘してきた。

　管見の限りでは，わが国において本書以外にこの諸問題を論じたものはなく，公刊された裁判例もないように思われる。それだけになによりも，わが国の裁判実務が本書に示した国際的水準から乖離せざることを祈るや切である。

---

131) 裁判管轄について言えば，通常発行依頼人は発行銀行と所在地を同じくするので，その場合，発行銀行を相手方とする保全処分の申立は発行依頼人の住所地の本案裁判所に提起すべきであり，保全処分手続についても共通の住所地法の適用を受ける。しかし，受益者を相手方とする保全処分の場合，受益者は通常外国に居住しているので，民訴法第5条第4号の場合を除き，保全裁判所は外国の本案裁判所たる受益者居住地の裁判所となり，保全手続法も外国法に準拠するのが原則であろう。ただし，わが国の発行依頼人が受益者を相手方とする本案についてわが国の国際裁判管轄が認められない場合において，なお緊急性・急迫性のある場合，発行依頼人はわが国の発行銀行を相手方として日本の裁判所に対し受益者のドキュメントの受取禁止の仮処分の申立をすることが可能であろう。

132) Kleiner, 22.01 ; Eschmann, S. 147ff. ; Thietz-Bartram, S. 86ff.の比較法的考察を参照。

第五章

スタンドバイ信用状とディマンド・ギャランティ及び荷為替信用状における発行銀行の支払拒絶の抗弁について

第一節　抗弁論総論——原則と例外——

第一款　はじめに；構造上の問題

　スタンドバイ信用状やディマンド・ギャランティ及び荷為替信用状（以下本章において，原則として，信用状という）の発行銀行が受益者の支払給付請求に対し，どのような抗弁をもって対抗できるかが，本章の課題である。

　発行銀行Aから見て受益者Bは補償関係（Aと発行依頼人Cとの信用状発行委任契約）の当事者ではないので，Bの請求に対しAが発行依頼人Cとの補償関係上の抗弁で対抗することは，第三者としての構造的な独立性と矛盾しているように見えるし，対価関係（例えば売主Bと買主Cとの基本取引）も発行銀行Aはその当事者でないので，B，C間の対価関係上の抗弁で対抗することも，第三者としての独立性と両立しないように見える。一般に第三者との法的関係に基づく抗弁を許容することは常に極めて異常で例外的な出来事であって，特別な法的根拠が必要である。加えて，受益者に対する発行銀行の信用状契約上の支払義務は基本取引及び補償関係から独立した抽象的債務であり，これによって補償関係及び対価関係上の抗弁，或いは第三者との関係に基づく抗弁の主張は実体法的に排除されるので[1]，発行銀行が受益者に対抗を許される抗弁は受益者との関係における内的抗弁に限られ，それ以外の抗弁が許されるとしても，例外な場合でなければならない。そのため，ここでは受益者Bの信用状給付請求に対し発行銀行Aがいかなる特別な事情によってCとの

---

[1] LG Düisburg, WM 1988, 1483, 1484. それゆえ，抗弁の例外的な排除は，信用状約束の抽象性の原則に固執することが却って信義誠実の原則に反する場合に限定される（LG Frankfurt a. M., WM 1981, 281f.参照）。

補償関係，B，C間の対価関係及び第三者との関係に基づく抗弁を対抗しうるかが，検討される。

第二款　許される抗弁と許されない抗弁とを分かつ根拠

信用状の発行銀行が受益者に対し対抗することを許される抗弁と許されない抗弁を分かつ根拠を世界的な商慣習に求めることは，仮に可能であっても，限界的で個別的な問題については不確実な結果しか得られない[2]。そこで例えばドイツでは§784 i BGB（指図）の類推説が有力であり[3]，或いはまた，法律行為の一部無効とその全部無効の関係を規律する§139 BGB の類推によって，当該法的関係と発行銀行の債務約束とが（実質的ないし重要な）相互関連性を有するか否かに分別の根拠を求める見解がある[4]。信用状による支払債務の抽象性・独立性自体は，その法的構成の如何を問わず，既に承認されているところであり（例えば§3 UCP500，§§7, 8 UCP600），発行銀行の抗弁の制限はそれによって自明であると言えるなら，上記各見解のように許される抗弁とそれ以外のものを分かつための法的根拠から逆算して特定の抗弁の可否を判断することは，スタンドバイ信用状や荷為替信用状の機能に則った解釈を拘束する結果を生じて不相当であろう[5]。信用状とは元来固定的な法的概念に由来するもの

---

2) Canaris, Rn 1005；ちなみに，Wessely, Rn 112f. は強制力の存否をもって慣習法が存在することの判断標識ないし前提だと解し得るかと問題を提起し，そもそも法と同類だという確信だけを基にする規範は，当事者がそれを受容することに依拠したモーリッシュな強制力しか生じないとの見解（Sonnenberger）を批判する。そして強制力は，その慣習が法的規範に属することから生じる結果であって，強制力の否定は法たるの特性を拒絶することを前提とするが，かかる拒絶が根拠となるのではない，という。

3) ドイツ法ではこの問題の解決を§784 i BGB の類推によって導こうとする見解が多い。これは同法条が（荷為替信用状と同じく）抽象的債務である指図（Anweisung）について，債務者は「指図の内容」による抗弁をもって債権者に対抗できると規定していることを荷為替信用状に類推し，原則として，発行銀行が受益者に対し主張できる抗弁は受益者との関係における内的抗弁であること並びに，補償関係と対価関係による抗弁及び第三者との原因関係上の抗弁は許されないとの結論をこれによって導こうとするものである（例えば Canaris, Rn 1006f.）。

4) Canaris, Rn 1004.

5) Canaris, ibid. も§4 UCP400（§3 UCP の誤記であろう）が抗弁禁止の理由だと指摘しつつ，これだけが唯一の根拠ではなくて，銀行は通常の場合，対価関係から生じる抗弁とそれに対応する権利を事実に則して判断し，当事者の利益を保護するほどには

ではないからである。このことは特にインディペンデント・ギャランティやある種のボンドなど，定型性の未熟な信用状において顕著である。

　そのため，かかる例外的抗弁の許否の判定根拠を，補償関係であれ対価関係であれ，広く問題となる法的関係上の抗弁事実が，発行銀行の信用状約束が受益者に与えられるための（実質的ないし重要な）取引根拠として不可分な事実なのか否か，その抗弁を許さなければ支払担保手段としての信用状の機能が正統性（Rechtfertigung）を維持できなくなるか否かの判断に求めるべきであろう。

第三款　補償関係と対価関係上の抗弁が許される限界

　補償関係と対価関係上の抗弁は，仮にそれが許容される場合にも，スタンドバイ信用状や荷為替信用状取引に期待されている危険の分配を犯すものであってはならないこと，つまりこれら信用状の担保機能と現金を用いない支払取引手段としての有用性を損なうものであってはならず，その限りでのみ許されるという見解は正当であろう[6]。

第二節　抗弁論各論

第一款　内的抗弁（発行銀行の「給付約束自体で生じる抗弁」）

　発行銀行は内的抗弁の一つとして，受益者に対し有効性の抗弁，すなわち受益者に対する支払約束が欺罔・脅迫によること，法定の禁止に該当すること（民法91条，§134 BGB），行為者が有効に代理されていないことなどの，一般的な無効・取消原因の存在を主張することができる[7]。

　対価関係が公序良俗違反その他の法令上の取引禁止令に違反して無効である

　　対価関係のことを知らないことにも理由があると指摘している。
6) Canaris, a. a. O.; なおゲッツはスタンドバイ信用状について，危険の分配はその支払条件の定め方によって個別的に調整可能だという（Getz, p. 209-210）。しかしスタンドバイ信用状に比して荷為替信用状は，支払条件が極度に類型化されているので，支払条件の個別化自体には限度があり，それによって危険の均衡を図るのは実際には困難である（橋本『銀行保証状論』丸ノ内出版，2000年，214頁以下参照）。
7) スタンドバイ信用状（銀行保証状）における有効性の抗弁については橋本・前掲書195頁参照。

場合には，これらの禁止は，原則として，発行銀行にも向けられているので，発行銀行と受益者が同じ法秩序に属している限りでは，これを理由とする有効性の抗弁が成立する。ただし対価関係が国内法ではなくて，明らかに外国の取引法に違反し，関係国間の免責協定が適用されない場合には，この禁止は発行銀行に向けられたものではないので，外国法への迂回が国内法上で公序良俗に違反しない以上，有効性の抗弁は成立しない。売主（受益者）は国内法によれば本来入手すべきでない金員を信用状を利用して不当に請求しているのではないからである[8]。

信用状の取消，有効期限の経過，ドキュメントの信用状条件との不一致その他の信用状条件の不遵守などは他の内的抗弁事由となる。

対価関係上の契約条項を信用状に取り入れることも契約自由の原則上可能であり，それによって具体的ケースごとに内的抗弁を生じる[9]。ただしそれが真正な信用状条件を構成するのか，法的に無意味な文言となるのか，あるいは信用状の抽象的性質と矛盾することにより信用状の機能を喪失させるか否かは，その文言の解釈問題である。いわゆる non-documentary conditions と言われるものにその例を見出すことができる[10]。

第二款　補償関係に基づく抗弁

発行銀行は受益者に対し発行依頼人との補償関係に基づく抗弁を主張することはできない。例えば発行依頼人が国である場合において，信用状の発行後に為替封鎖命令が施行されたことや，発行依頼人の破産，口座差押えもこれに妥当し，補償を得られなかった事実，補償関係の無効，発行した信用状が発行依頼と齟齬する事実も抗弁として主張することができない。国の為替封鎖命令も，国自身が発行依頼人である場合，特定の信用状債務については抽象性を優越させるべきである[11]。

---

8) Canaris, Rn 1019.
9) Link, 339, 340.
10) スタンドバイ信用状における non-documentary conditions の問題については橋本・前掲書 167 頁以下参照。
11) Canaris, a. a. O. は，銀行はかねがね為替封鎖のリスクに関し情報を取得する機会を多くもっていたのであり，かつ信用状の発行前に費用の前払いを受ける権利を有していて，このリスクに受益者以上に接着していたことを理由にしている。

第三款　対価関係に基づく抗弁

　発行銀行は，信用状債務の独立・抽象性のため，対価関係（基本取引）の無効，取消，債務不履行や商品の瑕疵，その他の履行の瑕疵をもって抗弁事由となし得ない。対価関係上に生じた消滅時効の事実も同様である[12]。通説は対価関係に基づく発行依頼人の債権を発行銀行が債権譲渡によって取得した場合にも，その債権をもって相殺することはできないと解し，そうでないと対価関係上の抗弁が禁止されるとの原則が銀行を介して迂回され，信用状の支払担保機能が破壊されることにその根拠を求めている[13]。

　スタンドバイ信用状（銀行保証状）と同様に，荷為替信用状においても，対価関係上の債権について減額ないし債権の放棄がなされた場合に，発行銀行が受益者の信用状債権の減額ないし放棄の事実をもって抗弁することの可否は問題とされている[14]。

第四款　間接的抗弁（発行銀行と受益者との特別な法的関係に基づく抗弁）

　支払猶予，各種の留置権，交互計算の存在などがこれに該当し，これらに基づく抗弁は当然に許容される。

　発行銀行固有の反対債権による相殺の抗弁の可否には問題が多い[15]。ただし許される抗弁としての銀行固有の反対債権による相殺の抗弁と，許されない抗弁としての，銀行が発行依頼人から対価関係上の債権の譲渡を受けて取得した

---

12) 発行銀行が基本取引の良俗違反性を主張することの可否は争われている（Eisemann/Schütze, S. 200（橋本訳 200 頁）参照）。
13) スタンドバイ信用状に関するこの点の論議については橋本・前掲書 197 頁参照。
14) 発行銀行の支払債務の抽象性を理由として，原則的に発行銀行の抗弁権を否定した上，受益者の請求が権利濫用に当たるか否かを具体的ケース毎に問うべきであろう。ただしスタンドバイ信用状について，第三者のためにする契約その他の理論に依拠して，この結論を肯定する見解がある（Canaris, Rn 1139）。
15) ［発行銀行固有の反対債権による相殺の可否］
　　これについては，スタンドバイ信用状と同類の銀行保証状（Bankgarantie）に関し，ドイツ法廷で同一の事件について一審から最終審にいたる過程でなされた議論が荷為替信用状についても参照可能である（詳細は橋本・前掲書 197 頁以下）。このケースで反対債権は銀行保証状の発行者が（発行依頼人ではなく）第三者から譲り受けた銀行保証状の取得金であった。

債権(これも銀行固有の債権の一つである)による相殺の抗弁とを区別することは,実際には極めて困難である。理論上の分別にとらわれるのを避け,具体的事例に応じて,抗弁の迂回に当たる場合には,受益者に再抗弁(権利濫用としての迂回の抗弁)の機会が与えられると解すべきであろう。

第五款　権利濫用の抗弁

(1) 権利濫用の抗弁の実質的根拠

権利濫用の抗弁は形式的には発行銀行と受益者との間の法律関係に基づく間接的抗弁の一つであり,これが許される場合には,対価関係上の抗弁禁止の例外となるものである。その限りで,信用状債務の抽象性は貫徹を妨げられる[16]。

カナリスは荷為替信用状という抽象的な債務関係について,発行銀行が権利濫用の抗弁をなし得る実質的な根拠として,振替取引や小切手の支払などの場

一審の LG Frankfurt a. M. は,銀行保証状は発行者と受益者との契約であるのみでなく,発行者は発行依頼人から託された支払機能も果たすべきであり,この支払機能よりも自己自身の利益を優越させるべきではない,また銀行保証状によって現実の支払を得られるとの受益者の期待も保護されるべきだとして,相殺権を否定した (LG Frankfurt a. M., WM 1984, 86 ; 他に Trib. comm. Paris, novembre 29 1988, D. 1990 Somm. p. 205 も結論同旨)。

二審の OLG Frankfurt a. M. は,一審の論理を原則的に肯定しつつ,(当の事例がそうであるように)発行銀行の反対債権が相殺以外の方法では実現され得ない特殊な事情があれば,反対債権による相殺も可能だと判示した (OLG Frankfurt a. M., RIW 1985, 407 ; 他に Trib. comm. Brussels, avil 18 1985, RDC 1985, p. 729 ; なお Hongkong & Shanghai Banking Corp. v. Kloecker & Co. [1989] 2 Lloyd's Rep. 331 (Q. B.) は反対債権の存在に疑問のないケースにおいて相殺を認めた)。

最終審の BGH は,それが支払保証状であることを特に指摘した上,本来支払われるべき債務が相殺によって消滅するだけだから,相殺は排除されないと判示した (BGH, WM 1985, 685, 687)。ちなみにここに支払保証状が挙げられているのは,その現金預託的機能に対する期待が,他の銀行保証状である履行保証状や前払金返還保証状などと同程度のものと判断されたためであろう。そのためこの BGH 判決の射程距離を例えば瑕疵担保保証状のように現金預託的機能に対する期待が特に強いものにまで延長することについては異論が述べられている(橋本・前掲書199頁)。そうだとすると,荷為替信用状にも現金預託的機能に類する機能が存在するところ,それに対する期待は支払保証状と同程度と考えられるので,BGH 判決の論理を敷衍すれば,荷為替信用状において発行銀行は反対債権による相殺が原則として認められるものとなろう。

合と異なり，発行銀行が対価関係からの分離にもかかわらず，それらと完全に無関係なのではなくて，ドキュメントの受理と検査を通じ，一定の仕方で対価関係の展開に関与している事実を挙げているが正当であろう[17]。

(2) 権利濫用の抗弁の形式的根拠——重大にして明白な権利濫用——

荷為替信用状においても受益者の些少な契約違反は権利濫用の抗弁事由とは解されない。その意味で，受益者から荷為替信用状の抽象性に基づく利益を奪って，発行依頼人を保護すべき程度に重大な権利濫用のみが権利濫用論の対象とされる。そのような権利濫用の法形式的な理解は，スタンドバイ信用状その他の銀行保証状と同様に，制定法上の根拠を分岐点として，二つの傾向に大別することができる。

まずアメリカにおいては，発行者ないし発行依頼人に対する受益者の重大な

　この点カナリスは，荷為替信用状に関し，固有の反対債権による相殺が許されるのは，例えば発行銀行と確認銀行のいずれに請求するかという受益者の選択にいかなる影響を与えるものでもなく，受益者に対する不意打ちにもならず，受益者のどのような意思表示がなくても相殺の可能性が生じるような特別な事情が存する場合に限られると述べている（Canaris, Rn 1009）。この見解は，信用状の支払機能に対する受益者の期待が発行銀行のみでなく確認銀行の存在にも及んでいることと，信用状取引上の誠実義務をも考慮したものであり，その点では正当である。しかしCanarisの見解によると，発行銀行に固有の債権による相殺は原則的に可能であっても，確認付き信用状の場合は実際には否定されざるを得ないが，受益者が発行銀行を支払請求の相手方として選択している場合に，訴訟当事者でない連帯債務者（確認銀行）の存在をもって，相殺の抗弁に対する再抗弁事由となし得るとの結果は相当と思われない。またOLG Frankfurt a. M. の見解は，相殺の抗弁を他に取るべき取立て手段がない場合に制限的に認めるものであるが，荷為替信用状の現金預託的機能は銀行保証状ほどには強くないので，これをそのまま荷為替信用状に援用することは困難と思われる。この点は銀行保証状（スタンドバイ信用状）と荷為替信用状との重要な相違点の一つである。

　結局，荷為替信用状においては，原則として，発行銀行固有の反対債権による相殺の抗弁を許容した上，反対債権が実質的に対価関係上の抗弁の迂回に当たるなど，個別的ケースの具体的事情によっては，受益者に対する信用状債権の担保的機能を優先させるため，銀行の相殺権を否定すべきである。

16) Canaris, Rn 1015；その他。異見を見ない。
17) Canaris, Rn 1015. 受益者が信用状の支払請求を裁判上で禁止されている場合には，信用状取得金の譲受人もこれを受け入れなければならず，取得金債権を主張することは権利の濫用にあたる（LG Frankfurt a. M., WM 1996, 153, 154；OLG Frankfurt a. M., WM 1997, 609, 610）。

詐欺が支払除外事由にあたるというアメリカ統一商事法典（Cf. §5-109 (a) UCC (2002 ed)）に法的根拠を求め，信義則違反とは言わず，受益者の詐欺の事実に法的な根拠を求めてきた[18]。

　他方でヨーロッパ大陸においては，制定法上の一般条項たる信義則規範（ドイツの§242 BGB，スイスの§2 ZGB，フランスの§1382 CC など）に法的根拠を求め，許されざる権利行使の抗弁の根拠を受益者の信義則違反の事実に求める。その上で，信義則違反（権利濫用）の判断標識として「明白性のメルクマール（Merkmal der Offensichtlichkeit）」と刑事法的な詐欺を挙げ，あるいは詐欺と「明白性のメルクマール」との区別を指摘しつつ[19]，他方ではその連続性[20]を挙げるなど，これらの関係については必ずしも統一的な理解に達していない。受益者の請求が信義則上「明白に許されない」場合や「濫用が火を見るよりも明らか」な場合において，かつ，それについての「決定的で疑いもなく確実な証拠」の存在が要求されるからである[21]。明白性を訴訟上の立証の高度の可能性と解することにより，即時に利用できて，かつ証明力の高い証拠（即時性証拠），すなわちドイツ法にいう „liquide Beweismittel" による証明の可能性は権利濫用の重大性という実体法上の判断の訴訟法的表現として，一義的に理解されるべきである[22]。

18) これらの詳細については橋本・前掲書 201 頁以下参照。
19) 例えば Eschmann, S. 96f., 111f.
20) 詐欺というそれ自体通常は権利濫用に該当する事実の訴訟上の認定には，必然的でないとしても，例えば債務不履行による損害賠償請求権のような対価関係上の請求権の成否の確認作業を伴うのが通常だという事情を考慮すべきであろう（橋本・前掲書 203 頁以下）。
21) Canaris, Rn 1017 はこれを即時に利用可能で，かつ決定的な立証手段を指すと説明し，そうでない証拠は事実認定に際して他の証拠との間で信用性の比較検討が必要でない場合であっても常に不適格であること，通常は書証がこれに当たるが，人証も一概に排除されないものの，対価関係上の相手方の供述や従業員の供述は条件を満たすものではないこと，ここでは銀行と受益者との関係が問題とされるのだから，それは銀行と依頼人との関係を問題とする手形法上の liquide beweisbarkeit（§40 iii WG）とパラレルではないと述べている。
22) ［重大な権利濫用と明白性及び即時性証拠の関連］
　　BGH が，銀行保証状について，権利濫用の認定を「形式的な条件（形式的保証状事故）の存在にもかかわらず，対価関係上の保証状事故（実質的保証状事故）が発生していないことが特に明らかであることが確実に証明可能であるか（liquide beweisbar）否か」の判断に依拠するのは（BGH, WM 1984, 689, 690；BGH, WM

一方，詐欺の要件に関してはヨーロッパ大陸において具体的展開が十分でない反面，アメリカでは上記のように統一商法典（UCC）が権利者の詐欺を支払除外事由としてきたところから，特にスタンドバイ信用状の詐欺を契機として，より詳細に論じられてきた[23]。UCC にいう詐欺の定義が必ずしも明確でなく，不実表示（misrepresent）と詐欺（defraud）との違いも明確でないとの問題もあるが，そのなかで，衡平法裁判所において詐欺は，普通法ないし衡平法上の義務，信頼ないし確信に反するすべての作為，不作為および秘匿ならびに良心に反し他人を侵害するように機能するすべての作為と不作為を含むと解するのが通常である[24]。これはいわゆる擬制的詐欺（constructive fraud）の概念を述べたものであって，故意の主観的要素の立証に依存することのない，より融通性のある詐欺の規準を呈示したものと解される。

これに対し，詐欺を「取引全体を腐敗させる不法行為」と解する立場（不法行為説）が存在してきた。これは Sztejn v. J. Henry Schroder Banking Corporation[25] をもってリーディングケースとするが，この判決については，外見上信用状条件に適合するドキュメントが呈示されたものの実際に船積みされたものは契約どおりの毛ではなくて塵埃や牛毛であったケースについて，裁判所が擬制的詐欺ではなく，故意，虚偽性，表示，信頼および損害の立証を要

　1985, 511, 512；BGH, WM 1986, 1429, 1430），いわゆる明白性と証拠の制限を示したものである。荷為替信用状にも適用される「独立ギャランティ及びスタンドバイ信用状に関する国連条約」（1995 年）は，支払の差し止めの仮処分を認める条件として"immediately available strong evidence" によって保証状事故の存在が疎明されることを求めているが（同条約 20 条 1 項），これも BGH と同旨であるか，少なくとも明白性の原理を示唆するものである。

　ただし，明白性と即時性証拠と権利濫用の重大性の三者の関係は必ずしも明らかにされてこなかった。卑見は重大な権利濫用という実体法上の判断が「明白性」と「即時性証拠」という訴訟法的表現によって形式化され，これによって三者は一義的に理解されるべきものと理解する。この点は橋本「スタンドバイ・クレジットと荷為替信用状における仮処分と仮差押」（追手門経営論集 12 巻 2 号 38 頁）[本書 230 頁以下]を参照されたい。

23）詳細は橋本・前掲書 209 頁以下参照。なお権利濫用の抗弁について銀行保証状とスタンドバイ信用状を区別する必要のないことに関しては，OLG Frankfurt a. M., WM 1997, 1893, 1895 参照。
24）Dynamics Corp. of America v. Citizens & Southern National Bank, 356 F. Supp. 998-999 (N. D. Ga. 1973).
25）177 Misc. 719, 31 N. Y. S. 2d 631 (1941).

件とする普通法上の厳密な詐欺基準の適用を示したものとの解釈が有力である[26]。詐欺的事例につき Intraworld Industries, Inc. v. Girard Trust Bank は[27]，Sztejn 事件判決を引用しつつ支払の差し止めを正当化する事情を説明して，「受益者の不正行為が取引全体を腐敗させるため，発行者の義務の独立性が持つ目的がもはや役に立たないような詐欺の事情に狭く限定されなければならない」と述べた[28]。

　法形式的に見る限り，まず衡平法裁判所の説く擬制的詐欺説は，荷為替信用状やスタンドバイ信用状ないし銀行保証状という抽象的債務を伴う取引について，これをその他の通常の商取引と区別し得ていないと言わなければならない。信用状の抽象性を破るのに，故意的詐欺のみならず擬似的詐欺をもってすることもできると解することは，この種の国際的取引の基礎を破壊するおそれを否定できないからである。また不法行為説も，権利濫用を受益者の不法行為と解しつつ，信用状の抽象的性質の保持を取引全体との均衡のうちに求めようとするなら，本来は主張することが許されない対価関係上の抗弁が迂回されて主張されるおそれを生じる。そこで「（支払）請求をする権利があるとの法的見解に，どのような合理的で誠実な考えに従っても達し得ない」[29]場合に初めて権利濫用の請求を認めるのは正当であるが，具体的にはこの場合，加害の故意が確認されることが必要であって[30]，重過失の事実では不十分であろう[31]。

　しかし翻って考察するに，権利濫用の抗弁は間接的抗弁であるから，これを許容する以上，対価関係上の抗弁との区別は抗弁が許容される理由に応じてなされれば足り，過度に拘泥する必要はない。ことに両者の区別を過剰に強調することは，角を矯めて牛を殺すおそれを否定できない。けだし裁判の立証過程において，権利濫用の立証を対価関係上の事情から完全に独立させることは困難であるのみならず，荷為替信用状も基本取引の決済手段だという制度目的を無視できないことはカナリスの説くとおりだからである。

---

26) 詳細は橋本・前掲書 211 頁以下。
27) Pa., 336 A. 2d 316 (1975).
28) Ibid. 324.
29) v. Westphalen, Bankgarantie erst Aufl, S. 159f., 160; Nielsen, Bankgarantien, S. 110. これは詐欺かそれに近似したものに他ならない（Canaris, Rn 1016）。
30) Canaris, Rn 1016; v. Westphalen, Rechtsprobleme, S. 281（少なくとも条件付故意が必要という）。
31) Nielsen, a. a. O.

それでも対価関係上の抗弁が権利濫用の抗弁に迂回されることは可能な限り排除されなければならない。この迂回を少しでも避けるためには、「明白性」と「即時性証拠」の存在が最も適した条件になると言うべきであろう[32]。それは証拠方法を事実上書証に限定するため[33]、荷為替信用状の書類取引性と最もよく適合する上、ドキュメントの検査（信用状給付請求権の検査）が実体的な検査ではなく、もっぱらドキュメント（つまり提供証券という書証）の形式的かつ「外見上の検査」に依拠すべきだという信用状の検査準則にもより忠実だからである。権利濫用の事実の判断にだけ信用状の抽象性と委任法上の委任厳正の原則が否定ないし緩和される理由はないので、明白性（決定的な証明力のある証拠の存在）が求められるのも相当であろう。さらにこれは権利濫用の「重大性」を、違法性の程度の評価に依存させないだけ、判断の基準としてはより客観的である[34]。

(3) 権利濫用の判断の基準時

　受益者における権利濫用の判断の基準時は、原則として、信用状請求権の満期である。この時点で受益者は自己の法的地位を清算すべきだからである[35]。

---

32) ［不法行為説の適用における銀行保証状（スタンドバイ信用状）と荷為替信用状との違いについて］

　　荷為替信用状とスタンドバイ信用状などの銀行保証状とはパラレルな法的構造体であるが、銀行保証状は荷為替信用状よりもさらにハイリスクな担保約束であるため、発行銀行と発行依頼人が負担すべき危険の分配作業がこの両者に委ねられる度合いが荷為替信用状よりも強くなっている。これに対し、荷為替信用状は売買代金の支払の代替作業に目的が単純化したことから、受益者が提出すべきドキュメントや選択すべき信用状のタイプもほぼ類型化しているので、発行銀行と発行依頼人はそれらのいずれを採るかによって危険の分配の処置は大方終了することが多い。これに対し銀行保証状においては受益者の支払請求の条件、つまりいかなる出来事を保証状請求権の発生事由（保証状事故）とするか、受益者が提出すべきドキュメントの条件をどのように設定するかという、危険の分配作業について、発行依頼人と発行銀行に委ねられる選択の幅が広いことは荷為替信用状の比ではない。かかる事情が受益者の権利濫用としての不法行為の理解について、両者の間に相違をもたらせるのである（詳細は橋本・前掲書201頁以下参照。なお Pilger, S. 588, 589 も同旨）。

33) Canaris, Rn 1017 ; Eschmann, S. 157f. ; v. Westphalen, Bankgarantie, S. 272 ; OLG Köln, WM 1988, 21, 22f. ; ただし実際には書証に限定するのは角を矯めて牛を殺すのに等しいと考えて、制限的に例外を認める者が多い。

34) 即時性証拠と権利濫用の明白性が、保全訴訟の疎明原則と概念的に矛盾する結果を生じるか否かについては橋本・前掲書203頁以下［本書228頁以下］を参照。

発行銀行は受益者の請求が権利濫用に当たることが明白だと判断する場合，確実な証拠をこの時点で保持していなければならない。そうでないと銀行が単なる疑念や発行依頼人の不確かな主張に基づいて，証拠はのちに訴訟で提出すればよいとの希望的観測から信用状の支払を拒絶する危険を生じるのである。カナリスはこの時点の問題も§242 BGB の取引上の誠実義務に則って判断されるべきであって，ケースの事情から完全に独立して確定されるべきではないが，原理的には満期の基準性は確保されなければならず，そうでなければ受益者から「訴訟上の地位の逆転」という利益を奪う危険を生じると指摘している[36]。

第三節　おわりに

　信用状は発行銀行と受益者及び発行依頼人の三者間の法的関係である上，発行銀行の債務の抽象性と独立性によって複雑化し，単純な二当事者間の法律関係とは比較にならないほど困難な法的処理を必要とするものである。三者間の法的関係を，かつての学説は，一つの指図法や抽象的第三者のためにする契約などに包含して理解してきたが，今やこれらは否定され，相互を峻別する立場から理解しようとする。それでも発行銀行の支払義務は他者の売買契約や請負契約などの代替的な決裁システムとして位置付けられるので，その履行は売買法や請負法，さらには損害担保法などの視点からも実体法的正義に適ったものでなければならない。そのためには支払義務の抽象性と独立性がある程度犠牲にならざるを得ない場合があることを認めつつも，耐えられる限度については絶えずその法理的な検証が個別的になされるべきであろう。

　本章は，その限界を発行銀行の抗弁の観点から論証しようと試みたものである。

---

35) Canaris, Rn 1023.
36) Canaris, a. a. O.

第六章

銀行保証状と荷為替信用状の発行依頼人の指定銀行に対する訴訟当事者適格
—— 発行依頼人から指定銀行へと通じる道[1] ——

第一節　現在の問題状況

第一款　はじめに

　信用状（銀行保証状，スタンドバイ信用状，荷為替信用状，ディマンド・ギャランティなど）の発行銀行は自行だけで外国との信用状事務を処理するのは困難なため，多くの場合外国の受益者所在地のコルレス銀行との代理人契約に基づき，コルレス銀行を指定銀行（第二銀行）として挿入する。銀行保証状のようなハイリスク手段の場合にも，発行依頼人の承諾の下に[2] 指定銀行を挿入することはやむを得ない場合が多い。
　この場合，指定銀行は発行銀行の履行補助者だという解釈が立つが，かかる解釈が可能という一事によって，発行依頼人[3] が，発行銀行ではなく，指定銀

---

[1]「発行依頼人から非指定銀行へと通じる道」は存在しない。発行依頼人からすれば非指定銀行は受益者の単なる取立代理人に過ぎず，受益者そのものである。

[2]［銀行保証状における指定銀行挿入のリスク］
　　銀行保証状では指定銀行を挿入すると受益者との共同行為による支払請求権の濫用の危険があるうえ，指定銀行は受益者とともに発行依頼人からは外国に所在するので，とかく指定銀行の処理が発行依頼人の不利な判断に傾くのが懸念されることや，発行依頼人が外国法に精通しないことに起因するリスクなどを否定しがたいため，指定銀行の挿入には原則として発行依頼人の承諾を得る必要があるとの見解が有力である。橋本『銀行保証状論』丸ノ内出版，2000年，74頁以下参照。

[3]発行依頼人とは，例えばPQ間の請負工事取引において，工事の発注者Pが代金の支払のため工事人Qを受益者とし，自国のR銀行に依頼して発行する荷為替信用状については代金支払義務者Pである。またPからの前払金や担保金の返還，あるいはQの工事事故による損害金の支払を保障するためQが自国のS銀行（第一銀行）を経由してP所在地のT銀行（第二銀行）に依頼のうえPを受益者として発行する

行を相手どって法的主張をなすことが不可能に帰するものではない。

しかしこの間の問題はわが国で意識的に論じられることがなく，諸外国においても等閑に付されがちな課題であった。本章は近時の事例に触発されて，この点に関する卑見を述べようとするものである。

発行依頼人はかつて指図説[4]がわが国で有力であった二世代前の信用状論でこそ指図人として，被指図人たる発行銀行や指図受取人たる受益者とともに枢要なプレーヤーであったが，指図説が退席した現在の信用状論には登場する機会が減少し，その分だけ正当な法的保護を受ける機会を失う結果となっている。

なお荷為替信用状と異なり，銀行保証状は間接保証状や反対保証状との組み合わせによる複雑な多段階保証状として用いられることが多いが[5]，間接保証状や反対保証状において指定銀行が挿入されることは現実に稀と思われるので本章では直接保証状（すなわち間接保証状や反対保証状を伴わない単独の銀行保証状）と荷為替信用状について発行依頼人と指定銀行の関係を論じるものとした。

本章では以下当事者を A，B，C や甲，乙，丙などと，所在国ごとに，ローマ字表示（外国在住者）と漢字表示（国内在住者）を書き分けた。

第二款　多数説の構成

信用状の発行について発行依頼人 A と発行銀行 B の間に交わされる信用状発行契約は通常明白な合意形式をとり，それは請負給付を伴う委任契約の性質をもつと解されている。発行銀行 B は外国での事務処理を伴う信用状発行契約の履行のため，自己の名において受益者乙所在地の外国銀行甲に委任し，これを指定銀行として事務処理に当たらせるのが通常である。つまり信用状は発行依頼人 A と発行銀行 B および支払請求権者たる受益者乙の三者間の法的関

間接保証状については Q であり，間接保証状の発行銀行 T の支払に基づく償還を保障するため，T 銀行を受益者とし，P の依頼によって T 銀行経由の上，通常 S 銀行によって発行される反対保証状については P である。

4) 諸外国で指図説の支持者はむしろ少数派であったが，わが国では例えば伊沢孝平『商業信用状論』有斐閣，1946 年などの影響により，実務的にも古くから圧倒的に指図説が支持されてきた。

5) 橋本・前掲 45 頁以下。

係のうちに展開されるが，発行銀行Bは指定銀行甲をして自己の事務処理の一部を委任して担当させる。発行銀行Bが指定銀行甲との間でなす委任契約は，BがAの代理人として合意するのではなく，自己の名と計算で合意するものである。

この場合，指定銀行甲を発行銀行Bの履行補助者と解する見解と，部分的に執行受任者と解する見解などが主張されているが，どちらかと言えば履行補助者説が有力である[6]。

しかし履行補助者説[7]をとると，発行依頼人Aと指定銀行甲の間の直接の法的関係が否定される結果となり，そのため発行依頼人Aは指定銀行甲に対して信用状発行契約の履行請求権を有するものではなく，直接的な指示権も有しないので，第三者たる指定銀行に過失があっても直接の損害賠償請求権を有

---

6) Canaris, Rn 977; Schütze, RIW 1988, 344; Nielsen, Grundlagen, 1989, 3.3.1；橋本・判例時報1368号4頁［本書13頁］も履行補助者説と執行委任説を併記しつつ，結論として履行補助者説を採用していた。

　アングロサクソン系では信用状関係を各当事者間の互いに独立しつつ相互に関連しあう四つの契約関係として説明することが多いため，例えばTodd, 1.7は発行依頼人が基本取引以外で信用状契約関係に立つのは発行銀行のみであり，それ以外の者とはいかなる契約関係にも立たないと述べ，McCullough, 2001, §1.04 [2] [a]も通知銀行と発行依頼人の関係について同旨を述べている。Dolan, LC, 4.03 [5] [b]も，発行依頼人は発行銀行以外の信用状の法的関係者に対してなにほどの権利も有しないが（has few rights），発行依頼人は自ら必要な信用状条件を設定するなどして自衛できる旨を指摘するにとどまる。

　その他の見解はこれを具体的個別のコルレス関係上の，単なるagency contractで説明するにとどまるのが一般的である（Cf. Gutteridge/Megrah, 4-66; Jack, 6-11; Gian Singh & Co Ltd v. Banque de l'Indochine, [1974] 2 Lloyd's Rep. 1, 1239）。

　その他の主要文献を漁渉するも，発行依頼人と指定銀行の関係をそれ以上意図的に検討した事例は，卑見の及ぶ限り見当たらないように思われる。

7) 履行補助者という法的概念はドイツ法に由来するものとされ（§278 BGB），そこでは債務者が負担する債務の性質に応じて履行補助の成否を論じるなど，多岐にわたる説明がなされてきたと思われる（Vgl. Jauernig, S. 251ff.）。これを継受したわが国での理解にも変遷が見られるが（例えば内田貴『民法Ⅲ』東京大学出版会，1999年，133頁以下），ここでは概念的，技術的にこれを理解すべきものとすれば，純粋に事実的に評価して，第三者が債務者に属する義務を履行するに際し，債務者の意思をもって同人の補助者として行為すること，すなわち挿入された第三者が債務者の枠内で債権者に対して負担している義務の枠で行為するものと解釈されよう。本章もこの程度の，いわゆる「独立した履行補助」に依拠したものである。

しないとの結果が導かれるとの見解が存在する[8]。これによると発行依頼人Ａと指定銀行甲の間の紛争について双方を訴訟当事者適格者と認めない結論になりやすい。

しかし甲をＢの履行補助者と解する法的性質付けを先行させて，それゆえＡ甲間にも（不法行為以外の）法的関係（法的需要）が成立し得るとの見解を不合理だとして排斥するのは，論理上の不条理であろう。けだし法的需要のなかに例えば執行委任を読み取るべき関係が存在するなら履行補助者説から独立してこの法的需要は充足されるし，他方で，そもそも履行補助と執行委任とが，発行銀行に委ねられた法定の裁量ないし委任契約上許容される選択の範囲から観察して同時選択可能な枠に包含され得ないものか否かも論じられるべきだからである。その法的需要の一例は，例えば以下のような事実関係のなかに存在し得ないであろうか。

第三款　提起される問題

1　事実関係

外国のＡ社はわが国の乙社と数次にわたって商取引関係を結び，その都度自国のＢ銀行に依頼して乙社を受益者とし，わが国の甲銀行を通知銀行兼指定買取銀行とする銀行保証状（または荷為替信用状）を提供してきた。

これらの取引は順調に経過したが，そのうち乙社の経営が行き詰まり，Ａ社への商品の提供をなすことが全くできないまま，銀行保証状が手元にあるのをいいことに権利を濫用し[9]，空手形を甲銀行に持ち込んで買取を求めてい

---

8) Nielsen, Grundlagen, 1985, 3.3.1 ; Canaris, 979 など（ただしカナリスは後述のとおり，指定銀行に対する発行依頼人の損害賠償請求は§242 BGB を根拠として肯定されると述べる）。

9) ［詐欺・権利濫用の抗弁］
　銀行保証状や荷為替信用状による発行銀行の支払約束が基本取引上の債務から独立的で抽象的な債務約束だといっても，受益者の支払請求が明白に詐欺や権利濫用に該当し，銀行がその事実を認識しておれば，権利は濫用されてならないことは当然の普遍的な事理であり，発行依頼人はかかる場合にも支払をなすことを委任していないので，銀行はこの権利濫用の支払請求を拒絶する権利を有し，発行依頼人に対しては拒絶を義務付けられていること，並びにここにいう銀行に発行銀行はもとより，発行銀行からすれば外国に所在する指定買取銀行も含まれる。これについて異論を呈する者は諸外国にも存在しない（銀行保証状における権利濫用の詳細については橋本・前掲201 頁以下参照）。

る。

　一方で甲銀行にも，乙社にはA社との取引を実行する資力がなく，倒産のおそれも強いことを認識している事情があり，乙社の手形が空手形であることも知っていたが，支払禁止仮処分にもかかわらず支払拒絶に消極的である[10]。

　この場合，甲銀行が乙社に支払えば，甲銀行にはB銀行が補償し，B銀行はつぎに発行依頼人Aに償還請求をする関係に立つ。

2　理論上の償還関係

　かかる場合理論上は，B銀行は甲銀行からの償還請求に対し，甲銀行が乙社の権利濫用を知っていたのに支払ったという委任契約違反の事実を理由として償還を拒絶し，さらにA社もB銀行の償還請求に対し同じ理由で支払を拒絶することができる[11]。これらは諸外国の判例が確定した認識を示し，学説にも異論のない点であり[12]，銀行保証状やスタンドバイ信用状と荷為替信用状などで異なるものでもない。

3　なにが問題なのか

　かかる事例で，A社が将来のB銀行からの清算請求に対応して現在とりうる手段とは，可能であれば，外国の裁判所の裁判管轄ではあるが，直接に償還拒絶原因がそこで発生し，その資料が存在する場所で争うのが有利なので，指定銀行甲を相手に現在の自己の法的地位を確認させることであろう。

　しかしかかる試みにとっていくつかの障害が存する。その第一がA甲間の法的関係の不存在説（履行補助者説）である。指定銀行甲は発行依頼人A社と法的関係に立たないというのであるから，上記裁判において被告が当事者適格を有しないと判断されるおそれは否定できない。

　第二の難問はきわめて実務的である。すなわち受益者乙の支払請求が信用状の権利濫用に該当する場合，上記のように，同人の信用状の支払請求は本来甲銀行によって拒絶され，最後はA社に対するB銀行の償還請求に際してもA

---

10) 例えば甲銀行が乙社との間で買取に際し「外国向為替手形の買戻し請求権無し（without Recourse）買取取引に関する約定書」と「外国向為替手形取引約定書」（これはwith Recourse）という，相矛盾する約定書の差入れを受けている場合などは，買取銀行の買取意思に疑念を生じる。

11) 橋本「買取信用状とドキュメントの買取（negotiation）の法律」判例時報1884号7頁［本書105頁］以下に詳述した。

12) 橋本・前掲201頁以下。

はこれを拒絶することができるはずである[13]。しかしこの権利濫用の事実はA社にとっては外国で発生した事実である。乙社が支払請求に及んだ事実の詳細，乙社の信用状条件不遵守の経緯，指定銀行甲が乙の権利濫用に該当する事実を認識していたこと，あるいは認識しうべかりし事情など[14]，A社にとってB銀行の支払請求を拒絶する根拠となる諸事実はすべて自国ではなく，外国において生じた出来事であって，証拠もほとんどすべて外国に所在する。これをA社が自国の裁判所で，発行銀行Bの償還請求に対抗して証明するしかないとすれば，多くの場合，A社に至難の課題を背負わせ，本来は支払を免れてこそ正当な負担でA社を苦しめる結果となるであろう。

4 自己防衛手段

そこでAに残された自己防衛手段としては，乙に対して甲のなす支払をなんらかの債務不履行に構成できない以上，（発行銀行Bとの関係に含まれない特別な事情が指定銀行甲に存すると主張し）Aにとって不法行為に該当すると判断できるケースにおいて，この事実を（甲在住の）外国の裁判所で立証する以外にないことになろう。しかし，仮にAが甲の行為を不法行為と構成できたとしても，究極的にはB銀行の償還請求に対し，（上記のような立証上の困難がある上さらに）その違法性を主張して自己防衛する法理論上の可能性が（本国において）残されている以上，甲の不法行為を理由とする（乙所在の外国裁判所での）訴訟において，B銀行を共同被告にできない場合には，損害との因果関係が存在しないとの相手方甲の主張に遭遇するおそれも否定できない。

5 小 括

以上のように，Aと甲の間になんらかの法的関係を見出せない限り，指定銀行甲の不法行為を原因とする場合は格別，銀行保証状や荷為替信用状の発行依頼人は外国の指定銀行の行為によって損害を受けるおそれがあると危惧しても，あるいは実質的な損害を蒙っても，しばらくは手をこまぬいて傍観し，やがて自国の発行銀行から償還請求されるに及んでようやく遠い外国での出来事

[13) 同上。
[14) 権利濫用は常に信用状や銀行保証状の支払条件以外の事実だから（Mastropaolo, 1994, 1998)，受益者の支払請求の権利濫用を基礎付ける事実の銀行検査には信用状厳正や保証状厳正の原則は適用されない。つまり支払銀行や裁判所は本来は禁じられているはずの，基本取引上のあらゆる証拠を審査することができる。

を立証し，これを抗弁として対抗する以外に救済されないように思われる。

本章に述べる事実関係は説明の便宜上準拠法がわが国の法となるように設定した上，論点ごとに加工したものであって，実例そのものではない。しかしこれはまた稀なケースではないと思われる。

第二節　発行依頼人と指定銀行間の契約関係を認める見解

第一款　保護義務説について

1　カナリスの保護義務説

発行依頼人と指定銀行の間に，直接の損害賠償請求権の発生を伴う保護義務が存するとの見解があり，これは有力説によって支持されてきた。

例えばカナリスは，発行依頼人と第二銀行（指定銀行）との間にはいかなる法的関係もないが，それでも「保護義務違反を理由とする損害賠償請求権は決して考慮の外ではない」と指摘している[15]。ニールセンはこれを2点から批判し，その1として，カナリスは第二銀行に対する損害賠償の判断はその住所地法に則ってなされることに配慮しなかったのではないかと指摘するが，この指摘は当たらないであろう。第2として，カナリスは第二銀行に瑕疵あるドキュメントの受領に過失があった場合，第二銀行は発行銀行に対する補償請求権を取得しないので，発行依頼人自身もなんら不利益を受けることがない旨を指摘しており，その点は正当だが，すでに支払われたドキュメントに瑕疵（特に偽造）のあることが事後に判明した場合や受理されたドキュメントの転送の遅延の場合，その他の場合について発行依頼人に不利益が生じる事実をカナリスは看過しているという[16]。

ニールセンが指摘するドキュメントにかかわる発行依頼人の損害は回復されて当然のものであるが，それが指定銀行の過失によって生じた場合はもとより，発行銀行の委任条件に対する指定銀行の違反に起因した場合にも（これが通常の場合であろう），発行依頼人と指定銀行間の法的関係の成立を否定する場合は，発行依頼人としてはそれを当の指定銀行に帰責する根拠がない。結

---

15) Canaris, 977.
16) Nielsen, Grundlagen, 1985, 3.3.1.

局，この問題の解決に保護義務者説を持ち出したカナリスの主張の結論は正当と思われる。

2 N. ホルンの第三者のためにする契約説

しかしカナリスは直接の契約関係にない者の保護義務者責任を説くに際し、契約目的上の社会的接触の中で生じるところの、債務者の誠実義務（§242 BGB）を根拠とする「履行義務なき債務関係」[17]を主張するが、これだけではいくぶん論拠不足のそしりを免れないかもしれない。契約の効力の根拠を人の意思に求めようとする法思想からすれば、いささか迂遠にも思われる結論だからである。この点 N. ホルンはより具体的につぎのように指摘している。すなわち、第二銀行（指定銀行）が挿入された場合、担保提供者としての顧客はこの第二銀行に対し通常は契約上の関係を取得するものではなく、事務処理契約（委任）は第一銀行と第二銀行の間に成立するが、ドイツ法においては常に第二銀行は第一銀行の顧客の知れたる利益についても留意することを義務付けられ（die erkennbaren Interessen des Kunden der Erstbank zu beachten）[18]、かかる注意義務の違反については損害賠償義務が生じ得る、ここに存するのは、いわゆる第三者のためにする保護契約（Vertrag mit Schutzwirkung für Dritte）であると述べ、対外取引において事例は多いと指摘している[19]。これは一種の第三者のためにする契約論に依拠して、発行銀行と指定銀行間に第三者たる発行依頼人の保護を目的とする契約の成立を擬制するものであり、カナリスなどの保護義務の成立に別の意思主義的な根拠を提供し得るものと解される。

第二款　執行委任説について

このような中でドイツのフォン・ヴェストファーレンはその長文の論文において、第二銀行甲と発行銀行Ｂの法的関係を単純に履行補助者と解する見解を克明に批判して、概ねつぎのように述べていた。

第二銀行（つまり指定銀行）が当の信用状は当方で支払われる旨を意思表示している場合（支払銀行である場合；橋本）、実務上の経過においてその信用状

---

17) Canaris, 978. これはいわゆる「統一的保護関係」という一種の社会共同体思想に由来するものであるため、契約当事者の当事者意思に基づかざるものであるが、不法行為上の注意義務とは異なるものである。
18) 例えば Palandt, §328, Rn 9；BGHZ 69, 82, 88；BGH, WM 1974, 685ff. など。
19) Horn, Bürgschaften 6., neubearbeitete Aufl., S. 132f.

の展開は同行に集中する。かかる実務上の構造に較べると発行銀行の役割はすべて法的なものにすぎず，実際の役割ではないので，より小さい価値のものとなる。正当な見解（Zahn, Schinnerer/Avancini など）によれば，このような種類の信用状取引においては§269 BGB による履行場所が変更されたのではなく，それは依然として発行銀行に残っている。支払銀行として機能する第二銀行は，受益者との関係において，信用状を発行した発行銀行の名[20]と計算で行為する。かかる第二銀行はこのような代理人機能を発行銀行との結び付きでなされるところの，ドキュメントの検査並びにその結果なされる信用状金額の受益者に対する支払においても履行する。信用状の失効期限との関係が重要である：第二銀行が単なる通知銀行としてではなく，支払銀行として挿入されると，求められたドキュメントはその有効期限の最終日に第二銀行に提出されれば十分である。その結果，支払銀行として機能する第二銀行は，同行の実際の給付の履行に基づき，信用状取引の枠内で，§664 Abs. (1) Satz 2 BGB に則った発行銀行の執行受任者（Substitut）となる。かかる見解は他の文献上の見解（Zahn, Schinnerer/Avancini など）と確かに一致しないが，第二銀行はかかる場合，既述のように，信用状取引から完全には撤退しない：第二銀行と発行銀行との間には，結局，ドキュメントの提出に伴って，事実上支払銀行によって立て替えられた金員の清算だと理解されるところの法的関係だけが残る，しかしそれは典型的な信用状の義務とは異なるものであると[21]。その上で，履行補助と執行委任とは併存可能な場合もあり，必ずしも分別の容易なものではないと付言していた。

　ちなみに，ここにいう支払銀行に指定買取銀行が含まれ，信用状に銀行保証状が含まれることは明白である。

　卑見は具体的な事実関係を想起できないままこの見解の重要性を見落としていたが[22]，フォン・ヴェストファーレンはここで，信用状取引における指定銀行の役割を，単にその行為の効果を発行銀行に帰属させる法的原因という単純な代理以上のものとして，正当に指摘していたのである。

---

20) カナリスは誤解しているが，指定買取銀行は授権により発行銀行の名ではなく，自己の名で買い取る。しかしこの点は本章の論旨に影響しない。
21) v. Westphalen, WM 1980, 178, 185；なお Horn, Bürgschaften 6., neubearbeitete Aufl., S. 133 も同旨。
22) 橋本・判例時報1368号4頁［本書13頁以下］。

ドイツ法において§664 Abs. (1) Satz 2 BGB の意味での執行委任は受任者の誠実義務のゆえに原則としては許されないが，例外として許される場合，受任者が事務処理を完全に第三者の自己責任に移転し（übertragen），債権者に対するすべての行為から離脱する場合を指す。ただし部分的な移転についてSubstitution を認めないものではないとも解されている[23]。許された執行委任と許されない執行委任とで受任者（本件では B 銀行）の責任の範囲は大きく異なるところ，後者では委任者（本件において A 社）と第三者（甲銀行）との間にはいかなる直接の契約関係も成立しないが，前者では委任者と第三者との間に直接の契約関係が存在する（entstehen）に至ると解されている[24]。

このようにして発行銀行の事務の移転により，その範囲において指定銀行と発行依頼人との間に契約関係が成立することを認める場合，その成立の条件とはいかなる事実であろうか。

これに関連してフォン・ヴェストファーレンは執行委任成立の根拠をつぎのように指摘している。まずドイツの銀行普通取引約款 28 (1)（Ziff. 28 Abs. (1) Satz 2 der AGB-Banken）において，国際商業会議所（ICC）の信用状統一規則（UCP）が常に適用されることが認められていること，および同約款 9 項の次の条項が法的根拠を提供すると述べる。「銀行はゆだねられた全ての事務の自己の名による実行を，顧客の利益を考慮しても相当であると解するときは，全部又は部分的に第三者に委任しても差し支えない。銀行がそうした場合には，同行の責任は自己の委任する第三者の選任と監督に限定される（§664 Abs. (1) Satz 2 BGB による顧客の委任の移転）。銀行が第三者の選任と監督に際して顧客の指示に従った場合には，同行はいかなる責任も負わない。しかし銀行は第三者に対する債権を有するときは，求めによってこれを顧客に譲渡する義務がある。」[25]

要するに彼が §664 Abs. (1) Satz 2 BGB によって指定銀行と発行依頼人（同約款の顧客）との間に直接の契約関係が成立すると述べる根拠は，当該信用状取引に ICC の信用状統一規則が援用されていること，Ziff. 28 Abs. (1) Satz 2 der AGB-Banken，および発行銀行の発行依頼人（指定銀行ではない）との契約履行上の誠実義務ならびに当該執行委任が具体的かつ客観性をもって発行依

---

23) K. Larenz, Lehrbuch des Schuldrechts, Bd. II, C. H. Beck, S. 301f.
24) Jauernig, S. 251ff., S. 718.
25) v. Westphalen, WM 1980, S. 185.

頼人の許容するところにあると解される。

　これらの諸条件はSubstitutionに関する明文の規定のないわが国においても事案に応じてほぼ同様に充足し得るものである。すなわちわが法域においては復委任が委任者Aの許諾ある場合に許されないものではなく（民法644条，656条，商法505条），復受任者甲の行為は本人Aに対して直接的に権利義務の関係に立ち，復受任者は本人とは受任者と同様の関係を取得すると解すべきである[26]。ただし当然ながら，復委任事務は委任事務からの執行上の分離可能性と前者の法的効果の後者への帰属が具体的かつ経験的に肯定される場合に許容されるのであろう。信用状の場合はAB間の信用状発行委任契約とB甲間の委任契約とで委任事項はおのおの同一ではないが，ここではAB間の信用状発行委任契約（application）に指定銀行条項が包含されている場合（つまり発行銀行による指定銀行の挿入が事前に発行依頼人によって承諾されている場合），ないし事後に指定銀行の挿入が許容された場合を検討すれば足りるところ，B甲間の復委任契約は買取，支払，通知などという，常にAの許容への包摂が可能な特定の執行事務の包括的な移転を内容とするものである（その結果Bの委任事務が復委任の範囲で消滅するのではないが，甲が与えられた条件を遵守した場合，その結果はBの判断を拘束し，受益者に対する異議を喪失する）。そのため両委任契約の最大公約数に該当するものとして，買取，支払，通知などの個別授権事務の履行に関する誠実義務，すなわち発行依頼人に対する発行銀行の誠実義務を義務の範囲とする直接の契約関係の成立を，発行依頼人Aと指定銀行甲の間に肯定すべきものと解される。

　ドイツと異なってわが国では銀行取引普通約款に相当するものは現在存在しないが，受任者に課せられている善管注意義務に基づいて，受任銀行が具体的ケースごとに委任者にとっての最良執行方法を選択することを許容されている

---

26) 中川高男『註釈民法（16）』有斐閣，1989年，173頁以下，明石三郎『判例コンメンタール・民法Ⅲ』増補版，三省堂，1984年，423頁，我妻栄『債権各論』中巻2，岩波書店，1962年，674頁以下。わが民法について反対論もあるが（例えば最判昭31・10・12民集10・10・1260），指定銀行の事務処理に関しては，例えば最も仕事量の少ない通知銀行の通知作業を例示しても，§7 UCP 500，§9b UCP 600がその内容を示しているように，あえて代理と委任を峻別すべき事情は存在しない。まして買取銀行の買取作業にこの両者を識別するのは困難である。民法107条2項の準用により，復受任者と委任者の間に委任者と受任者の間におけるのと同様の法的関係を認めるべきであろう。

ことはドイツと異なるものではない。殊にここでは最良執行方法として指定銀行の挿入が具体的に許容されている場合なのである。

UCP600 や ISP98 は指定銀行の挿入を前提としているので，これらが直接間接に援用されている信用状においては[27]，法域の違いを越えて，発行依頼人は指定銀行の挿入に同意していると解される。準拠法については，復委任契約の履行において特徴的な給付（受益者提出のドキュメントの買取，支払など）を行うのが指定銀行のみであるため，法の適用に関する通則法8条により，本章の事例では主たる事業所の所在地の法たる日本法が適用される。

かくして発行依頼人は，原則として，指定銀行の不法行為に依拠するまでもなく，債務不履行（授権事務処理上の保護義務違反）を理由として指定銀行に対する損害賠償請求をなすことができる。

ただし発行銀行Bと指定銀行甲の関係を履行補助関係と執行委任関係の二者択一的に理解しようとするのは正当と思われない。信用状条件を遵守した指定銀行の支払その他の行為の効果の発行銀行への帰属を論じる場合には，端的に履行補助関係と解してなんら差し支えがなく，それが思考経済に合致するであろう。しかし履行補助者説で理解可能な場合だからといって，ただそれだけで当然に執行委任関係の成立が否定されてはならない。フォン・ヴェストファーレン[28] は，履行補助と執行委任の間には重要な境界線はなく，銀行は単に委任法たる§315 ff BGB の意味での任意の裁量の範囲で§664 Abs. 1 BGB の執行委任を優先させる権限を有するが，かかる場合にも§278 BGB の意味での第二銀行の履行補助が存在しうると述べている。履行補助と執行委任の間には§664 Abs. (1) Satz 2 BGB の解釈上で，責任法として重要な境界線はないとも解されており，一方に基づいた解釈ができる場合にも他の可能性が存在しうるからである。

---

27) 荷為替信用状に関しては§2, 6a UCP600 に指定銀行の挿入許容を前提とする規定があり，銀行保証状であるディマンドギャランティに関しては§14 URDG458, §29 URDG758 がそれに相当するものである。2.03 ISP98 にも同様の規定があるが，国連条約（U. N. Convention on Independent Guarantees and Stand-by Letters of Credit）には該当する明文がないので，特約が必要であろう。

28) v. Westphalen, WM 1980, S. 185.

第三節　おわりに

　以上，執行委任説も保護義務説もいずれも発行依頼人と指定銀行の間に，後者の前者に対する誠実義務の存在を肯定し，その違反について損害賠償義務が生じるとの結論を導くものである。これによって指定銀行に対する発行依頼人の訴訟当事者適格が広範囲に肯定される。ただし執行委任説や保護義務説が常に履行補助者説と両立不能なものとは解されないが，反面では，履行補助者説で説明可能な範囲においては，思考経済を度外視してあえて忠実義務や執行委任を持ち出すまでの必要はない。しかし，履行補助者説は指定銀行を相手とする発行依頼人の法的主張に訴訟上の可能性をもたらすものとしては硬直的で狭隘であり，これに固執することは発行依頼人の権利を損なうものとなるであろう。

むすびに代えて

第一　わが国の信用状裁判の片影に寄せて

　これらギャランティの三者（便宜上ここではL/G：Letter of Guaranteeと称する）は国際的な商取引で用いられる抽象性・独立性と技術性の高さを特質とする支払約束であり，その法理の適用は司法判断を含めて国際的に通用するものでなければならない。私はこれらの訴訟の数件に直接間接のかかわりを持つ機会に恵まれてきたが，既に訴訟の弁論の段階で，裁判所の眼を主要諸外国の既存のレベルに向かわせることが，あたかも頑固な先入観との戦いにも類することに気付いていた。講学上の問題点のいくつかは本文中でも触れたので，以下，L/G訴訟の充実にむけ，法定の諸制度の活用や民事訴訟法の多少の改正など，相応の対応を期待して，わが望みとしたい。

　(1)　まず立証面の障害とその背景にあるものを指摘したい。銀行顧客側が窓口事務を違法とする国際的に基幹的な見解に沿った主張をしても，手近な邦文文献で補強されない限り，わが裁判所の判断に加えられる可能性はまず皆無と言ってよいであろう。L/Gは欧米で発展し，近時の研究にも欧米で深化したものが多いうえ，わが国の研究者が相対的に少ないためもあって，顧客側はとかく欧米文献に依って主張の正当性の立証を試みる。しかし争点を部分的な問題に特定して外国文献を提出しても，基礎的な部分が理解されていなければ，裁判所が正当に当該争点の法的把握をなすのは困難である。

　このような場合，専門家の鑑定や専門委員の介入が不可欠と考えられるが，この鑑定の申立などが容易に認容されないのが現実である。かくして期待されていた議論は裁判所の「独自の見解」などという一片の常套句をもって，聞かれる前に審理の俎上から排除される。結局，窓口事務の正当性を争う訴訟では，あたかも窓口事務の無謬性が推定されているかのように，窓口銀行側の主張が不十分なままで，逆に顧客側がその違法性の主張・立証に追われる結果に

なることも多い。これが実務上の取扱だという程度の窓口銀行の主張の引き写しに類した判決や，いかに裁判所が L/G 理論に不通であるにしても，原告と被告という訴訟上の立場が逆の場合にはそのような法的主張はしないはずだというほどに顕著な主張の瑕疵を看過した判決も見受けられる。確定日払い信用状の現物を手にとって見ながら，その種の信用状は存在し得ないなどという（いわゆるメガ）銀行の主張に裁判所が最後まで翻弄された事例すら存在する。

　そこで，まず鑑定申請などの却下決定の濫用を防ぐため，この決定には理由を付すべきものとし，独立した上訴を認めるように民事訴訟法を改正すべきであろう。フランスでは専門家による鑑定報告書こそが判決の結論を左右すると言われる。アメリカの知的財産訴訟には Amicus Brief と称して，第三者の意見を徴する機会が開かれている。

　(2)　次に，国際商事事件には専門性の高いものがあるので，国際的商取引法務のトレーニングを経た裁判官による商事特別法廷の設置が緊急の課題だと考える。当面は特別法廷で L/G の理論と実務にも精通した experienced な裁判例を積み重ねたうえで，それを通常裁判所に降ろさなければならない。見慣れない主張を前にして当惑するかのような裁判官を相手として，当事者も困惑する事態が現に存在している。

　(3)　法廷用語が日本語に定められていることが（裁判所法第 74 条），窮屈な結果を招いている点も指摘したい。ドイツでは，法廷での外国語は当該外国上の意味で理解されるのが原則とされている（WM 1992, 612）。

　(4)　また，わが司法において過剰なまでに意識されている先例踏襲の傾向にはきわめて問題が多い。当の先例自体を反証の対象とすることを余儀なくされて，肝心な点の立証の腰が折れる場合もある。一方で欧米の同種の判決が理由要旨に参照文献の該当ページまで詳細に指摘してメジャーな論旨を展開しているのを見るのは切ない思いである。

　(5)　最後に外為銀行など専門事業者に対し，裁判所をミスリードしがちな主張に（ある程度勝敗を超えて）慎重な配慮を期待するのは無理であろうか。ある一流の有力銀行が「発行銀行の nominated bank（指定銀行）は発行銀行の履行補助者ではない。仮にそうだとしても信用状条件に拘束されないと §12aUCP600（2007 年改訂信用状統一規則）に定められている」などと主張したケースがある。専門事業者としての自尊心と社会的責任の名において，かかる主張はいずれも差し控えるべきではなかろうか。現実に，東京地裁はこの主

張を容れて勝敗が逆立ちした判決をした。

第二　追　記

　本書は論文集でありながら「各論」と題したが，総じて訴訟段階で前提とされる法理上のテーマに片寄って，窓口事務に密着できなかったため，「各論の総論その１」程度にとどまったものである。ISP98 や ICC 作成の各種関連規則，国連条約を含むその他の個別的で具体的な課題で取り上げ得なかったものがあまりにも多いのを残念に思っている。

　これらの拙稿を書く過程で参照文献以外にも多くの研究成果に触れることができた。その中で特に以下の著作が記憶される。

　国際取引約款の課題を法思想史的な香気ゆたかに論じた故 Frédéric Eisemann の Die Incoterms im Internationalen Warenkaufrecht, 1967。Garantie と Bürgschaft の分界を法制史的に要約し，後の Bankgarantie の明晰な概念につなげた Beat Kleiner の Die Abgrenzung der Garantie von der Bürgschaft und anderen Vertragstypen, 2. Aufl., 1974。ギャランティの比較法に関する Hartwin Bungert の Grundzüge des US-amerikanischen Rechts der persönlichen Sicherheiten—Law of Suretyship—, Teil Ⅰ, WM 40, 1992 ; Teil Ⅱ, WM 41, 1992。荷為替信用状と荷付き取立について輸入信用と輸出信用の担保に関する法的可能性の限界を論じた Rudolf Liesecke の Die Stellung der kreditgebenden Bank beim Dokumenten-Inkasso und Dokumenten-Akkreditiv, FS für Robert Fischer, 1979。荷付き取立保証などに関する Walter Obermüller の Sicherungsrechte der Bank beim Dokumenteninkasso, Recht und Wirtschaft in Geschichte und Gegenwart, 1975。各種ドキュメントによる輸出入金融上の諸契約に伴う債権譲渡と担保欠落などを詳述した Jens Nielsen の Sicherungsverträge der Import-und Exportfinanzierung im Lichte der aktuellen Rechtsprechung zur Deckungsgrenze und zur Sicherheitenfreigabe, Teil Ⅰ WM Nr. 50, 1994 ; Teil Ⅱ, WM Nr. 51/52, 1994。イギリスその他 commonwealth における guarantee, surety, indemnity, bond, standby letter of credit その他類似の支払保障手段について case law を主軸とした分析に圧倒的な存在感を示す Kevin Patrick McGuinness の大作 The Law of Guarantee, A Treatise on Guarantee, Indemnity and the Standby Letter of Credit, 2nd Edition, 1996。

邦文文献では指図法理や抽象的債務との関連諸事項について柴崎暁教授の「手形法理と抽象債務」（新青出版，2002年）からはきわめて多くを学び取ることができた。銀行保証状の国際私法について相澤吉晴教授の『銀行保証状と国際私法』（大学教育出版，2003年）からも同様である。

第三　謝　辞

　私の研究の対象は当初，荷為替信用状にあった。そのころ磨洴(ませい)の労をおとりくださった方々には感謝の念に耐えないものがある。わが国での限られた *juris consultus* の中で，濱田一男博士は九州大学を退官しておられたが，初め"strict compliance rule"の諸問題に関する「民商法雑誌」所掲の拙稿（前掲）のテーマなどをめぐってなんども詳細なご意見をいただき，後に私の transfer 論にも議論を進められ，視野を深めさせていただいた。また東北大学から大阪に席を移されていた伊沢孝平博士も，信用状における権利の成立，移動や善意取得などの諸問題について「荷為替信用状の二次的利用に関する研究」（前掲）を手がけていた私のわずらわしい議論の相手を根気よくなんども務めてくださった。東京銀行（当時）の小峯登氏は貿易研修センターの多忙な執務と執筆活動の間に，実際の外国為替実務を煩をいとわずご教示くださった。

　その後私は次第に銀行保証状（スタンドバイ信用状）に研究対象を拡張したが，それがわが国で初の単独航海の途であることに格別の関心を寄せられたのは神戸大学の神崎克郎教授（商法）であった。教授は私の論文の数編をみずからまとめて「国際商取引における支払担保手段の法的構造」と題した博士学位請求論文とすることを強く推奨された。

　残念ながらどの方々も今では故人になられたが，荷為替信用状と船荷証券の国際海上取引にかかる彼我の諸側面に造詣の深い神戸市立外国語大学名誉教授小原三祐嘉先生からは今でも交戟の機会をいただいている。

　終わりになったが，判例時報社が法律雑誌「判例時報」の貴重な紙面に銀行保証状やスタンドバイ信用状を含む，当時としては対応事例が限られた多くの論文に発表の機会を与えて下さったことに心からのお礼を申し上げたい。また「国際商事法務」誌と同誌編集主幹姫野春一氏に対しても同様の深い謝辞を呈したい。

　　　　　　　　　　　　　　　　　　　　　　　　　　　　　以　　上

参照文献

Aden, M., Der Arrest in den Auszahlungsanspruch des Akkreditivbegünstigten durch den Akkreditivauftraggeber, RIW/AWD 1976, Heft 12. (Aden)

Affaki, G., ICC Uniform Rules on Demand Guarantees: A User's Handbook to the URDG (ICC Pub. No. 631), 2001.

Angersbach, U., Beiträge zum Institut des Dokumenten-Akkreditivs, Diss. Würzburg 1965.

Auhagen, U., Die Garantie einer Bank, auf „erstes Anfordern" zu zahlen, Diss. Freiburg 1966. (Auhagen)

Avidon, Michael E., Getting Ready for ISP98-The International Standby Practices, A.S.L.C. L.P., 1999.

Balossini, C. E., Norme ed usi Uniformi relativi ai Crediti Documentari, I, II, Giuffrè, 1973.

Bär, T., Zum Rechtsbegriff der Garantie, insbesondere im Bankgeschäft, Diss. Zürich 1962. (Bär)

Barski, K. A., Letter of Credit: A Comparison of Article 5 of the Uniform Commercial Code And the Uniform Customs and Practice for Documentary credits, A.S.L.C.L.P., 1998.

Bennett, H. N., Strict Compliance Under U.C.P.500., A.S.L.C.L.P., 1998.

Berensmann, W., Bürgschaft und Garantievertrag im englischen und deutschen Recht, Duncker & Humblot, 1988.

v. Bernstorff, C. G., Bankgarantien im Außenhandel, ZKW 1988. (v. Bernstorff)

Bertrams, R. F., Bank Guarantees in International Trade, 2nd rev. ed., Kluwer Law Intl., 1998. (Bertrams)

Blau, W., Blockierung der Auszahlung einer Bankgarantie auf erstes Anfordern durch Arrest und Hinterlegung?, WM 1988. (Blau)

Brüggemann, D., Handelsgesetzbuch: Großkommentar, 3. Aufl., Walter de Gruyter, 1982. (Brüggemann)

Bydlinski, P., Die Bürgschaft auf erstes Anfordern: Darlegungs- und Beweislast bei Rückforderung durch den Bürgen, WM 1990. (Bydlinski)

Bydlinski, P., Personaler numerus clausus bei der Bürgschaft auf erstes Anfordern?, WM 1991.

Byrne, J. E., Independent Guarantee Convention, A.S.L.C.L.P., 1999.

Byrne, J. E., The Official Commentary on the International Standby Practices, A.S.L.C.L.P., 1998.

Byrne, J. E., Why the ISP Should be Used for Standbys, A.S.L.C.L.P., 2001.

Byrne, J. E./H. Burman, Introduction to UN Convention on Independent Guarantees and

Stand-by Letters of Credit, A.S.L.C.L.P., 1997.
v. Caemmerer, E., Bankgarantien im Außenhandel, FS für Otto Riese, C. F. Müller, 1964. (v. Caemmerer)
v. Caemmerer, E./P. Schlechtriem, Kommentar zum Einheitlichen UN-Kaufrecht, 2. Aufl., C. H. Beck, 1995. (v. Caemmerer/Schlechtriem)
Canaris, C.-W., Bankvertragsrecht, 3. Aufl., Walter de Gruyter, 1988. (Canaris)
Canaris, C.-W., Handelsrecht, 23. Aufl., C. H. Beck, 2000. (Canaris, 2000)
Castellvi, M. B., Zum Übergang der gesicherten Forderung auf den zahlenden Garanten, WM 1995.
Cheng, C. J., Basic Documents on International Trade Law, 3rd rev. ed., Kluwer Law Intl., 1999.
Colleran, J. A., Negotiation and UCP, A.S.L.C.L.P., 1994. (Colleran)
Colleran, J. A., Letter of Credit Fraud - Who Suffers? How Can it be Overcome?, A.S.L.C.L.P., 1996.
Colloque de Tours 1980, Juin 1980, Les Garanties Bancaires dans les Contrats Internationaux, Paris.
Colombo, E., Das Warenakkreditiv und der internationale Zahlungsverkehr, Verlag des Schweizerischen Kaufmännischen Vereins, 1960.
Creed, N., The Governing Law of Letter of Credit Transaction, A.S.L.C.L.P., 2002.
Debattista, C., Performance Bonds and Letters of Credit : a Cracked Mirror Image, A.S.L.C.L.P., 1998.
Dohm, J., Bankgarantien im internationalen Handel, Stämpfli, 1985.
Dolan, J. F., The Law of Letters of Credit, 2nd ed., Warren, Gorham & Lamont, 1991. (Dolan, LC)
Dolan, J. F., The UN Convention on International Independent Undertakings: Do States with Mature Letter-of-Credit Law Regimes need it?, A.S.L.C.L.P., 1999.
Dolan, J. F., How Negotiation Letters of Credit Can Go Wrong : Pan Pacific Specialties Ltd v. Shandong Machinery & Equipment I/E Corp., A.S.L.C.L.P., 2002. (Dolan, 2002)
Dole, R. F., The Essence of a Letter of Credit under Revised U. C. C. Article 5; Permissible and Impermissible Nondocumentary Conditions Affecting Honor, A.S.L.C.L.P., 2000.
Eisemann, F./C. Bontoux, Le Crédit Documentaire dans le commerce extérieur, Jupiter, 1976. (Eisemann/Bontoux)
Eisemann, F. /R. Eberth, Das Dokumenten-Akkreditiv im Internationalen Handelsverkehr, 2. Aufl., Recht und Wirtschaft, 1979. (Eisemann/Eberth)
Eisemann, F. /R. A. Schütze, Das Dokumentenakkreditiv im Internationalen Handelsverkehr, 3. Aufl., Recht und Wirtschaft, 1989. (Eisemann/Schütze) (橋本訳『荷為替信用状の法理概論』九州大学出版会, 1994 年)
Ellinger, E. P., Silent Confirmations and à Forfait Discounting (Law and Practice), A.S.L.C.L.P., 2002. (Ellinger)
Eschmann, C., Der einstweilige Rechtsschütz des Akkreditiv Auftraggebers in Deutschland, England und der Schweiz, Hermann Luchterhand, 1994. (Eschmann)
Fikentscher, W., Schuldrecht, 2. Aufl., Walter de Gruyter, 1969. (Fikentscher)

Finkelstein, H., Performance of Conditions under a Letter of Credit, 25 Col. L. Rev., 1925. (Fikelstein)
Gacho, W., Das Exportakkreditivgeschäft, Springer, 1969. (Gacho)
v. Galen, R. J., Guarantees and Letters of Credit : Avoiding Risks, A.S.L.C.L.P., 2001.
Getz, H. A., Enjoining the International Standby Letter of Credit, Harvard International L. J., V. 21. (Getz)
Goode, R., Surety and On-Demand Performance Bonds, JBL., 1988.
Goode, R., Abstract Payment Undertakings and the Rules of the International Chamber of Commerce, A.S.L.C.L.P., 1996.
Goode, R., Guide to the ICC Uniform Rules for Demand Guarantees (ICC Pub. No. 510), 1992.
Gozlan, A., International Letters of Credit : Resolving Conflict of Law Disputes, Kluwer Law Intl., 1999.
Gutteridge, H. C./M. Megrah, The Law of Bankers' Commercial Credits, 7th ed., Europa Publications, 1984. (Gutteridge/Megrah, 1984)
Gutteridge, H. C./M. Megrah/R. King, The Law of Bankers' Commercial Credits, 8th ed., Europa Publications, 2001. (Gutteridge/Megrah)
Harfield, H., The Increasing Domestic Use of the Letter of Credit, 4 U.C.C.L.J., 1972.
Harfield, H., Enjoining Letter of Credit Transactions, 95 Banking L. J., 1978. (Harfield)
Harfield, H., Guaranties, Standby Letters of Credit, and Ugly Duckling, 26 U.C.C.L.J., 1994.
Hasse, A., Die einheitlichen Richtlinien für auf Anfordern zahlbare Garantien der Internationalen Handelskammer-Uniform Rules for Demand Guarantees (UR- DG), WM 1993.
Heinsius, T., Zur Frage des Nachweises der rechtsmißbräuchlichen Inanspruchnahme einer Bankgarantie auf erstes Anfordern mit liquiden Beweismitteln, FS für Winfried Werner zum 65. Geburtstag am 17. Okt. 1984, Walter de Gruyter, 1984. (Heinsius)
Heinze, M., Der einstweilige Rechtsschutz im Zahlungsverkehr der Banken, Knapp, 1984. (Heinze)
Hisert, G. A., Comptroller General Continues to Misunderstand UCP, A. S. L. C. L. P., 1996.
Horn, N., Bürgschaften und Garantien zur Zahlung auf erstes Anfordern, NJW 1980. (Horn)
Horn, N., Clear and Clean and not of Criminal Origin, WM 1996.
Horn, N., Bürgschaften und Garantien : Aktuelle Rechtsfragen der Bank-, Unternehmens- und Außenwirtschaftspraxis, 6., neubearbeitete Aufl., RWS Verlag Kommunikationsforum, 1995. (Horn, Bürgschaften 6., neubearbeitete Aufl.)
Horn, N., Bürgschaften und Garantien : Aktuelle Rechtsfragen der Bank-, Unternehmens- und Außenwirtschaftspraxis, 8., neubearbeitete Aufl., RWS Verlag Kommunikationsforum, 2001. (Horn, Bürgschaften 8., neubearbeitete Aufl.)
Horn, N./W. M. v. Bieberstein/L. Rosenberg/B. Pavićević, Dokumentenakkreditive und Bankgarantien im internationalen Zahlungsverkehr, Alfred Metzner, 1977.
Horn, N./E. Wymeersch, Bank-Guarantees, Standby Letters of Credit, And Performance Bonds In International Trade, The Law of International Trade Finance, Kluwer Law

Intl., 1989.
Horst, L., Das Recht der Allgemeinen Geschäftsbedingungen, 3. Aufl., C. H. Beck, 1997.
Jack, R., Documentary Credits, 2nd ed., Butterworths, 1993. (Jack)
Jauernig, O., Bürgerliches Gesetzbuch (BGB)-Kommentar, 8. Aufl., C. H. Beck, 1997. (Jauernig)
Jedzig, J., Aktuelle Rechtsfragen der Bankgarantie auf erstes Anfordern, WM 1988. (Jedzig)
Johnson, A./S. Paterson, Fraud and Documentary Credits, A.S.L.C.L.P., 2002.
Kimbrough, R. T., Summary of American Law, 1974. (Kimbrough)
Klein, C., Ten Noteworthy Letter of Credit Cases from the Twentieth Century: A Commercial Lawyer's View, A.S.L.C.L.P., 2000.
Klein, C., Transfers and Assignment of Proceeds of Letters of Credit, A.S.L.C.L.P., 2001.
Kleiner, B., Bankgarantie: die Garantie unter besonderer Berücksichtigung des Bankgarantiegeschäftes, 4. Aufl., Schulthess, 1990. (Kleiner)
Kozolchyk, B., The Emerging Law of Standby Letters of Credit and Bank Guarantees, Arizona L. R., 1982.
Kozolchyk, B., The "Best Practices" Approach To The Uniformity of International Commercial Law: The UCP500 and The NAFTA Implementation Experience, A.S.L.C.L.P., 1997. (Kozolchyk, Best Practices)
Kozolchyk, B., The Financial Standby: A Summary Description of Practice and Related Legal Problems, A.S.L.C.L.P., 1998.
Kozolchyk, B., The Future of the Letter of Credit and the Power of Collateral, A.S.L.C.L.P., 1999.
Kröll, S., Rechtsfragen elektronischer Bankgarantien, WM 2001.
Lehr, W., Der Exportvertrag, Heymanns, 1998. (Lehr)
Lienesch, I., Internationale Bankgarantien und die UN-Konvention über unabhängige Garantien und Stand-by Letters of Credit, Walter de Gruyter, 1999. (Lienesch)
Liesecke, R., Rechtsfragen der Bankgarantie, WM 1968. (Liesecke, WM 1968)
Liesecke, R., Neuere Theorie und Praxis des Dokumentenakkreditiv, WM 1976. (Liesecke, WM 1976)
Liesecke, R., Die typischen Klauseln des Internationalen Handelsverkehrs in der neueren Praxis, WM 1978, Sonderbeilage Nr. 3. (Liesecke, WM 1978)
Liesecke, R., Die Stellug der kreditgebenden Bank beim Dokumenten-Inkasso und Dokumenten-Akkreditiv, FS für Robert Fischer, Walter de Gruyter, 1979. (Liesecke, Fischer 記念)
Lin, T. Y., Cross-Border Implications of Standby Credit, A.S.L.C.L.P., 2000.
Link, T. J., New Yorker Gerichte stellen Werthaltigkeit von Letters of Credit in Frage, Bank 1990. (Link)
Marais, G., Du Crédit Confirmé en matière Documentaire, R. Pichon et R. Durand-Auzias, 1953.
Mastropaolo, F., Die Bankgarantie im internationalen Handelsverkehr, Buch-besprechung des gleichnamigen Werks von G. von Westphalen, WM 1993. (Mastropaolo)

Maulella, V. M., Standby Letter of Credit, A.S.L.C.L.P., 1996.
Maulella, V. M., Documentary Credit Decisions, Developments and Directions, A.S.L.C.L. P., 2002.
McCullough, B. V., Esq., Letters of Credit, LexisNexis Matthew Bender, 1999. (McCullough, 1999)
McCullough, B. V., Esq., Letters of Credit, LexisNexis Matthew Bender, 2001. (McCullough, 2001)
McCurdy, W., Commercial Letters of Credit, 35 Harvard L. R. (McCurdy)
McLaughlin, G. T./N. B. Cohen, New Rules for Establishing Letters of Credit, A. S.L.C.L.P., 1997.
Menkhaus, J. H., Sicherungsrechte der kreditgebenden Einreicherbank am Inkassoerlös im Konkurs des Dokumenteneinreichers beim Dokumenteninkasso, ZIP 1985. (Menkhaus)
Mentschikoff, S., Letters of Credit : The Need for Uniform Legislation, 23 Univ. of Chicago L. R. (Mentschikoff)
v. Mettenheim, H., Die mißbräuchliche Inanspruchnahme bedingungsloser Bankgarantien, RIW/AWD 1981. (v. Mettenheim)
Mülbert, P. O., ; Mißbrauch von Bankgarantien und einstweiliger Rechtsschütz, Mohr, 1985. (Mülbert)
Nielsen, J., Dokumentärer und wechselrechtlicher Regress im Akkreditivgeschäft unter Berücksichtigung der verschiedenen Abwicklungsformen, FS für Winfried Werner, Walter de Gruyter, 1984.（Nielsen, Werner 記念）
Nielsen, J., Grundlagen des Akkreditivgeschäfts : Revision 1983, Bank-Verlag, 1985. (Nielsen, Grundlagen, 1985)
Nielsen, J., Bankgarantien bei Außenhandelsgeschäften, Bank-Verlag, 1986. (Nielsen, Bankgarantien)
Nielsen, J., Das Inkassogeschäft, Bank-Verlag, 1987. (Nielsen, Inkasso)
Nielsen, J., Import- und Exportsicherung auf dokumentärer Grundlage, Bank-Velag, 1988. (Nielsen, Import)
Nielsen, J., Aktuelle Fragen aus Praxis und Rechtsprechung zum Inkasso-, Akkreditiv- und Garantiegeschäft, RWS Verlag Kommunikationsforum, 1989. (Nielsen, Aktuelle)
Nielsen, J., Grundlagen des Akkreditivgeschäfts, 3. Aufl., Bank-Verlag, 1989. (Nielsen, Grundlagen, 1989)
Nielsen, J., Die Aufnahmefähigkeit von Transportdokumenten im Akkreditivgeschäft, WM 1993, Sonderbeilage Nr. 3. (Nielsen, Aufnahmefähigkeit)
Nielsen, J., Sicherungsverträge der Import- und Exportfinanzierung im Lichte der aktuellen Rechtsprechung zur Deckungsgrenze und zur Sicherheitenfreigabe, Teil I, WM 1994, Nr. 50, Teil II, WM 1994, Nr. 51/52. (Nielsen, Sicherung)
Nielsen, J., Die Revision der Einheitlichen Richtlinien und Gebräuche für Dokumenten-Akkreditive (ERA 500) zum 1. Januar 1994, WM 1994.
Nielsen, J., Neue Richtlinien für Dokumenten-Akkreditive, Recht und Wirtschaft, 1994. (Nielsen, Neue Richtlinien)

Nielsen, J., Internationale Bankgarantie, Akkreditiv und anglo-amerikanisches Standby nach Inkrafttreten der ISP98, WM 1999.
Noah, D. L., The Case of the "Oily" Non-Documentary Condition, A.S.L.C.L.P., 2002.
Palandt, O., Bürgerliches Gesetzbuch (BGB)-Kommentar, 58. Aufl., C. H. Beck, 1999. (Palandt)
Patrikis, E. T., Definition of "Good Faith" in Revised UCC Article 5, A.S.L.C.L.P., 1996.
Pierce, A., Demand Guarantees in International Trade, Sweet and Maxwell, 1993.
Pilger, G., Einstweiliger Rechtsschutz des Käufers und Akkreditivstellers wegen Gewährleistung durch Arrest in den Auszahlungsanspruch des Akkreditivbegünstigten?, RIW/AWD 1979, Heft 9. (Pilger)
Piltz, B., Internationales Kaufrecht, C. H. Beck, 1993. (Piltz)
Pleyer, K., Die Bankgarantie im Zwischenstaatlichen Handel, WM 1973, Sonderbeilage Nr. 2, zu Teil IV Nr. 27. (Pleyer)
Raith, R. T., Das Recht des Dokumentenakkreditivs in den USA und in Deutschland, Stollfuß, 1985. (Raith)
Reinicke, D./K. Tiedtke, Kaufrecht, 6. Aufl., Luchterhand, 1997. (Reinicke/Tiedtke)
Röhricht, V./F. G. v. Westphalen, HGB Kommentar, Verlag Dr. Otto Schmidt, 1998. (Röhricht/v. Westphalen)
Rosenblith, R., To Negotiate or Not to Negotiate - Does It Make a Difference?, A.S.L.C.L.P., 2001. (Rosenblith)
Roth, H., Funktion und Anwendungsbereich der Unklarheitenregel des § 5 AGBG, Teil I, WM 1991, Nr. 50, Teil II, WM 1991, Nr. 51/52.
Rüßman, H./G. Britz, Die Auswirkungen des Grundsatzes der formellen Garantiestrenge auf die Geltendmachung einer befristeten Garantie auf erstes Anfordern, WM 1995. (Rüßman/Britz)
Schärrer, H., Die Rechtsstellung des Begüntigten im Dokumenten-Akkreditiv, Stämpfli, 1980. (Schärrer)
Scheyven, G., L'Institut de réescompte et de garantie – Son rôle dans le financement des exportations – Son marché, Rev. Banque, Speciaal nummer 1974/1.
Schinnerer, E./P. Avancini, Bankverträge, Teil 3, 3. Aufl., Manz, 1976. (Schinnerer)
Schinnerer, E./P. Avancini, Bankverträge, Teil 1, 3. Aufl., Manz, 1978.
Schlechtriem, P., Commentary on the UN Convention of the International Sale of Goods (translated by G. Thomas), C. H. Beck, 1998. (Schlechtriem)
Schlegelberger, F./W. Hefermehl., Kommentar zum Handelsgesetzbuch (HGB), 5. Aufl., Franz Vahlen, 1974. (Schlegelberger/Hefermehl)
Schmidt, J., Die Effektivklausel in der Bürgschaft auf erstes Anfordern, WM 1999.
Schmidt, K., Handelsrecht, 5., neubearb. Aufl., Carl Heymanns, 1999.
Schmitthoff, C. M., Export Trade, 10th ed., Sweet & Maxwell, 2000. (Schmitthoff)
Schroeder, M. R., The 1995 Revisions to UCC Article 5, Letters of Credit, A.S.L.C.L.P., 1998.
Schütze, R. A., Einstweilige Verfügungen und Arreste im internationalen Rechtsverkehr, insbesondere im Zusammenhang mit der Inanspruchnahme von Bankgarantien, WM 1980.

Schütze, R. A., Zur Geltendmachung einer Bankgarantie auf erstes Anfordern, RIW/AWD 1981, Heft 2.
Schütze, R. A., Kollisionsrechtliche Probleme des Dokumentenakkreditivs, WM 1982.
Schütze, R. A., Rechtsfragen der Avisierung von Dokumentenakkreditiven, DB 1987. (Schütze, DB 1987)
Schütze, R. A., Rechtsfragen zur Zahlstelle bei Akkreditivgeschäften, RIW 1988, Heft 5. (Schütze, RIW 1988)
Schwintowski, H. P./F. A. Schäfer, Bankrecht: Commercial Banking – Investment Banking, Carl Heymanns, 1997. (Schwintowski/Schäfer)
Seitz, W., Inkasso-Handbuch, 3. Aufl., C. H. Beck, 2000. (Seitz)
Slongo, U., Die Zahlung unter Vorbehalt im Akkreditiv-Geschäft, Schulthess, 1980. (Slongo)
Smart, P. E./R. S. T. Chorley, Leading Cases in the Law of Banking, 5th ed., Sweet & Maxwell, 1983. (Smart)
Smith, D. R., Standard Banking Practice for the Examination of Documents, A.S.L.C.L.P., 1999.
Spjut, R. J., Standby Letters of Credit, A.S.L.C.L.P., 2000.
Stapel, B., Die Einheitlichen Richtlinien und Gebräuche für Dokumentenakkreditive der Internationalen Handelskammer in der Fassung von 1993, Diss. Berlin 1998. (Stapel)
Stoufflet, J., Garantie Bancaire Internationale, in Banque et credit, 1988, Supplement 1991, 1999.
Stoufflet, J., Le Crédit Documentaire, Librairies techniques, 1957. (Stoufflet)
Thiele, W./K.-H. Fezer, BGB Schuldrecht Allgemeiner Teil, Luchterhand, 1993.
Thietz-Bartram, J. H. C., Die Bankgarantie im italienischen Recht, Duncker & Humblot, 1989. (Thietz-Bartram)
Todd, P., Bills of Lading and Bankers' Documentary Credits, 3rd ed., LLP, 1998. (Todd)
Transactions, The Work of the International Chamber of Commerce, A.S.L.C.L.P., 1999.
Ulmer, E., Akkreditiv und Anweisung, AcP 126. (Ulmer)
Ulmer, P./E. Brandner/H.-D. Hensen, AGB-Gesetz: Kommentar zum Gesetz zur Regelung des Rechts der allgemeinen Geschäftsbedingungen, 7. Aufl., Verlag Dr. Otto Schmidt, 1993.
van der Maas, A. L. G., Handbuch der Dokumenten-Akkreditive (übergesetzt von J. Tewis), Fischer, 1963.
Wälzholz, E., Zur Anwendbarkeit des AGBG auf die Einheitlichen Richtlinien der ICC, WM 1994. (Wälzholz)
Ward, A., The Nature of Negotiation under Documentary Credits, A.S.L.C.L.P., 2000. (Ward)
Wessely, W., Die Unabhängigkeit der Akkreditivverpflichtung von Deckungsbeziehung und Kaufvertrag, C. H. Beck, 1975. (Wessely)
v. Westphalen, F. G., Die Einheitlichen Richtlinien und Gebräuche für Dokumenten-Akkreditive (1974) und die Einheitlichen Richtlinien für Inkassi im Licht des AGB-Gesetzes, WM 1980. (v. Westphalen, WM 1980)

v. Westphalen, F. G., Neue Tendenzen bei Bankgarantien im Außenhandel?, WM 1981. (v. Westphalen, WM 1981)
v. Westphalen, F. G., Die Bankgarantie im internationalen Handelsverkehr, erst. Aufl., Recht und Wirtschaft, 1982. (v. Westphalen, Bankgarantie erst Aufl)
v. Westphalen, F. G., Rechtsprobleme der Exportfinanzierung, 3. Aufl., Recht und Wirtschaft, 1987. (v. Westphalen, Rechtsprobleme)
v. Westphalen, F. G., Die Bankgarantie im internationalen Handelsverkehr, 2. Aufl., Recht und Wirtschaft, 1990. (v. Westphalen, Bankgarantie)
v. Westphalen, F. G., Die neuen einheitlichen Richtlinien für „Demand Guarantees", DB 1992.
Wheble, B. S., Documentary Credits : UCP 1974/1983 Revisions, compared and explained, ICC Pub., 1984.
White, J. J., The Influence of International Practice on the Revision of Article 5 of the UCC, A.S.L.C.L.P., 1997.
White, J. J./R. S. Summers, Uniform Commercial Code, 2nd ed., West Academic Publishing, 1980.
Wunnicke, B./D. B. Wunnicke/P. S. Turner, Standby and Commercial Letters of Credit, 2nd ed., Wiley Law Publications, 1996. (Wunnicke/Turner)
Zahn, J. C. D., Zahlung und Zahlungssicherung im Außenhandel, 3. Aufl., Walter de Gruyter, 1964. (Zahn, 3 Aufl)
Zahn, J. C. D., Zahlung und Zahlungssicherung im Außenhandel, 5. Aufl., Walter de Gruyter, 1976. (Zahn, 5 Aufl)
Zahn, J. C. D./E. Eberding/D. Ehrich, Zahlung und Zahlungssicherung im Außenhandel, 6. Aufl., Walter de Gruyter, 1986. (Zahn/Eberding/Ehrlich)
Zohrab, P. S., Significant Developments in Letter of Credit Law, A.S.L.C.L.P., 1996.

ICC Documents 470/345, 470/347 (Meeting on April 1979)
ICC Position Paper No. 2 (UCP500 sub-Article 10 b 1)
ICC Documentary Credits Insight, Winter 1995, Vol. I, No. 1.
ICC Publishing S. A., Case Studies on Documentary Credits, 1989.
ICC Publishing S. A., Opinions of the ICC Banking Commission 1984-1986.
ICC Publishing S. A., Opinions of the ICC Banking Commission 1987-1988.
ICC Publishing S. A., Opinions of the ICC Banking Commission 1989-1990.
ICC Publishing S. A., Opinions of the ICC Banking Commission 1991-1992.
ICC Publishing S. A., Opinions of the ICC Banking Commission 1997-1998.
ICC Publishing S. A., Opinions of the ICC Banking Commission 1999-2000.
ICC Publishing S. A., ICC Model Forms for Issuing Demand Guarantees
ICC Publishing S. A., Avis de la commission de la C. C. I. sur les documendes d'interpretation des regles et usances relatives aux credit documentaries. (1984-1986)
ICC Publishing S. A., Avis de la commission de la C. C. I. sur les question portant sur les regles et usances relatives aux credit documentaries. (1980-1981)

索 引

A

advance of face value-with recourse 119
advance payment bond 201
AGBG 45
Allgemeine Geschäftsbedingungen (Banken), Fass. 1988 213
Animiergarantie 3,156
Anspruch auf Unterlassung der Auszahlung 226
Anspruch auf Unterlassung des Rückgriffs 226
Anweisung 3
Auftragskette 47
ausreichende Glaubhaftmachung 233
Außentheorie 175
Authority to Purchase 107

B

Back-to-back credit 156
bad faith practice 92
balance of convenience 247
balancing test 242
Bankgarantie 3
Bankgarantie „auf erstes Anfordern" 212
become a holder 108
blosse Glaubhaftmachung 233
Bolero 6
bona fide holder 114
bond 5
Bürgschaft 4

C

cash against delivery note 211
cash against documents 207,208,218, 221
cash on delivery 208,211,213
cash on document 213
cash on documents 208
CISG 210
collecting bank 119
Collection 55,88
collection base 209
commercial documents 203
condictio indebiti 4
constructive fraud 269
Contempt of Court-Regeln 227
contract of suretyship 5

D

D/A 208
D/P 208
demand guaranty 5
documentary collection 203
documentary risk 121
documents against acceptance 208
documents against payment 208
Dokumenten-Akkreditiv 1

E

eidesstattliche Versicherung 231
Eigengarantie 80,81
ERI '95 208

F
financial documents 203
fonction de sécurité analogue 17
fraud exception 39, 243
Fremdgarantie 81

G
Garantie 4
gârantie bancaire 3
garantie de bonne exécution 80
garantie de remboursement 80
garantie de soumission 80
Garantievertrag 80
garanzia bancaria 3
garnishee order 239
general credit 1, 46, 108
give value 108
guarantee theory 7

H
holder in due course 206
honore 127

I
immediately available strong evidence 102
indemnity 5
independent guaranty 4
Inkasso 55, 88
Innentheorie 175, 177
interlocutory injunction 246
International Standby Practices, ISP98 (1998) 5
invoice-standby 6
irreparable damage 253
irreparable harm 242, 246
ISP98 284

K
Kasse gegen Dokumente 207, 213
Kasse gegen Faktura 213

L
Letter of Guarantee 78
Letter of Indemnity 79
liquide Beweismittel 102, 230, 268

M
mehrstufige Garantie 4
mirror image 3, 5

N
negotiate 107
negotiation 85, 116
negotiation clause 1, 109
negotiation credit 46, 52, 108
Netto Kasse gegen Rechnung und Verladepapiere 213
no injunction rule 224
non-documentary conditions 264
notice injunction 183

O
open credit 108

P
payment only when reimbursed 120
performance bond 5
permanent injunction 241, 245
preliminary injunction 241
proceeds 2
purchase 111
purchase/negotiate 107

R
Rembours 1

索　引　301

revolving credit　128

S

§5-114 UCC　163
special credit　1
stale document　67
straight credit　77
Substitution　283
sui generis　197
suretyship　5

T

T/R　82
taking bank & country risk　120
taking document risk　120
temporary injunction　245
temporary restraining order　241

U

UCC §5　224
UCC §5-109　242
UCC §5-109(b)　241
UCP290　107,111
UCP400　107
UCP500　108,111,130
UCP600　111,254,284
ultra vires　7
Unterlassungsanspruch　226

W

waiver　209
Wechselinkasso　62

あ行

ICCの選択　110
溢れるような安全担保指向　158
アメリカ統一商事法典第5節　224
アメンド　29

「異議なき」接受　76
意思表示の伝達　112
イタリア民法典第1322条　3
「一切の抗弁を放棄して支払う」旨の条項　198
一種の第三債務者　238
偽りの善意の所持人　43,49
偽りの代理関係　42,44,48
委任の連鎖　12,47
依頼人の名における取立　89
インディペンデント・ギャランティ　263
ウィーン売買条約　211
without recourse 条件　129
エクイティの救済　246
エストッペル　7
エプシュンテとボンツ　15
オープン勘定　6
オン・ディマンド条項　201

か行

外国向為替手形取引約定書　91
外国向けドキュメンタリー取立　207,217
外国向け取立　55
外国向け取立手続き　61
外的抽象性　4
買取　116
買取銀行　11
買取銀行の選択肢　50
買取銀行の代理権の人的限界　101
買取銀行の代理権の物的限界　101
買取資格　87
買取指定銀行　100
買取授権書　107,112
買取信用状　2
買取人のリスク　133
買取の成立要件　122

買取の態様　118
回復困難な損害　242
格段に高いリスク　6
確定証拠条項　198
確定日払い信用状　145
確認銀行　11, 114
隠れた償還合意　131
隠れた取立委任　43
隠れた取立委任裏書　206
瑕疵担保保証状　4
仮差押請求権　257
仮処分命令　223
仮の地位　223
為替手形担保荷物保管証　82
関税保証状　4
間接的抗弁　265, 270
間接保証状　4, 155, 274
カントリー・リスク　125
危険の分配　263
危険の分配作業　220
擬制的詐欺　269
擬制的詐欺説　168, 270
偽造・詐欺ルール　244
偽造証券　97
偽造の抗弁　39, 100, 101
既存債務の免除　117
逆為替　221
ギャランティ　61, 235
給付約束自体で生じる抗弁　263
緊急措置的保証渡し　66
銀行の窓口利益　92
銀行普通契約約款　213
銀行免責の構造　98
金融書類　203
クリーン取立　132
軽過失の免責　49, 52, 102
軽過失の免責条項　44
契約外に生じた特別な連結性　34

契約外の配慮関係　35
契約自由の原則　3
契約締結上の過失　27, 34
契約不適合の信用状　76
決定的で疑いもなく確実な証拠　268
現金預託的機能　266
検査の免責事由　101
権利の放棄　209
権利保護義務　88
権利濫用　41
権利濫用の抗弁　266
権利濫用論　93
権利濫用を理由とする仮差押　184
故意による良俗違反　218
「故意による良俗違反」説　171
攻撃と防御の交替　160
公序良俗　41
衡平法裁判所　168, 169, 181
抗弁権の放棄　4
国際海陸空複合一貫輸送　6
国際競争力のある判決　68
国際裁判管轄　187
国際的商慣習　212
国際物品売買契約に関する国連条約　210
後日払い買取　122
後日払い信用状　40
後日払い約束　132

さ行

「再買取」の特約　20
裁判管轄　259
裁判所の裁量権　163
サイレント・コンファメーション　254
詐欺説　167
詐欺の抗弁　39
指図　3
指図説が退席　274

索　引　303

三角取引　1
三角取引性　4
暫定的差止命令　246
質権　90, 117
執行委任説　280
執行受任者　281
実質的保証状事故　164
実証条項　199
指定買取銀行　88
指定銀行　11, 31
指定銀行挿入のリスク　273
自動回転式信用状　128
支払義務の約束　108, 126
支払義務不存在確認請求権　226
支払義務不存在説　250
支払拒絶義務　42
支払拒絶権　42
支払拒絶の抗弁　261
支払銀行　11
支払銀行と支払場所　20
支払禁止仮処分　241
支払禁止請求権　226
支払差止の injunction　238
支払差止命令　232
支払授権書　112
支払書類　214, 215
支払請求禁止仮処分　237, 240
支払請求権の仮差押　258
支払請求の停止請求権　226
支払提示禁止仮処分　228
支払無担保文言　130, 131
司法被害　104
仕向銀行　61, 62, 214
事務裁量事項　114
事務処理契約　214
自由買取可能信用状　11, 17, 31, 43, 46, 100
重過失の免責条項　44

19世紀法実証主義　73
重大性　230
重大にして明白な権利濫用　267
十分なる疎明　233
受益者に対する支払義務　113
受益者を相手方とする仮処分　186
Stammler の Garantie 契約論　3
主たる履行義務なき債務関係　34, 35
主張責任の転換　144, 161, 224
受任確認銀行　115
受領裁量事項　114
準拠法　83, 256, 284
償還義務免除条件　123
償還禁止の仮処分　184, 192
商業送り状価格　116
商業書類　203, 214, 215
条件付き損害賠償請求権　257
譲渡可能信用状　1
譲渡可能信用状の譲受人　77
譲渡担保契約　63
商品検査・瑕疵通知義務　210
情報告知義務　255
商法第526条　210
書類厳正の原則　225
信義誠実の原則　162, 261
真正確認義務　35
信託的譲渡　206, 207
信託的所有権　214
信用状　235
信用状開設契約　78
信用状契約の名宛人　112
信用状厳正の原則　45, 146
信用状債権の担保的機能　267
信用状取引の証券取引性　78
信用状の解釈　76
信用状の危機　40
信用状の客観的解釈　77
信用状の譲渡　110

信用状の抽象性　78
信用状の変更　29
Sztejn 判決　242
Sztejn ルール　243, 248
「請求あり次第直ちに支払う」旨の条項　198
請求払い保証状　5
清算機能　172
清算義務　114
清算請求訴訟　225
誠実義務　252, 282, 283, 285
正当所持人　206
正の方向　6
善意の所持人　43, 99
1995 年改訂取立統一規則　208, 215
1978 年版取立統一規則　208
宣誓に代る担保　231
宣誓に代る保証　165
善良なる管理者の注意義務　89
相殺と放棄　127
相殺の抗弁　265
相殺の抗弁権　216
遡及義務免除　130
即時性証拠　230, 231, 236
即時払い保証　159, 161
即時払い保証状　5
即時利用可能な証明力の強い証拠　40
訴権　126
訴権と対価　126
訴訟上の地位の逆転　272
訴訟の置換え　224
訴訟の置換え機能　145
疎明原則　225
疎明の代用　231
損害担保契約　80

た行

第一型の買取信用状　98, 106, 111

第一銀行を相手方とする仮差押　192
第一銀行を相手方とする仮処分　189
第一世代　3, 156
対価関係上の債権による仮差押　185
対価関係に基づく抗弁　265
対価を支払うとの合意　106
第三者の権利侵害説　181, 250
第三者の担保的所有権　90
第三世代　4
第二型の買取信用状　98, 106, 111
第二銀行　11, 12
第二銀行に対する支払義務　113
第二銀行の「支払義務」　14
第二銀行の保護義務　25
第二銀行標準説　190
第二銀行を相手方とする支払禁止仮処分　192
第二受益者標準説　189
第二世代　3
第四世代　4, 157
代理権の客観的限界と主観的限界　44
多段階銀行保証状　155
多段階保証状　4, 274
単なる疎明　233
担保的譲渡　90
担保的譲渡説　89
中間銀行　46
抽象性の限界　124
抽象性の優越説　249
抽象的債務約束　7
抽象的支払約束　215
直接保証状　4, 155, 274
通知銀行　11
通知銀行における保護義務　25
通知差止命令　183
通知の時期　35
D/P, D/A　221
D/P, D/A 原則　90

ディスクレパンシー　125
ディマンド・ギャランティに関する統一
　　規則（URDG）(1992)　5
手形取立　62
伝統的な general credit 型　108
同時履行の原則　90
同時履行の抗弁権　94
ドキュメンタリー取立　132,203,208
ドキュメンタリー・リスク　125
ドキュメント　206
ドキュメント検査義務　91
ドキュメントの善意取得　2
独立確認銀行　115
独立ギャランティ及びスタンドバイ信用
　　状に関する国連条約（1995年）　5,
　　230
独立抽象性　158
トラスト・レシート　63
取立　88
取立銀行　119,214
取立銀行のリスク　134
取立金の差押　205
取立金引渡請求権　204,205
取立権の限界　216
取引上の詐欺　241
取引全体を腐敗させる不法行為　171,
　　269

な行

内的抗弁　263
内的抽象性　4
荷落ち信用状　6
荷為替信用状からスタンドバイ信用状へ
　　6
二段階の検査　100
二段階の抗弁　40
二段構えの検査構造　44,52
入金記帳請求権　204

入札保証状　4
ニューヨーク・ルール　242,244
ネッチング　6

は行

売買契約の解釈　76
「発給」と「発令」　241
発行依頼人　13
発行銀行　12
発行銀行の選択肢　50
発行銀行の「中立性」　232
発行銀行を相手方とする仮差押　184
判決書ないし仲裁裁定書の提出を求める
　　条項　199
反対保証状　4,155,274
判断の基準時　271
pp ネゴ　120
引受銀行　11
引換証券性　65
引渡証券　90
非債弁済　103
非指定買取銀行　88
非指定銀行　11,17
非指定銀行による買取　18
非指定銀行の不法行為　22
非定型契約　197
被保全権利　224,226
被保全権利の喪失説　249
非 UCP 型買取　87,94
復委任説　215
復受任者　13
不行使請求権　178
付従的な保証　4
二つの委任契約　100
普通契約約款規正法（AGBG）　45
船荷証券の元地回収　6
船荷証券保証状　65
負の方向　6

不法行為説　169
フランス民法典第1134条　3
分割船積可能条件　258
ベーゼらの論争　11,15,25
弁済禁止命令　239
法的需要　276
保護義務　174,252
保護義務説　35,279
保護契約　280
補償関係に基づく抗弁　264
「保証契約」の名宛人　81
保証状事故　159
「保証状の独立性の正当な目的」説　171
保証類似の Garantie　4
保証渡し　55,64
保全原因　228
保全命令　223
保全命令の主文　227
bona fide 条項　2,47,98
ボレロ　6
ボンド　235

ま行

前払金返還保証状　4
マクネールの三原則　74,75
先ず支払って，訴訟は後　124,144,160,224
マレバー型インジャンクション　238
無因的第三者のためにする契約　7
無名契約　80
明白性　230
明白性と証拠制限　165

明白性と証拠の制限説　102,165
明白性のメルクマール　268
明白な偽造　40,44,45,46,49,101
免責無効説　131
黙示的約定　75
目的物検査権　210,211
目的物の先行検査権　216
文言の解釈の特質　77

や行

有効期限　76
有効性の抗弁　263
UCP 型買取　87,91
輸出金融　206
輸出前貸金融　56
許された執行委任　282
許されない抗弁　262
許されない執行委任　282
許される抗弁　262
与信取引　89

ら行

履行場所　14
履行補助者　13,32,44,123,254
履行補助者説　215,275
留保付き支払　124
類似的保障の機能　17
レッド・クローズ信用状　55,59,61

わ行

連結点　41
割引裏書　206

著者略歴

橋本喜一（はしもと・きいち）

1933 年，高知県生まれ。
1956 年，九州大学法学部卒業。
1963 年，伊藤忠商事株式会社財務部外国為替課勤務・司法修習生を経て判事補。
判事（大阪地方裁判所，神戸地方裁判所など），追手門学院大学教授を経て
現　在，弁護士（大阪弁護士会所属）。法学博士（神戸大学）。

著　書

『荷為替信用状の二次的利用に関する研究』法曹会，1969 年
『銀行保証状論　増補版』中央公論事業出版，2010 年

訳　書

F. アイゼマン／R. A. シュッツェ『荷為替信用状の法理概論』九州大学出版会，1994 年

主要論文

銀行保証状 Bankgarantie の法律関係（一）（二）（三），民商法雑誌 79 巻 4 号・5 号・6 号，1979 年
荷為替信用状における提供証券の審査に関する諸問題（一）（二），民商法雑誌 103 巻 2 号・3 号，1990 年
信用状つき荷為替手形の非 UCP 型買取と外国向為替手形取引約定書の買戻特約は信用状法理と如何に接触するか，追手門経営論集 14 巻 2 号，2008 年
など。

荷為替信用状・スタンドバイ信用状各論
──「国際競争力のある判決」を求めて──

2015 年 8 月 15 日　初版発行

著　者　橋　本　喜　一
発行者　五十川　直　行
発行所　一般財団法人　九州大学出版会
　　　　〒814-0001 福岡市早良区百道浜 3-8-34
　　　　九州大学産学官連携イノベーションプラザ 305
　　　　電話　092-833-9150（直通）
　　　　URL　http://kup.or.jp/
　　　　印刷・製本／大同印刷㈱

Ⓒ Kiichi Hashimoto, 2015　　　ISBN978-4-7985-0163-5